btb

Buch

Sie war umschwärmter Mittelpunkt der Schwabinger
Bohème, berühmt für ihren unbändigen Freiheitsdrang
und ihr freizügiges Leben: Franziska zu Reventlow
(1871–1918), die »wilde Gräfin«, wie Zeitgenossen sie
nannten. 1895 kam sie zum Studium der Malerei nach
München und schloß sich der Schwabinger Künstlerszene
an, zu der auch der Dichter Rainer Maria Rilke zählte.
Wilde Jahre begannen – mit ausgelassenen Festen, durch-
zechten Nächten und immer neuen Affären. Ihren Sohn
Rolf, der 1897 geboren wurde und dessen Vater Franziska
zu Reventlow nie preisgegeben hat, zog sie allein auf. Die
euphorischen Momente ihres freien Lebens wurden immer
wieder überschattet von finanziellen Sorgen, vom ständigen Ringen um künstlerische Anerkennung, von den
Belastungen als alleinerziehende Mutter und von einer
erblich bedingten Krankheit. Im Herbst 1909 verließ
Franziska zu Reventlow München und zog nach Ascona,
wo sie die letzten Jahre ihres Lebens mit Schreiben verbrachte. Sie starb 1918 im Alter von siebenundvierzig
Jahren.
»Die kleinste Fessel drückt mich unerträglich« ist die
erste Romanbiographie über Franziska zu Reventlow. Das
faszinierende und feinfühlige Portrait einer Frau, die zum
Leitbild weiblicher Unabhängigkeit und Libertinage
geworden ist.

Autorin

Franziska Sperr studierte Politwissenschaften und
arbeitet heute als freie Journalistin für Frauenzeitschriften.
Sie lebt mit ihrem Mann und ihren beiden Kindern am
Starnberger See.

Franziska Sperr

Die kleinste Fessel drückt mich unerträglich

Das Leben der
Franziska zu Reventlow

btb

Umwelthinweis:
Alle bedruckten Materialien dieses Taschenbuches
sind chlorfrei und umweltschonend.

btb Taschenbücher erscheinen im Goldmann Verlag,
einem Unternehmen der Verlagsgruppe Bertelsmann.

1. Auflage
Genehmigte Taschenbuchausgabe August 1999
Copyright © 1995 by Wilhelm Goldmann Verlag, München
Umschlaggestaltung: Design Team München
Umschlagfoto: SV Bilderdienst
RK · Herstellung: Augustin Wiesbeck
Made in Germany
ISBN 3-442-72510-0

»Von dieser außerordentlichen Frau, dem innerlich freiesten und natürlichsten Menschen, dem ich begegnet bin, gleichmäßig ausgezeichnet von höchstem weiblichem Charme, gepflegtester geistiger Kultur, kritischer Klugheit, anmutigstem Humor und vollkommenster Vorurteilslosigkeit, wird in anderen Zusammenhängen mehr zu sagen sein.«

Erich Mühsam

1. Kapitel

Sie muß sich am Treppengeländer festhalten. Unter ihren Schritten geben die Stufen nach, sie bleibt stehen, hält das Telegramm fest in der Hand. Immer wieder liest sie den knappen Text. »Papa liegt im Sterben. Catty.« Mit tauben Fingern bindet sie den Gürtel ihres Morgenmantels und merkt erst jetzt, daß sie barfuß ist. Sie geht zurück in ihr Zimmer, zurück ins warme Bett. Ihre Augen suchen den Riß an der Wand, bleiben daran hängen. Ihr Kopf ist ganz leer, aber da ist ein Schmerz, dumpf und spitz zugleich, der sich von der rechten Schläfe zur linken bohrt. Keine Tränen, kein Lamento. Eine tiefe, kalte Traurigkeit.

Seit dem letzten großen Zerwürfnis, seit dem letzten und endgültigen Bruch, hatte sie durch ihre Geschwister nur noch vereinzelt etwas über die Eltern erfahren. Ein Gebot steinernen Schweigens war von allen eingehalten worden. Selbst ihr jüngerer Bruder Catty, der ihr noch immer so nah war, hatte schließlich begreifen müssen, daß sie sich unwiderruflich losgesagt hatte, daß sie mit ihren Eltern, ihrem Zuhause, ihrer Herkunft nichts mehr zu tun haben wollte. Wieviel Kraft hatte sie das gekostet, dieser Kampf all die Jahre! Und wie froh war sie, daß sie stark und hart geblieben war.

Dennoch empfindet sie jetzt eine heftige Traurigkeit. Und das Schlimme daran ist, daß sie zu dieser Trauer kein Recht mehr hat. Ein Kind, das sich, kaum volljährig, von seinen Eltern in großem Zwist und Zorn für immer und in alle Ewigkeit trennt, sich von Stand und Familie lossagt, hat auch das Recht auf Trauer verspielt, wenn der Vater im Sterben liegt.

Am frühen Nachmittag saß Franziska zu Reventlow im Zug nach Lübeck. Ihr dumpfer Kopf konnte nichts anderes denken, als daß sie ihn ein letztes Mal lebend sehen, vielleicht sogar noch einige versöhnliche Worte mit ihm sprechen wollte. Obwohl sie fror, hatte sie die Jacke ausgezogen und an den Haken gehängt. Stolz, fast trotzig trug sie ihr altes schwarzes Kleid, das an den Ellenbogen dünngewetzt, an der Schulter verschlissen war. Schon ahnte sie, wie Mama ihr mit frostiger Miene die schwarze Stola reichen würde, um den schändlichen Aufzug zu bedecken.

Das Abteil war leer, sie war allein. Sie starrte zum Fenster hinaus, sah aber nicht die lieblichen, sommerlichen Wiesen, die freundliche Schafherde oder das junge Roggenfeld. Was sie sah, war dunkel und bedrohlich, baute sich als düstergrauer Koloß vor ihr auf: das elterliche Schloß in Husum. Mit seinen ausladenden Seitenflügeln und dem viereckigen, gedrungenen Turm, von dessen Plattform aus man bei klarer Sicht weit über das Heideland bis hin zum Meer sehen konnte, stand es als mächtiges Ungetüm zwischen den hohen Ulmen.

Der Steintisch unten im Garten. Im Sommer war dort die Kommandozentrale, von hier aus dirigierte die Mutter den großen Haushalt. Täglich besprach sie mit Agnes, was zu tun sei, welches der sechs Kinder welche Aufgaben zu übernehmen habe, was den Dienstboten anzuweisen sei. Agnes war Franziskas einzige Schwester und die älteste in der Geschwisterreihe, außerdem Mutters rechte Hand und engste Vertraute. So lange hatte sie die Schwester nicht mehr gesehen, und dennoch war ihr deren ruhiges, freundliches Wesen selten so vertraut erschienen wie jetzt. Arme Agnes, dachte Franziska, und war selbst erstaunt, wieviel Verständnis und Mitleid sie plötzlich für die Schwester empfand. Nie hatte Agnes gewagt, sich gegen etwas aufzulehnen, ihr eigenes Leben zu leben. Womöglich war ihr nicht einmal der Gedanke dazu gekommen. Agnes hatte klaglos die Rolle angenommen, die die Mutter für sie vorgesehen hatte.

Franziska erinnerte sich an Augenblicke, wenn die Wogen in ihr gar so fürchterlich tobten und sie alles um sich herum, besonders sich selbst, in Frage stellte, in denen sie die Schwester um deren festen Platz im Leben und die klaren, nahen, wenn auch in ihren Augen läppischen und lächerlichen Ziele widerwillig beneidet hatte: Agnes beriet mit der Mutter den Speiseplan für die nächsten Tage, schälte Obst zum Einkochen, besserte Wäsche aus, rieb mit weichen Lappen das silberne Teeservice blank, bevor die Gäste kamen. Franziska konnte nicht begreifen, daß es der Schwester genügte, in der Vorratskammer zu wirtschaften und die Dienstboten mit kleinen Aufgaben zu betrauen. War im Haushalt alles getan, durfte Agnes Vaters Schreibarbeiten erledigen oder ihn bei seinen Rundgängen auf dem Gut begleiten, gemeinsam mit ihm hoffen und bangen, daß das Heu von den Strandwiesen vor dem nächsten Regen eingefahren würde, oder sich mit ihm über den Gärtner ärgern, der die Hecken wieder einmal nicht ordentlich beschnitten hatte. Wie verzweifelt mußte Agnes jetzt sein, wenn sie an Papas Bett saß, ihm die Hand streichelte, liebevoll und ruhig auf ihn einredete und auf seinen Tod wartete.

Franziskas Gedanken verweilten in Husum, im elterlichen Schloß, in dem großen Park, an den Plätzen ihrer Kindheit. Sie hatte Mühe, sich in ihrer Vorstellung nach Lübeck zu begeben, denn das Schloß war längst verkauft, die Familie hatte eine Wohnung in der Stadt bezogen. Immer wieder zog es sie in ihren Erinnerungen zurück nach Husum, zu den Mühlen, den Marschen, der weiten Landschaft, dem Wind und dem Meer. Sie mußte an die einsame Graskoppel hinter dem Garten denken und an den Nachmittag, als das Dienstmädchen mit dem Knecht in der Wiese lag und sie das erstemal gespürt hatte, was es mit der Freiheit und dem Glück auf sich hatte. Etwa fünf Jahre alt mußte sie da gewesen sein. Endlich hatten sie und Catty einmal das tun können, wozu sie Lust hatten, wurden nicht ermahnt, nicht verhört. Sie konnte nach Herzenslust mit dem Bruder herumtollen, auf Bäume klettern, mit Stöcken gegen die Stämme schlagen. Niemand weit und breit, der sie bremste, sie zügelte, sie mit schmalen Lippen aufforderte, sich doch wie ein Mädchen zu benehmen und das weiße Kleid mit der albernen roten Seidenschärpe zu schonen. Das Dienstmädchen und der Knecht waren beschäftigt und kugelten fröhlich glucksend im Gras. Oft dachte Franziska an diesen Nachmittag zurück, an dem sie sich so glücklich und frei gefühlt hatte. Später gingen sie alle vier zurück zum Schloß, in stiller Übereinkunft, daß keiner den anderen verraten würde.

Franziska hatte sich immer sehnlich gewünscht, ein Junge zu sein. Genau wie ihre Brüder wollte sie von der Mutter verwöhnt und bewundert werden, Hosen tragen und herumtoben dürfen. Schon sehr früh litt sie darunter, daß das mütterliche Lob stets an die Brüder gerichtet war. Bereits als Sechsjährige war ihr, als wäre sie mit dem linken, jedenfalls mit dem verkehrten Bein zuerst auf die Welt gekommen. Ständig machte die Mutter ihr Vorhaltungen, klagte immer öfter: Es ist doch ein Kreuz mit dem Kind! Aber je mehr Franziska der häuslichen Disziplin unterworfen wurde, desto brennender wurde ihr Drang nach Freiheit. Mit der Zeit wurden die Zügel immer kürzer, die vielen Verbote und Maßregelungen immer unerträglicher. Wie sehr hatte sie unter den Zwängen ihrer Erziehung gelitten, wenn sie sich vor den Schreib- und Leseheften abplagte, während die Mutter ihr mit eiserner Miene und vorwurfsvoller Ungeduld über die Schulter blickte und ihr beim Stricken des Strumpfes, der nie ein Ende nehmen wollte, mit dem abgeknickten Zeigefinger in den Rücken stieß, damit sie gerade saß! Solche

10

Qualen mußten die Brüder nie erleiden. Der drei Jahre jüngere Karl, in der Familie Catty genannt, wurde von allen im Hause vergöttert und immer milde und liebevoll behandelt. Und dann Ernst, nur zwei Jahre älter als Franziska, der sich ständig als Erzieher aufspielte und sie schalt, wenn sie ihren eigenen Kopf durchzusetzen versuchte. Willenloses Werkzeug sollte sie ihm sein, stets zu seinen Diensten, und wenn er genug von ihr hatte, ertrug er ganz plötzlich ihre Anwesenheit nicht mehr, wies ihr arrogant die Tür und tat gar so, als stünde er mit Ludwig auf einer Altersstufe. Ludwig war der älteste Bruder, gute sieben Jahre älter als Franziska, freundlich und hilfsbereit, aber mit seinen kleineren Geschwistern gab er sich kaum ab.

Und dann Theodor. Franziskas zärtlichste Gedanken galten ihrem Bruder Theodor, der mit fünfzehn Jahren an einer unheilbaren Krankheit gestorben war. Lange hatte er gekämpft, war krank, schwach und durchsichtig in seinem Bett gelegen, bei offenem Fenster, um die Vögel an ihren Stimmen zu erkennen. Immer hatte er davon gesprochen, Naturforscher werden zu wollen. Lange hatte er gewußt, daß er nie wieder gesund werden würde, hatte sich schon als Kind aufs Sterben vorbereitet, weise und geduldig wie ein todkrankes Tier. Als Franziska jetzt in ihrem Abteil an ihn dachte und den Vögeln am strahlenden Sommerhimmel hinterherblickte, spürte sie ganz deutlich die triste Stimmung, das Entsetzen über die Ausweglosigkeit, die Verzweiflung, die damals auf dem ganzen Haus lastete. Die Erwachsenen wußten, daß Theodor sterben würde. Die Mutter hatte dunkle Ringe unter den Augen, war bleich und unansprechbar. Niemand kümmerte sich in dieser Zeit um Franziskas Unterricht, ihre Erziehung zur höheren Tochter. Aber freuen konnte sie sich über dieses Stückchen Freiheit nicht, denn die Atmosphäre im Haus war vom nahen Tod des Bruders durchdrungen. Sie erinnerte sich noch genau, wie sie

Ludwig auf der obersten Stufe des Treppenhauses sitzend fand, zusammengekauert und von heftigem Schluchzen geschüttelt. Das ging ihr wirklich nah, daß der ruhige, stets beherrschte Ludwig so schrecklich schluchzen mußte. »Was ist los?« hatte sie damals gefragt, obgleich sie die Antwort gar nicht abzuwarten brauchte. »Theodor ist tot!« brach es aus Ludwig heraus, und sie umarmten sich lange und weinten zusammen. Später gingen sie mit Agnes hinauf in Theodors Zimmer. Er lag auf seinem Bett, die Hände waren gefaltet. Es war ganz still um ihn, und sein Gesicht war blaß und glatt. Zum erstenmal sahen die Kinder die Erwachsenen hemmungslos weinen und für einen Moment die Contenance verlieren. Lange wagte es keiner, Theodors Namen auszusprechen. Die Eltern konnten über den Tod des Sohnes nicht hinwegkommen. Nachdem die Tränen der ersten Verzweiflung getrocknet waren, blieb die Mutter bitter und unnahbar, der Vater stand oft lange am Fenster. Abends saßen sie stumm am Kamin und sahen in die Flammen.

Franziska lehnte sich aus dem Fenster ihres Abteils. Der Zug fuhr jetzt sehr langsam eine lange Steigung hinauf. Sie schloß die Augen und atmete gegen den Fahrtwind. Nein, Papa durfte noch nicht sterben! Sie mußte ihm noch etwas sagen. Sie mußten noch über so vieles reden, über alles das, was bisher nicht besprochen werden konnte. Nein, Papa, lieber, guter, strenger Papa, warte auf mich! Sie nahm sich fest vor, ihren Stolz, ihre Widerborstigkeit zu überwinden, wenn sie ihn nur noch einmal sprechen konnte. Schneller, Zug, fahr schneller, fahr schnell weiter, dachte sie. Ich muß mich beeilen, muß sofort nach Hause.

Nach Hause? Zwei Jahre war sie nicht mehr bei den Eltern gewesen, jetzt sagte sie es sich leise immer wieder vor: nach Hause. Kaum bewegte sie dabei die Lippen. Es klang fremd, obwohl sie sich Mühe gab, das Wort warm klingen zu lassen. Nein, Wärme gehörte nicht zu den Gefühlen, die sie mit ihrem Zuhause verband. An ihre Mutter mußte sie jetzt denken, an die große, stattliche Frau mit der Rute in der Hand, deren Augen so eiskalt, so erbarmungslos blicken konnten. Franziska mußte die Rute, mit der sie bestraft wurde, selbst herbeiholen. Und bestraft wurde sie oft, ihre Vergehen waren zahlreich. Zum Beispiel, als sie mit Catty fortgelaufen war, immer der Musik nach, die von der großen Wiese herüberklang. Auf der »Freiheit« – so wurde die Festwiese genannt – war Schützenfest, und der Geruch von Gebratenem, die Musik, das Gelächter, die bunten Leinwandzelte ließen sie alle elterlichen Verbote vergessen. Obwohl es ihr streng untersagt worden war, sich jenseits des Walls, der das Schloß umgab, aufzuhalten, hatte sie ihren kleineren Bruder an die Hand genommen und war zur Festwiese hinüber gelaufen. Dort, in dem wilden Treiben, mußte die Freiheit sein, sie würde endlich einen Zipfel davon erwischen! In dem Moment zählte nur dieses eine Gefühl für sie. Und dann trafen sie einen Freund der Familie, der kaufte ihnen Lebkuchen und Zuckerstangen, ließ sie Karussell fahren und zeigte ihnen die Seiltänzer, die in der Luft ihre Saltos machten, und die langbeinigen Riesen, die auf Stelzen herumstolzierten. Franziska hatte schon als Kind die Gabe, in Glücksmomenten alles zu vergessen, sich dem Glück ohne Rücksicht auf ein Vorher oder Nachher ganz hinzugeben. Als sie dann abends zur Strafe die selbst besorgte Rute zu spüren bekam, biß sie sich auf die Unterlippe, bis das Blut kam, nur um nicht zu schreien. Alles hätte sie ertragen, um der Mutter den Triumph nicht zu gönnen. Rache, so entsann sie sich jetzt, war damals ihr einziger Gedanke gewesen, Reue empfand sie nicht.

Schon früh hatte sie Fluchtpläne geschmiedet, kindliche Phantasien, in denen sie sich mit den Mächten der Hölle verband. Jetzt, da sie darüber nachdachte, kam ihr der Verdacht, daß Papa damals von ihrem großen Geheimnis gewußt hatte. War er es vielleicht gewesen, der den Briefumschlag von Kaminsims genommen hatte? Schon früh hatte ihr eines der Dienstmädchen vom Teufel erzählt und daß man, wenn man sich ihm verschrieb, alles von ihm haben könne. Der Teufel erschien ihr gerade recht, um aus der Enge, den Reglementierungen ihres Kinderlebens herauszukommen. Eines Nachts, als alle schliefen, schlich sie in Vaters Büro, holte sich einen Bogen seines feinen, weißen Briefpapiers und schrieb in ihrer schönsten Schrift einen Vertrag nieder. Sie wollte sich dem Teufel mit Haut und Haaren verschreiben, wenn er ihr helfen würde, dem Gefängnis ihres Elternhauses zu entfliehen und zu den Zigeunern oder fahrenden Zirkusleuten zu kommen. Sie steckte den Vertrag in ein Kuvert und legte es auf das Kaminsims. Als sie am nächsten Abend nachsah, war der Brief verschwunden. Unheimlich war ihr zu Mute, und doch auch wohlig. Sie war in der Hand des Teufels, mit ihm stand sie ab jetzt in engem Kontakt, schloß kleine Abkommen und versicherte sich seines Beistands. Abends im Bett unterhielt sie sich mit ihm. Und weil der Teufel auf ihrer Seite stand, wurde sie immer aufmüpfiger und bockiger, leistete sich den anderen gegenüber immer dreistere Frechheiten. Die Strafen dafür wurden immer härter. Die Gouvernante, die mit ihr des nachmittags arbeitete, sie die französische Sprache lehren und mit ihr mathematische Aufgaben lösen sollte, war am Ende ihrer erzieherischen Weisheit und beklagte sich bei der Mutter. Und die griff zur Rute. Der Teufel aber gab sich nicht zu erkennen, kam nicht des nachts mit wehendem Umhang und Feuerschweif, um sie zu holen, sie an die Hand zu nehmen und in die Freiheit zu führen. Statt dessen wurde ihre Situation immer auswegloser: sie lernte miserabel, war fahrig und unkonzentriert und zu alledem noch respektlos und rebellisch. Und deshalb wurde sie bestraft. Nicht nur mit

Hausarrest, Strafaufgaben, Rutenhieben, sondern – und das war am schlimmsten – mit Mamas Verachtung und Kälte. Catty hingegen lernte gut, war sonnig, freundlich und offen und wurde mit Wohlwollen überschüttet. Sie sehnte sich danach, vom Teufel in die Freiheit geführt zu werden, aber noch mehr sehnte sie sich nach Mamas Zuneigung.

Franziska öffnete ihre Reisetasche, holte das kleine chinesische Handspiegelchen hervor und ordnete die vom Fahrtwind zerzausten Haare. Später dann hatte sie sich vom Teufel abgewandt, hatte ihm, enttäuscht von seiner Tatenlosigkeit, den Rücken gekehrt und sich mit derselben Inbrunst vorgenommen, nun Gott zu huldigen. Sie wollte jetzt brav und christlich leben, ihren Eltern und Lehrern eine Freude sein, aber auch damit hatte sie keine spürbaren Erfolge beim Buhlen um die Gunst der Mutter. Allen guten Vorsätzen kam immer wieder ihre fatale Lust an kleinen und größeren Streichen in die Quere. Es faszinierte sie, Verbote zu mißachten, sich dem Willen der Mutter zu widersetzen, den kleineren Bruder zu gemeinsamen Missetaten anzustiften. Mama blieb bei alledem abweisend, verschlossen, steinern. Sie wirkte unerreichbar, weder Franziskas schüchterne Annäherungsversuche noch ihre ständigen Provokationen schienen sie wirklich zu berühren. Und wenn Franziska dann im Wohnzimmer über ihrer Flickwäsche sitzen mußte, die Mutter ihr gegenüber in dem dunkelgrünen englischen Ledersessel, dann war ihr, als ob sie in einem Glaskasten säße, während die Mutter sie von außen interessiert, aber kalt beobachtete. Mamas ruhelose, steingraue Augen bohrten sich in alles hinein, verfolgten jede ihrer Bewegungen, ließen keine Gnade walten.

Ob nicht auch die Mutter unter diesem Verhältnis gelitten hatte? Franziska sah das Gesicht ihrer Mutter vor sich: die Falten tief eingegraben, der Mund ein Strich, die erschöpften Augen. Ganz nah hielt sie den Handspiegel vors Gesicht, suchte nach Spuren, verräterischen Ähnlichkeiten, Anzeichen für eine beginnende Verhärtung ihrer Züge, untersuchte Lippen- und Kinnpartie, lächelte, grimassierte. Dann, abrupt, steckte sie den Spiegel zurück ins Etui.

Als Franziska zehn Jahre alt war, wurde eine neue Gouvernante eingestellt. Ihr feuchtkalter Händedruck stieß die Kinder vom ersten Tag an ab. Es war klar, daß diese Frau ihre Aufgabe ernst nehmen würde, daß sie die Eltern nicht enttäuschen wollte. Sie hatte einen braunen Vorderzahn und war immer bläßlich. Das schwarze, glatte Haar trug sie straff zum Knoten frisiert. Ihren aufdringlichen, besitzergreifenden Blick konnte Franziska nie vergessen. »Sie will uns an die Seele«, hatte sie damals zu Catty gesagt und beschlossen, ihre Seele gut zu verschanzen und alles dafür zu tun, der Dame das Leben im Schloß zur Hölle zu machen. »Woher hat das Kind nur diese unzähmbare Wildheit?« beklagte sich das Fräulein einmal bei der alten Köchin, als Franziska mit blutigen Knien, einer Beule am Kopf und zerrissener Bluse nach Hause kam. »Ihre Zerstörungswut kennt keine Grenzen. Hoffentlich kommt sie irgendwann einmal zur Besinnung!« Vier Jahre lang dauerte der Kampf der Kinder gegen die Gouvernante. Dann wurde sie krank und mußte kündigen. Die Kinder hatten gewonnen, Franziska triumphierte. Aber an der Atmosphäre im Haus änderte sich dadurch nichts.

In diesem Fall hatte nicht der Teufel geholfen, sondern Gott! Davon war Franziska damals überzeugt gewesen. Sie fühlte sich frei und leicht. In ihrem Zimmer baute sie einen kleinen Altar auf und kniete nachts, wenn alle schliefen, nieder und dankte ihrem gütigen Gott voller Inbrunst. Dabei öffnete sie das Fenster und ließ sich von der kühlen Nachtbrise die nackten Arme streicheln. Sie liebte diese einsamen

16

nächtlichen Gottesdienste. Sie flüsterte alle Gebete, die sie gelernt hatte, und blickte hinauf zu den Sternen in der Hoffnung, daß Er sich vielleicht doch einmal zu erkennen gäbe, denn jetzt war sie Gott ganz nah, das fühlte sie. Er mußte ihr Flehen erhört haben, denn die Gouvernante war vertrieben, sie war erlöst! Die Freude dauerte allerdings nur kurze Zeit, denn nun kümmerte sich Mama selbst intensiver um ihre Erziehung zur höheren Tochter. Stundenlang mußte sie im Wohnzimmer über ihrem Nähzeug sitzen, Mama im englischen Sessel gegenüber, frostig schweigend.

Dann aber die Tanzstunde. Alle Mädchen, die aus gutem Hause kamen und vierzehn Jahre alt waren, gingen unter Aufsicht ihrer Mütter zur Tanzstunde. Das war auch in Husum so. Für Franziska war diese Etappe des Erziehungsprogramms ein Hoffnungsschimmer. Wie sie der ersten Stunde entgegenfieberte! Das bordeauxrote Tanzkleid! Es war Jahre zuvor für Agnes angefertigt worden, nun sollte Franziska es tragen. Es hatte Druckknöpfe an den Unterarmen und einen schwingenden Rock. An einigen Stellen war es schon geflickt, der Saum ein wenig zu lang, an Taille und Dekolleté warf es Falten, denn Agnes kam nach der Mutter und hatte bereits mit vierzehn eine stattliche Figur. Trotzdem war es für Franziska ein Geschenk des Himmels. Wie wunderbar knisterte der Stoff, als sie das Kleid über den Kopf zog! Die Mutter ermahnte sie, immer darauf zu achten, daß Hände und Fingernägel sauber und gepflegt waren, und stets ein reines weißes Taschentuch bei sich zu tragen. Franziska sollte sich Mühe geben, nicht zu laut zu sprechen, sollte keinesfalls laut und undamenhaft lachen. Sie lernte, wie man einen Knicks andeutete, und daß es sich eher geziemte, zart zu erröten und die Augen niederzuschlagen, als keß und offenherzig zu antworten, wenn ein junger Herr das Wort an sie richtete. Die anfängliche Beklemmung beim Betreten des Tanzsaales verschwand schnell, wenn der Tanzmeister, der manchmal leicht wankte und nach Cognac roch, mit seiner Geige in der Mitte des Parketts stand und alle um ihn herumwirbelten. Das waren Glücksmomente, in denen Franziska vergessen konnte, wie schwer ihr das Leben zu Hause gemacht wurde. Außer Tanzen lernte sie hier noch etwas, nämlich daß es außerhalb der Mauern des Familienschlosses noch ein anderes Leben gab, ein Leben, das geheimnisvoll, aufregend und vielversprechend war.

Und dann kamen diese wunderschönen Wochen. Die Eltern mußten für einige Zeit verreisen und betrauten die tüchtige Agnes mit der Oberaufsicht über Personal und Kinder. Liebe, liebe Agnes! Sie war so sanft und gutmütig, so ruhig und duldsam! Und Franziska nutzte jede Gelegenheit, in die Stadt zu gehen, sich herumzutreiben, nachmittags, manchmal bis es dunkel wurde, mit den Älteren aus dem Gymnasium in der Konditorei zu sitzen. Catty nahm sie auf ihren Touren immer mit. Sie wollte die ersten Gehversuche in der Freiheit, die Sehnsucht nach diesem wonnigen Ausgelassensein mit ihm teilen. Hand in Hand liefen sie durch die Straßen von Husum, ersannen allerlei Streiche, störten Ruhe und Ordnung der braven Kleinstadtbürger. Franziska zog die ängstliche Bewunderung der anderen Mädchen ihres Alters auf sich, was sie nur noch mehr dazu anstachelte, sich als *enfant terrible* hervorzutun. Bald war Franziska wegen ihrer Wildheit und ihrer frechen und ungestümen Auftritte in der kleinen Stadt allseits bekannt. Was ihrem Ruf aber am meisten schadete, war, daß sie sich nicht nur mit ihrem Bruder, sondern auch mit anderen Jungen herumtrieb. Sie hatte sich in einen rothaarigen Primaner verliebt und tat alles, um seine Aufmerksamkeit zu erregen. Ihm wollte sie ganz besonders imponieren, selbst dann, wenn er weit und breit nicht zu sehen war. Traf sie ihn jedoch zufällig einmal auf der Straße, so war Franziska wie vom Schlage gerührt. Das Blut schoß ihr in den Kopf, die Beine zitterten, und sie wagte nicht, ihn anzusehen. Manchmal grüßte er höflich, denn er kannte sie vom Sehen, weil er aufs gleiche Gymnasium wie ihr Bruder Catty ging, dann schnürte sich ihre Kehle zu, der Kopf wurde taub, und sie konnte den Gruß nicht erwidern. Nachts lag sie lange wach und malte sich aus, wie er sie aus dem Schloß entführte. Auf einem silbernen Pferd springt er über die hohe Schloßmauer, fliegt an ihrem offenen Fenster vorbei und ruft ihr zu: »Komm, wir haben keine Zeit zu verlieren!« Ohne zu zögern springt sie zu ihm auf den ungesattelten Pferderücken, umfaßt ihn von hinten, und sie reiten davon.

Einige Wochen später kehrten die Eltern von ihrer Reise zurück. Mama hatte inzwischen erfahren, was in der kleinen Stadt keinem verborgen geblieben war: Die beiden Jüngsten aus dem gräflichen Schloß waren während der Abwesenheit der Eltern sittlich völlig verwahrlost. Alle möglichen Strafmaßnahmen wurden ergriffen, Franziska wurde ständig überwacht, manchmal sogar stundenlang in ihr Zimmer gesperrt. Aber sie ließ sich nun nichts mehr gefallen, widersprach, brüllte die Eltern an, spuckte sogar einmal der Mutter ins Gesicht. Das idyllische Familienleben der Reventlows gab es nicht einmal mehr zum Schein: Es herrschte Krieg – jedenfalls zwischen Franziska und ihren Eltern. Vor allem Mutter und Tochter begegneten sich voller Haß, versöhnliche Worte waren nicht mehr möglich.

So versunken war Franziska in ihre Erinnerungen, daß sie gar nicht merkte, wie der Schaffner das Abteil betrat. Zweimal mußte er nach ihrem Billett fragen. Sie schreckte auf, kramte unter den mißtrauischen Blicken des Beamten lange in ihrer Reisetasche, bis ihr einfiel, daß sie die Fahrkarte in die Jackentasche gesteckt hatte. Zwei Jahre war sie nun nicht mehr zu Hause gewesen, eigentlich müßte sie inzwischen mit etwas größerer Gelassenheit an ihre Mutter denken können.

Aber wenn sie die wimpernlosen grauen Augen vor sich sah, den haßerfüllten Blick, dann verknotete sich ihr Magen noch immer. Der Haß saß zu tief, die Wunden waren noch lange nicht verheilt. Auch wenn sie sich Mühe gäbe, einen gnädigen, die scharfen Konturen verwischenden Schleier über alles zu legen, es würde ihr nicht gelingen, zu verzeihen. Zu genau fühlte sie noch, wie ihr zumute war, wenn sie tagelang in ihrem Zimmer auf dem Bett lag und nur daran dachte, wie sie dem allen entrinnen könnte. Oder wie sie einmal mit dem Kopf so lange gegen die Wand geschlagen hatte, bis schließlich der Schmerz für einen Augenblick ihre Wut und das Gefühl der Ohnmacht betäubte.

Eines schönen Sonntagmorgens, als sie zum Frühstück herunter kam, lag der Brief auf dem Tisch. Mama seufzte tief und sagte: »Endlich! Du bist angenommen! An Ostern kommst du in die Pension nach Altenburg!« Dumpf und gleichgültig nahm Franziska diese Neuigkeit auf, die die Mutter so befreit aufseufzen ließ. Schon häufig war von diesem Mädchenpensionat für höhere Töchter im Thüringischen gesprochen worden, aber Franziska hatte nie so recht daran geglaubt, daß die Eltern ernsthaft vorhatten, sie dorthin zu schicken. Es war ihr sofort klar, daß sie keine Chance hatte, sich dagegen zur Wehr zu setzen. Für ihre Ohnmacht rächte sie sich damit, daß sie in den letzten Wochen vor ihrer Abreise den Eltern und Dienstboten das Leben besonders schwer machte. Sie war verschlossen und abweisend, antwortete nicht, wenn das Wort an sie gerichtet wurde, schloß sich stundenlang in ihr Zimmer ein.

Aber so sehr sie alle anderen abwies, den jüngeren Bruder Catty überschüttete sie mit Zuneigung und Zärtlichkeit. Sie verbrachten so viel Zeit zusammen, wie sie nur konnten, saßen Arm in Arm auf dem dunkelroten Teppich in seinem Zimmer und beweinten die nahe Trennung. »Ich werde es nicht ertragen, zwei Jahre ohne dich zu sein, die Zeit wird niemals vorübergehen«, sagte sie und küßte ihn auf die Stirn. »Wir werden uns jeden Tag schreiben«, versprach er, irritiert und hilflos. Eigentlich wollte er noch sehr viel mehr sagen, fand aber nicht die rechten Worte. Statt dessen strich er ihr behutsam und mit besorgter Miene die tränennassen Haarsträhnen aus dem Gesicht.

Das Bild ihrer Abreise nach Altenburg hatte sich Franziska tief ins Herz eingebrannt: Die Mutter, wie immer im schwarzen Kostüm und mit grauen Wollstrümpfen, neben ihr am heruntergelassenen Abteilfenster; draußen auf dem Perron der Vater in moosgrüner Pellerine, Reithose, schwarzglänzenden Stiefeln. Agnes, Ludwig und Catty neben ihm. Franziska und Catty weinten vor den anderen nicht, ihr Stolz hätte das nicht zugelassen. Aber Franziska spürte, wie Catty mit seinen Gefühlen kämpfte. Papa war ebenfalls stumm, sie glaubte zu erkennen, daß auch er traurig war. Nur Mama, die sie auf der Bahnfahrt unbedingt begleiten wollte, schien beschwingt, geradezu ausgelassen zu sein. Sie redete viel, legte sogar einmal den Arm um die Schultern der ungeliebten Tochter, winkte den Zurückbleibenden fröhlich zu. Hatte sie erreicht, was sie wollte? Sah sie sich als Siegerin?

Die Luft im Abteil war stickig. Franziska öffnete die Tür. Auf dem Gang standen zwei ältere Herren und unterhielten sich leise. Sie zogen beide an ihren dicken Zigarren, die Gesichter waren hinter den dichten Rauchschwaden nicht zu erkennen. Franziska liebte den Geruch von schweren Zigarren. Sie atmete tief, um ihn ganz in sich aufzunehmen. Sie war dankbar, daß die Männer keine Notiz von ihr nahmen und heftig paffend ihr Gespräch fortsetzten. Warum bin ich, wie ich bin, dachte sie und drückte ihre Stirn ans kühle Fensterglas.

Der lange dunkle Flur. Am Ende das warme, gelbe Licht, das durch den Türspalt schien. Sie ging auf Zehenspitzen, denn der Läufer im Flur war hart, und das Barfußgehen tat ihr weh, außerdem war ihr kalt in ihrem Nachthemd. Sie hörte Zeitungsrascheln, das Knistern des Kaminfeuers. Ganz vorsichtig zog sie die schwere Flügeltür zu Papas Arbeitszimmer etwas weiter auf und schlüpfte hindurch. Es brannte nur das Licht der Stehlampe, der große Schreibtisch, auf dem sich meist die Akten stapelten, die er als Landrat zu Hause durchsehen mußte, lag im Dunkeln des großen Raumes. Einen Augenblick betrachtete sie ihren Vater: Mit dem Rücken zu ihr saß er auf dem Diwan, tief über die Zeitung gebeugt, in der linken Hand, zwischen Zeigefinger und Daumen, einen dicken Zigarrenstummel.

»Ich kann nicht schlafen, Papa.« Ganz vorsichtig ging sie zu ihm. Das Parkett war glatt und warm. Er legte die Zeitung aus der Hand, zog an der Zigarre und lud sie mit einer sparsamen Handbewegung ein, sich neben ihn zu setzen. Ziemlich lange saßen sie so da, stumm nebeneinander – Papa hatte den Arm um ihre Schultern gelegt –, und sahen ins Feuer. Nur das Ächzen und Pfeifen des feuchten, frischen Holzes in den Flammen durchbrach ab und zu die Stille, und das Geräusch, mit dem Papa den Zigarrenrauch durch seinen gespitzten Mund ausblies. Oder war es ein unterdrücktes Seufzen, das Papa durch diesen kleinen, tonlosen Pfiff, mit dem er den Rauch ausstieß, kaschieren wollte? Wie lange sie schweigend so gesessen hatten, wußte Franziska nicht mehr. Sie wußte auch nicht mehr, ob sie neun oder zehn Jahre alt war und ob Papa sie schließlich ins Bett geschickt hatte. Aber Papas Nähe, die Wärme, die Stille und der Duft der Zigarre brannten sich tief in ihre Erinnerung ein.

Nie wieder hatte sie so neben ihm gesessen! Nie wieder gehörte er ihr ganz allein, wie an diesem Abend. Wenn sie jetzt darüber nachdachte, kam es ihr so vor, als hätte sie eine große Chance leichtfertig vertan, als hätte sie durch einen winzigen Schritt auf ihrem Vater zu das bekommen können, was ihr bei der Mutter versagt geblieben war. Sie spürte plötzlich ein heftiges Verlangen, ihren Vater fest an sich zu drücken, sich ihm zu öffnen und anzuvertrauen. Jetzt, da es womöglich zu spät war! Er wird, so dachte sie, nur das eine Bild von seiner jüngsten Tochter mit in den Tod nehmen: wild, aufmüpfig, frech. Vielleicht hatte er geahnt, daß sie auch eine zärtliche, nachdenkliche Seite hatte, aber bis auf diesen einen unwirklichen Augenblick nachts in seinem Arbeitszimmer hatte er ihr nie das Gefühl gegeben, daß er auch diese Seite an ihr wahrnahm. Ja, auch er hatte die Gelegenheit verpaßt, ihr zu zeigen, daß er sie liebte, sie als Menschen ernst nahm, so wie sie war. Niemals hätte er sie Mama gegenüber in Schutz genommen. So war es gekommen, daß Franziska ihre Eltern immer nur als eine Einheit wahrgenommen hatte, als die Instanz, die für jedes Unglück, jedes Mißgeschick in ihrem Kinderleben verantwortlich war. Jetzt, mit dem Abstand von zwei Jahren, in denen sie die Eltern nicht mehr gesehen hatte, fragte sie sich zum ersten Mal, warum sie Papa niemals von ihren inneren Nöten erzählt hatte.

Vielleicht hätte er sie verstanden, vielleicht war er sogar, ohne daß sie es wußte, ihr heimlicher, stummer Komplize. Vielleicht buhlte auch er um Mamas Anerkennung, vielleicht fühlte auch er sich nicht geliebt. Warum war ihr nach dieser Nacht, in der sie so lange neben ihm gesessen und ganz deutlich gespürt hatte, daß man sich auch ohne Worte verstehen kann, der Weg zu ihm dennoch versperrt geblieben? Er war immer so weit entfernt gewesen: Gutsbesitzer, Landrat, Familienoberhaupt, von früh bis spät beschäftigt, diszipliniert, korrekt, pünktlich. Alles, wofür er die Verantwortung trug, mußte funktionieren wie bei einer gut geölten Maschine, kein Ausscheren, keine Verzögerungen. Und wenn etwas schiefging, gab es kein Pardon! Für die anderen nicht und für ihn selbst auch nicht. Sein Tag war genauestens eingeteilt, die Stunden, die er im Landratsamt zu Husum anwesend war, standen fest, da gab es keine Ausnahmen.

Doch, es gab eine Ausnahme, nämlich an dem Vormittag, an dem sie damals zum Bahnhof gebracht worden war, als Papa mit Catty, Agnes und Ludwig am Perron stand und sie mit Mama nach Altenburg fuhr. Franziska erinnerte sich noch gut, wie er damals seiner Sekretärin Bescheid sagen ließ, daß er sich ausnahmsweise um eine halbe Stunde verspäten würde. Schon damals hatte sie sich darüber gewundert, daß er die Unannehmlichkeit, nicht pünktlich im Büro zu sein, auf sich nahm, nur um sie zur Bahn zu begleiten. Vielleicht war dies ein Zeichen seiner Zärtlichkeit, und sie hatte es nicht verstanden.

Ach, wenn sie doch fliegen könnte! Noch drei Stunden Bahnfahrt hatte sie vor sich, drei lange Stunden Unsicherheit, ob sie mit Papa noch sprechen können würde. Ob er ihr vielleicht sein stilles Einverständnis zuzwinkerte, wenn er schon zu schwach war, um zu sprechen? Könnte sie doch nur ihre Ungeduld zügeln, ihre Erwartung drosseln!

»Fanny Comtesse zu Reventlow kann hereinkommen.« Die schneidende Stimme hallte bis zum Ende des langen weißen Ganges. Die Mutter war längst wieder zurück nach Husum gereist, als Franziska im »Freiadeligen Magdalenenstift«, der bekannten Erziehungsanstalt für adelige junge Mädchen, zum ersten Mal in das Direktorat bestellt wurde. Im Zimmer der Pröpstin roch es nach Bohnerwachs und reifen Äpfeln. Franziska schloß die Tür hinter sich und machte auf dem Weg zum Schreibtisch, hinter dem die alte Dame saß, die drei vorgeschriebenen Knickse: den ersten gleich an der Tür, den zweiten etwa auf halbem Weg in der Mitte des Zimmers und den dritten ungefähr einen halben Meter vor dem Ziel, dem großen, blankpolierten Eichentisch.

»Man hört schlimme Dinge über dich. So kurz bist du erst hier und hast bereits Verdruß mit deinen Mitschülerinnen! Ich habe gehört, du hast deine Banknachbarin ins Gesicht geschlagen!« Die Pröpstin blickte die ganze Zeit nicht auf, als hätte sie den Vorwurf von dem weißen Blatt Papier, das vor ihr auf der ansonsten leeren Tischoberfläche lag, abgelesen. Sie saß kerzengerade, die bleichen Hände auf der Tischplatte ineinandergelegt. Wenn sie sprach, bewegten sich nur ihre Lippen. Ihr kleiner Kopf mit den streng zurückgekämmten grauen Haaren, der mageren, spitzen Nase, dem schmalen, violett schimmernden Mund und dem energischen Kinn wirkte, als sei er dem hochgeknöpften weißen Kragen ihres dunkelblauen Kleides aufgesteckt. Wie der Stöpsel auf einer dunkelblauen Glaskaraffe, schoß es Franziska durch den Kopf. Später wird sie die Pröpstin so zeichnen: als birnenförmigen Flakon mit einem sauertöpfischen Stöpselgesicht.

»Ich werde deinen Eltern darüber Bericht erstatten müssen!« Die Pröpstin nahm ihren Stift und notierte etwas auf das leere Blatt, das vor ihr lag. »Vielleicht kannst du mir sagen, warum du so etwas tun mußtest.«

»Ich lasse es mir nicht gefallen, wenn man mich ärgert!«

Franziska wunderte sich über die Lautstärke, mit der ihr dieser Satz entfahren war.

»Du wirst lernen müssen, dich zu mäßigen! Wenn du glaubst, daß dir Unrecht widerfährt, so kannst du mich um ein Gespräch bitten. Ihr seid doch keine Gassenjungen!«

Der Kopf der Pröpstin steckte jetzt etwas schräg auf dem Kragen, aber sie saß noch immer kerzengerade auf der vorderen Kante des Stuhles. »Deine Mutter hat mir von deinem renitenten Benehmen erzählt, und ich stehe bei deinen Eltern im Wort, eine sittsame und anständige junge Dame aus

25

dir zu machen. Wenn man allerdings mit Milde und Nachsicht bei dir nichts erreichen kann, so stehen uns auch noch andere Mittel zur Verfügung.« Mit einer matten Handbewegung wies sie in Richtung Tür und sagte plötzlich viel leiser, als hätte diese Drohung sie ihre letzte Kraft gekostet: »Du kannst jetzt gehen.«

Einige Tage später, beim Mittagessen im großen Speisesaal, wurde wie jede Woche die Post ausgeteilt. Die Tischaufsicht, die immer am Kopfende der Tische saß, rief die Namen der Zöglinge auf, für die ein Brief bereitlag. Die Mädchen mußten um den Tisch herumgehen und sich nach Empfangnahme ihrer Post mit einem Knicks bei der Aufseherin bedanken. Mit dem Brief in der Hand gingen die Mädchen dann zumeist recht fröhlich und erwartungsvoll an ihren Platz zurück. Wenn diese Austeilzeremonie beendet war, mußten sich alle erheben, das Dankgebet sprechen und sich darauf in drei Schweigeminuten »innerlich sammeln«. Franziska nahm ihren Brief mit einem spöttischen Lächeln in Empfang, deutete ihren Knicks nur so weit an, wie nötig war, um nicht gerügt oder bestraft zu werden, und steckte den Brief in die Tasche ihres Kittels. Erst am nächsten Vormittag, während der Biologiestunde, las sie Mutters Brief. Der Inhalt überraschte sie nicht: »Mein liebes Kind – die Frau Pröpstin hat uns wieder geschrieben, daß Du sehr eigensinnig bist und Dich mit den anderen Mädchen schlecht verträgst. Ich habe die Frau Pröpstin gebeten, Dich in strenge Zucht zu nehmen, und wir verlangen von Dir, daß Du Dir jetzt endlich Mühe gibst, anders zu werden. Mehr will ich heute nicht sagen, ich bete täglich zu Gott, daß er Deinen Sinn ändern möge.

Die Geschwister lassen grüßen, Deine Mutter.«

Ihre Augen flogen hastig über die Zeilen. Sie las, was sie bereits erwartet hatte. Dann begann sie, das Papier so leise wie möglich unter ihrem Pult zu zerknüllen. In Wirklichkeit wollte sie Mutters Worte zerknüllen, aber plötzlich hielt sie inne, betrachtete die unbeschriebene Rückseite des Briefbogens, streifte ihn wieder glatt. Sie nahm sich ein Buch auf die Knie, legte das faltige Papier darauf und begann zu zeichnen: Ein dickes Schwein, das unverkennbar die Züge der Biologielehrerin trug, deutete mit einem Zeigestab auf eine Tafel, auf der stand: »Beim Schwein, beim Schwein, ist selbst das Großhirn klein.«

Gleich machte die Zeichnung die Runde, wurde unter den Pulten weitergereicht, hier und da noch um ein despektierliches Detail ergänzt. Die Lehrerin bemerkte nichts – oder tat zumindest so. Franziska schien bester Stimmung. Schließlich hatte sie von ihrer Mutter nichts anderes erwartet als wieder einen Brief voller Vorwürfe und Ermahnungen. Und doch war sie auch enttäuscht. Immer noch. Sie konnte einfach die Hoffnung nicht aufgeben, eines Tages doch noch ein Liebeszeichen von ihrer Mutter zu erhalten. Um ihre Enttäuschung zu überspielen, setzte sie sich vor den Klassenkameradinnen in Szene. Durch Witzeleien und kleine Eskapaden holte sie sich jene Anerkennung, die sie von ihrer Mutter vergebens erhoffte.

Mein geliebter Catty,

Vor zwei Tagen hat es einen mordsmäßigen Skandal gegeben – fast hätte man Editha und mich relegiert! Die Pröpstin wird an alle Eltern schreiben, und wir haben schon Wetten abgeschlossen, wer den ärgsten Brief von zu Hause kriegt. Also: Letzten Sonntag war unsere Aufseherin krank. Wir machten brav das Licht aus, standen aber nachts wieder auf. Rosa blies die Mundharmonika, Meta holte ihre Gitarre, und wir anderen sangen und tanzten dazu und hatten einen Riesenspaß. Hinter unserem Schlafsaal ist eine Tür, und wir waren schon lange neugierig, wohin sie wohl führt. Also gingen wir nachsehen: Editha mit der Nachtlampe voran, wir anderen alle hinterher. Ich erfand gruselige Geschichten von früheren Stiftskindern, die im Kerker vergessen worden waren und auf deren Skelette und eingetrocknete Blutflecken wir jetzt gefaßt sein müßten. Da wurde manchen so bange, daß sie zurück in ihre Betten gingen.

Die Stufen, die zum Speicher unterm Dach führten, waren morsch und knärzten und krachten. Dort oben schien der Mond so hell durch die Spinnweben hindurch, daß wir ihm unbedingt dafür danken mußten! Editha und ich stiegen auf Leitern in den Turm hinauf und schlüpften durch die Dachluke auf das Kapellendach nach draußen. Auf dem Dachfirst knieten wir nieder, reckten dem Mond die Arme entgegen und dankten ihm für seinen Glanz und seine Güte. Dabei mußten wir so lachen, daß wir beinahe heruntergefallen wären. Die anderen dummen Gänse haben das am nächsten Tag, als sie ausgefragt wurden, verraten.

Später dann stellten wir die Nachtlampe auf den Boden im Speicher und tanzten und hopsten so wild, daß unten im Schlafsaal die Balken krachten und die Lampen an der Decke schaukelten. Den anderen Schlafsälen statteten wir auch noch einen Besuch ab, sangen »Stille Nacht, heilige Nacht« und warfen ihnen Stiefel in die Betten. Die haben uns dann auch angezeigt – so eine Gemeinheit! Die Pröpstin kam in die Klasse, grün vor Zorn, und zitterte am ganzen Körper. »Die Sünde ist unter euch wie ein fressender Eiter«, sagte sie. So ein Satz muß einem erst einmal einfallen – ich konnte mich nicht beherrschen und mußte laut lachen. Da ging sie natürlich auf mich los: Ich sei die Anstifterin, wie ein Geschwür würde ich die ganze Klasse vergiften, ich hätte die anderen verleitet, im Nachthemd (o Gott!!) auf den Korridor zu gehen, und das wäre unsittsam et cetera.

Ist der schöne Fritz noch auf Deiner Schule? Meine Flamme hier heißt Editha. Sie ist das hübscheste Mädchen, das ich je gesehen habe, hat lange schwarze Haare und ist – Gott sei Dank – nicht so brav wie die anderen. Ich schwärme sehr für sie und habe schon viele Gedichte auf sie gemacht.

Ach, Catty, es ist so schrecklich hier, schlimmer kann es nicht einmal im Zuchthaus sein. Bei den Promenaden müssen wir artig in Reih und Glied gehen und vor jedem Hofwagen knicksen. Kannst du dir vorstellen, wie ich leide? Die Pröpstin hat es auf mich abgesehen. Genau wie Mama beobachtet sie mich ständig, wittert immer gleich Unheil!

Mein geliebter Bruder, ich weiß nicht, wie lange ich es hier noch aushalten soll. Das einzige, was mich noch am Leben erhält, ist, daß wir uns bald wiedersehen. Die Eltern werden mich verdammen!

Übrigens zeichne ich jetzt sehr viel. Ich lege dir die »Pröpstin als Flakon« bei. Aber laß es nicht herumliegen, ich flehe dich an!

Deine Fanny

Die Busenfreundinnen. Franziska nutzte bald jede freie Minute, um in Edithas Nähe zu sein. Und die Pröpstin wurde nervös. Es verunsicherte sie, daß sie über diese Freundschaft keine Kontrolle hatte. Es war ihr unheimlich, daß sich da etwas hinter ihrem Rücken tat und sie nicht genau wußte, was. Außerdem fürchtete sie, daß sich die beiden Mädchen in ihrer »Verderbtheit« noch gegenseitig aufstacheln, sich gemeinsam zu moralisch zweifelhaften Gedanken und Taten hinreißen lassen würden. Auch der Konfirmandenunterricht schien auf die beiden keinen mäßigenden, mildernden Einfluß auszuüben. Ständig steckten sie die Köpfe zusammen, flüsterten hinter vorgehaltener Hand, lachten aufreizend oder warfen sich kleine Briefchen zu. Für Franziska war Editha sowohl Komplizin als auch Objekt ihrer verwirrten Sehnsüchte. Bei ihr fand sie Abenteuer und Aufregung, aber auch Geborgenheit und Anerkennung. Jeden Tag schrieb sie Gedichte, in denen sie voller Hingabe Edithas Schönheit, ihr langes, glattes, dunkles Haar, die schwarzen, schweren Augen, die anmutigen Hände und die zierlichen Füße besang. Editha, die Beste und Schönste, Editha, die Unvergleichliche!

Anfang Februar hatte Editha Geburtstag. Tagelang überlegte Franziska, ob sie der Freundin die eigenen Gedichte, in schönster Druckschrift und gebunden, überreichen sollte. Schließlich aber fand sie die Verse doch nicht würdig und beschloß, eine gerade neu erschienene, umfangreiche Gedichtsammlung besorgen zu lassen. Das Geld, das sie dazu brauchte, mußte sie sich leihen, denn ihr Taschengeld war einbehalten worden – zur Abbuße einiger Missetaten. Es war allerdings strengstens untersagt, Geld zu leihen und Dinge zu kaufen, die nicht von der Vorsteherin genehmigt waren. Franziska aber verstand es, eine der Neuen, die unterwürfig, willig und in ihrer Bewunderung ahnungslos war, zu überreden, ihr das Geld zu leihen und die prekäre Besorgung für sie zu erledigen.

Als Franziska morgens vor der ersten Schulstunde ihre Bücher und Hefte zusammensuchte, legten sich plötzlich von hinten zwei Hände um sie. Sie drehte sich um, und da stand Editha in ihrer ganzen Pracht: die Brombeeraugen, das wie Alabaster schimmernde Gesicht, das duftende Haar. »Das war lieb von dir, Fanny, ich habe mich sehr gefreut!« Editha flüsterte die Worte, dann umarmte sie die Freundin stumm und drückte ihr einen festen Kuß auf den Mund.

Franziska durchfuhr es wie Feuer, mit dem ganzen Körper fühlte sie diesen Kuß auf ihren Lippen. Sie war glücklich – so glücklich, daß den ganzen Tag über ein melancholischer Glanz auf ihrem Gesicht lag.

Die Geschichte ging für die beiden Elevinnen schlecht aus. Die Mädchen wurden erwischt, als sie während der Schulstunden im Schlafsaal mit Kleidern und Schuhen auf den Betten lagen – auch das war strengstens verboten – und sich gegenseitig aus der Gedichtesammlung vorlasen. So vertieft waren sie, daß sie nicht einmal bemerkten, wie die Mademoiselle – so wurden die Lehrerinnen genannt – hereinkam. Zwei junge Mädchen, in Kleidern und Schuhen auf dem frisch bezogenen Bett, die Köpfe in ein Buch gesteckt – der Mademoiselle verschlug es den Atem, sie fand keine Worte. Mit einem Ruck drehte sie sich um, alles, was man hörte, war ein Schnarchen und Schnauben wie aus den Nüstern eines Streitrosses. Sie hackte mit den Absätzen fest ins Parkett und ging mit energischem Schritt zum Direktorat, um die Pröpstin zu benachrichtigen.

Die Sonne stand schon tief, der lange, schwarze Schatten der Lokomotive flog die Böschung neben den Gleisen entlang. Die Sonnenblumen in dem kleinen Garten neben dem Bahnwärterhäuschen hatten die Köpfe schon wieder gen Osten gerichtet, bereiteten sich auf den nächsten Sonnenaufgang vor. Das Licht wurde kälter, die Konturen des Schattens auf der Böschung waren jetzt ganz scharf. Franziska hustete, krümmte sich, ein trockener, kurzer Stich zwischen den Schulterblättern. Sie holte sich ihre Jacke aus dem Abteil. »Wer wird mich abholen?« dachte sie. »Wird Mama selbst zum Bahnhof kommen?« Aber schnell schüttelte sie alle Gedanken an ihre Ankunft in Lübeck wieder ab. Sie hatte ein undeutliches, warnendes Gefühl, daß es nicht gut war, sich ihre Ankunft zu genau vorzustellen.

»Mit dir, Fanny zu Reventlow, werde ich von nun an nicht mehr unter vier Augen reden, denn du verdienst diese Rücksichtnahme nicht mehr.«

Franziska erinnerte sich noch genau daran, daß sie diese Worte der Pröpstin damals zuerst gar nicht verstanden hatte. Rücksichtnahme? Erst als sie vor der ganzen Klasse nach vorn ans Lehrerpult zitiert wurde, alle Augen auf ihrem Rücken spürte und es plötzlich ganz still war, begriff sie, was die Pröpstin damit gemeint hatte. Franziska stand wirklich am Pranger, wurde mit Worten öffentlich ausgepeitscht. Gegen Zucht und Ordnung habe sie sich aufgelehnt, die Mitschülerinnen verführt, sich über alle Regeln hinweggesetzt und selbst vor dem gemeinsten Betrug nicht haltgemacht. Und das als Konfirmandin!

Die Pröpstin konnte Franziska nicht in die Augen sehen. Unruhig wanderte ihr Blick umher, blieb schließlich in der linken oberen Ecke des Klassenzimmers hängen. Was nur konnte sie jetzt, da die Waffen doch so ungleich verteilt waren, noch verunsichern? Franziska hätte gern ihren eigenen Gesichtsausdruck überprüft. Sie gab sich Mühe, ausdruckslos und neutral auszusehen, aber sie merkte, daß sie ihre Gesichtszüge nicht unter Kontrolle hatte. Vielleicht war da wieder dieses »spöttische Lächeln« auf ihrem Gesicht, und vielleicht war dies der Grund für die Irritation der Pröpstin. »Ich bin nicht mehr Willens, die Verantwortung für dich zu übernehmen«, fuhr die Pröpstin fort. »Alles, was ich dir noch zu sagen habe, ist: Halt ein auf der abschüssigen Bahn! Geh in dich, ehe es zu spät ist!«

Während sie sprach, stand die Pröpstin ganz gerade und völlig reglos hinter dem Katheder – als hätte sie den Zeigestab aus dem Biologieunterricht verschluckt. Sie brüllte nicht, nein, im Gegenteil, sie sprach ganz leise, holte kaum Luft zwischen den Sätzen. Die bleichen Hände hatte sie ineinander gelegt, die kraftlosen Schultern zogen nach unten.

Eine jämmerliche Gestalt! Der Gedanke drängte sich Franziska auf, löste für einen Moment ihre Beklommenheit. Vielleicht, dachte Franziska, hat sie mehr Angst vor mir als ich vor ihr! »Von nun an«, sagte die Pröpstin, »habt ihr Franziska als ehrlos zu betrachten, und ich warne jede, die noch mit ihr verkehrt.«

In der Klasse war es jetzt ganz still. Es hätte in diesem Moment keiner gewagt, auch nur das geringste Geräusch zu verursachen. Die Worte der Pröpstin dröhnten in Franziskas Kopf. Sie schwankte zwischen dumpfer Angst und heller Empörung. Sollte sie von jetzt an leben wie eine Leprakranke: aussätzig, ängstlich gemieden, einsam? Franziska hatte die Hände in den Schürzenlatz gesteckt und sah der Pröpstin gerade in die Augen. Wie früher, wenn sie von der Mutter Schläge bekam, war auch jetzt ihr Stolz so stark, daß er ihr die Kraft verlieh, sich furchtlos zu zeigen. Innerlich bebte sie, war verletzt, verwundet, aber zu ihrem eigenen Schutz gab sie sich spöttisch. Zynisch, allem und allen überlegen. Die so feierlich formulierten Vorwürfe schienen an ihr abzuperlen wie die Wassertropfen am Gefieder der Enten. Sie zuckte nicht einmal mit dem Augenlid, als die Pröpstin sich ihr mit steifem Oberkörper wieder zuwandte: »Deine Eltern sind von dem Vorfall unterrichtet. Bis Ostern kannst du noch bleiben, weil ich ihnen die Schande nicht antun will, dich vor der Konfirmation nach Hause zurückzuschicken.«

Wie betäubt, mit eingefrorenen Gesichtszügen und stolz gerecktem Hals ging Franziska an den anderen vorbei, hinaus auf den Flur, die Treppe hinauf. An dem großen Glasschrank, in dem die ausgestopften Tiere darauf warteten, für den Biologieunterricht herausgenommen und vorgezeigt zu werden, blieb sie stehen. Erschöpft drückte sie die heiße Stirn an das kühle Glasfenster. Aber auch jetzt versuchte sie mit aller Macht, die Tränen zurückzuhalten. Nicht einmal vor sich selbst wollte sie sich ihre Schwäche eingestehen. Sie taumelte, hielt sich mit beiden Händen an dem Schaukasten fest, kämpfte gegen die Blutleere im Kopf. Für einen Augenblick wünschte sie sich, sich aufzulösen, in eine süße Ohnmacht zu versinken. Durch den Tränenschleier vor ihren Augen konnte sie sehen, wie ihr die freundliche braune Sumpfeule aus dem Schaukasten zuzwinkerte: Bleib stark, Fanny! Verlier dich nicht!

Am Montagmorgen, als sie sich frische Wäsche aus ihrem Schrank holen wollte, sah Franziska, wie die Wirtschafterin gerade noch die leeren Fächer auswischte.

»Was soll das? Wo sind meine Sachen?«

»Ich habe die Anordnung, alles auszuräumen! Ihr Schrank ist jetzt oben an der Treppe – sie wissen doch selbst, warum!«

Franziska gab sich Mühe, ein verächtliches Lachen auszustoßen: »Desto besser, dann muß ich nicht mehr so weit laufen!« und ging mit hochmütigem Gesicht davon. Später, als Franziska das Stift bereits verlassen hatte, fand man auf der Innenseite der Schranktür mit roter Kreide und in Riesenlettern geschrieben: »Ich habe nie das Knie gebogen – den stolzen Nacken nie gebeugt.«

Franziska war in Acht und Bann! Und ganz allein. Keine ihrer Mitschülerinnen wagte es, auch nur ein Wort mit ihr zu wechseln, ihr im Vorübergehen aufmunternd zuzuzwinkern oder ihr in einem unbeobachteten Moment gar freundschaftlich den Arm um die Schultern zu legen. Am schlimmsten aber war, daß auch Editha sich dem Diktat der Pröpstin beugte. Sie, die noch zwei Tage zuvor mit Franziska jeden Schritt gegangen war, jedes Gefühl mit ihr teilte, sah nun durch sie hindurch oder drehte sich von ihr weg. Selbst wenn Franziska bei günstiger Gelegenheit ein kleines, heimliches Zeichen wagte, tat Editha, als hätte sie es nicht bemerkt.

In ihrer Verzweiflung kehrte Franziska immer mehr die Furchtlose und Unbelehrbare heraus, dachte überhaupt nicht daran, klein beizugeben und Buße zu tun. Im Gegenteil: sie überbot sich selbst bei jeder neuen Variante ihres aufsässigen Benehmens. Im Schlafsaal gab es jetzt jeden Tag einen »Skandal«. Wenn Franziska sich Wasser holte, balancierte sie die Waschschüssel auf dem Kopf und behauptete, sie könnte kein Blech anfassen. Beim Zähneputzen gurgelte sie Kirchenlieder und rechtfertigte sich mit gespielt ernster Miene, der liebe Gott habe sie damit beauftragt, damit seine Botschaft auch in die Waschsäle getragen werde. Die anderen Mädchen amüsierten sich köstlich und konnten sich das Lachen nicht verkneifen, so sehr sie sich auch Mühe gaben. Und jedesmal lief die Mademoiselle zur Pröpstin, um Meldung zu machen. Einmal ging Franziska selbst zur Pröpstin. »Ich möchte mich anzeigen, denn ich habe gestern in der Stunde gelacht, und die Mademoiselle hat leichtsinnigerweise vergessen, Ihnen darüber zu berichten!«

Da war sie dann plötzlich mit der Pröpstin allein im Zimmer gewesen. Unter vier Augen. Sie war nicht gerufen worden, sie war einfach hineingegangen. Wieder schlug ihr dieser ekelhafte, moderige Apfelgeruch entgegen.

»Ich habe dir doch deutlich gesagt, daß ich nicht mehr unter vier Augen mit dir spreche, also verlasse sofort mein Zimmer!« Die Stimme der Pröpstin zitterte. Und dann rief sie nach der Mademoiselle, als müsse sie um Schutz und Beistand bitten, als hätte sie Angst, der Konfrontation nicht gewachsen zu sein.

Allein zum Pfarrer hatte Franziska Vertrauen. Er redete lange mit ihr, versicherte ihr immer wieder, daß er sie verstehe und wisse, daß sie kein schlechter Mensch sei, nur übermütig und unausgeglichen. Er sprach so sanft, daß ihr die Tränen in die Augen schossen. »Nein, Fanny, vor mir brauchen Sie keine Angst zu haben, ich glaube zu wissen, wie es in Ihrem Innern aussieht. Aber ich bitte Sie inständig, lassen Sie den schlimmen Widerspruchsgeist und allen kindlichen Trotz fahren! Machen Sie es sich und den anderen nicht so schwer!« Während er sprach, lief er auf und ab. Sein rechter Schuh machte bei jedem Schritt ein Geräusch, das wie ein schwaches Seufzen klang, was seinen Worten einen fast flehenden Unterton verlieh.

Vor der Einsegnung, so war es Sitte, mußten sich alle Konfirmandinnen, sofern sie miteinander in Streit lagen, versöhnen. Sie sollten frei von Zorn, Eifersüchteleien, Haß und Mißgunst das erste Abendmahl nehmen. Auch mit der Pröpstin – so verlangten es die Statuten – mußten die Schülerinnen sich aussöhnen. Einzeln wurden sie in ihr Zimmer gerufen, absolvierten die drei vorgeschriebenen Knickse und baten mit der im Religionsunterricht auswendig gelernten Formel um Verzeihung für alle kleineren und größeren Vergehen, die sie der Pröpstin angetan haben könnten. Die Pröpstin nahm die Entschuldigung der bußfertigen Elevinnen mit einem süßsauren Lächeln entgegen, sagte ihrerseits etwas von »Verzeihung« und »Vergebung« und drückte jeder mit ihren blaß schimmernden Strichlippen einen grabeskalten Kuß auf die Stirn. Auch Franziska wurde hereingerufen.

»Nun, hast du mir nichts zu sagen, wenigstens jetzt?«

»Nein.«

Franziska sagte nur dieses eine Wort. Klar und bestimmt, mit einem eher sachlichen als trotzigen Gesichtsausdruck. Kurz darauf trat sie – ungeküßt – wieder auf den Flur hinaus. An die Worte, die die Pröpstin beim Hinausgehen zischend gegen ihren Rücken geschleudert hatte, konnte sie sich nur noch vage erinnern. Es war ein besonderer, ganz privater Fluch, eine persönliche Verdammung, die bis über Franziskas Tod hinaus gehen sollte. Aber den vornehm krummen, aristokratisch langen Zeigefinger, mit dem ihr die

Tür gewiesen wurde, sah sie noch lange Zeit ganz deutlich vor ihren Augen.

Am Tag vor ihrer Abreise traf Franziska Editha auf dem leeren Flur im ersten Stock. Sie ließ sie nicht ausweichen, drängte sie in eine Fensternische.

»Ich hätte nie gedacht, daß du so feige bist!« Die ganze aufgestaute Wut und Enttäuschung brachen auf einmal aus Franziska heraus. Editha wich erschrocken zurück.

»Ich ... ich ...«, stammelte sie. »Die Pröpstin verlangte von mir, daß ich den Verkehr mit dir abbreche.«

Aus den Brombeeraugen quollen dicke Tränen. Plötzlich lagen sie sich in den Armen, rieben die geröteten, tränennassen Wangen aneinander.

»Es ist mir so schrecklich schwer gefallen, aber du hast ja immer getan, als sei dir alles völlig egal!« Noch lange standen die beiden Mädchen eng umschlungen und flüsterten wie zwei Verliebte.

»Zum Abschied habe ich noch eine Bitte«, sagte Franziska und strich Editha die Haare aus der Stirn, »schenk mir eine Locke.«

Sie durfte sie selbst abschneiden. Später wickelte sie ein rosa Samtbändchen darum und legte sie in das japanische Lackdöschen zu den anderen Editha-Reliquien: kleine Kassiber, ein handgeschriebenes Gedicht, ein rosa Spitzentaschentuch und ein goldenes Amulett, heimlich abgeschnittene Fransen von Edithas Wollstola, getrocknete und gepreßte Schlüsselblumen, die sie gemeinsam auf einem Spaziergang voller Innigkeit gepflückt hatten.

Franziska, die Uneinsichtige, Verstockte, die Draufgängerin. So sah sie die Pröpstin, so sahen sie auch ihre Mitschülerinnen. Aber es gab auch die andere Franziska, die Verwundbare, Überschwengliche, romantisch Selbstbezogene. Vielleicht kannte nur Editha sie so, allenfalls noch ihr Bruder Catty.

Die Osterglocken läuteten. Die Konfirmandinnen trugen weiße Kleider mit langen Schärpen, als sie die steilen Stufen zur Kapelle hinuntergingen – sie tauchten aus der warmen, seidigen Frühlingssonne hinein in die kühle, feuchte Luft der Kapelle. Franziska hatte den Eindruck, der Pfarrer habe noch nie so schön, so klug, so fromm gesprochen. Sie war ergriffen, das Drama von Opfertod und Auferstehung, das der Pfarrer beschwor, ließ sie, der feierlichen Stunde ganz hingegeben, den ehrlichen Entschluß fassen, sich nun wirklich zu ändern, ihr Leben von Grund auf neu zu beginnen. Vom langen Kampf gegen die Welt und gegen sich selbst war sie so matt und erschöpft. Nun gaben ihr die Worte des Pastors und die Frühlingssonne, die durch das hohe Kirchenfenster schien und die Figur des Gekreuzigten in gleißendes Licht tauchte, neuen Mut und neue Zuversicht.

Zwei Tage später war sie mit der Bahn zurück nach Hause gefahren. Auch damals hatte sie allein im Abteil gesessen, auch damals warf die Sonne lange Schatten, auch damals eilte die Lokomotive nebenher und voraus.

So sehr war Franziska in ihre Erinnerung vertieft, daß sie gar nicht bemerkte, wie sich die Fahrt des Zuges verlangsamte und die Wagen sich über die Weichen rumpelnd dem Lübecker Bahnhof näherten. Es war schon fast dunkel. Der sommerliche Abend, der leichte Wind, die Luft, die ahnen ließ, daß das Meer nicht mehr weit war. Sie knöpfte ihre Jacke zu, nahm die Reisetasche und ergriff die Hand des Schaffners, der ihr beim Aussteigen behilflich war. Draußen auf dem Perron blieb sie stehen und schaute sich um. Die anderen Reisenden, die mit ihr ausgestiegen waren, wurden abgeholt, umarmt, geküßt, untergehakt. Andere gingen zielstrebig und ohne sich umzusehen auf den Ausgang zu. Ein Gepäckträger kam mit seinem Wägelchen auf Franziska zu, schätzte kurz ab, ob hier ein Trinkgeld zu verdienen sei, drehte wieder um. Wieder und wieder ließ sie den Blick über den Bahnhof schweifen, reckte sich, drehte sich, langer Hals, Zehenspitzen. Niemand war da, der sie erwartete. Es dauerte eine Weile, bis Franziska diese einfache Tatsache begriff.

Plötzlich, in die Stille hinein, eilige Schritte auf den Fliesen der nun fast ausgestorbenen Bahnhofshalle. Die Schritte verharrten kurz, kamen dann auf sie zu. Sie drehte sich um.

»Gottlob, daß ich Sie noch antreffe, Comtesse. Ich habe mich etwas verspätet.«

Der Pastor. Ein enger Freund der Familie. Er konnte noch gar nicht richtig sprechen, mit rotem Gesicht und ganz aus der Puste mußte er erst einmal verschnaufen. Hinter ihm stand Catty, bleich, dunkle Ringe unter den Augen und sichtlich verlegen.

»Catty!«

Franziska setzte die Tasche ab, breitete die Arme aus. Was als herzliche Umarmung gedacht war, wurde nur ein scheuer, angedeuteter Kuß auf die Wange. Catty stand da, die Augen niedergeschlagen, und wagte nicht, sie anzuschauen.

»Was ist los? Catty? Lebt Papa noch?«

Statt Catty antwortete der Pfarrer.

»Ja, Ihr Vater lebt noch, aber es steht sehr schlecht um ihn. Er wird wohl die heutige Nacht nicht überleben.«

»Ja, aber wo sind die anderen? Wo ist Mama?« Wieder war es der Pfarrer, der antwortete, während Catty nervös mit der Spitze seines Schuhs die Rillen der Bodenfliesen entlangfuhr.

»Ich bin im Auftrag Ihrer Mutter hier, um Ihnen zu sagen, daß Sie am Sterbebett Ihres Vaters nicht erwünscht sind.«

Franziska war wie betäubt. »Ich muß Papa sofort sehen, weil ich ihm etwas Wichtiges sagen möchte. Ich muß ihm etwas erklären, solange er noch lebt. Ich muß sofort zu ihm!

Lassen sie mich!« Sie bückte sich, um nach ihrer Reisetasche zu greifen.

Der Pastor faßte sie an der Schulter und stellte sich ihr in den Weg. Er schnappte nach Luft, rang um Worte. »Franziska, ich glaube, Sie haben noch nicht verstanden! Ihre Familie möchte Sie nicht sehen! Respektieren Sie das bitte!«

»Ist das wahr, Catty?«

Catty sah sie an und nickte stumm. In seinen Augen standen Tränen.

Der Pastor atmete tief durch. Er war sichtlich erleichtert, daß er seine Mission erfüllt hatte.

»Weiß Papa, daß ich hier bin?« Franziskas Stimme zitterte, als sie diese Frage stellte, die sie sich ebensogut selbst hätte beantworten können. Natürlich hatten sie ihm verschwiegen, daß sie kam. Sonst hätte er bestimmt darauf bestanden, sie zu sehen.

»Nein«, sagt der Pfarrer, »und er wird es auch niemals erfahren. Man muß jetzt jede Aufregung um ihn herum vermeiden. Deshalb verlangt Ihre Familie von Ihnen, daß Sie gleich den Nachtzug zurück nehmen.« Der Pastor verschränkte die Arme vor seinem Bauch. Die Nervosität war aus seinem Gesicht gewichen. »Es tut mir leid. Leben Sie wohl!« Er drehte sich um. »Kommen Sie!« sagte er zu Catty.

»Catty! Du kannst doch nicht ...« Franziska flüsterte, aber es war wie ein Aufschrei. Ihr Bruder wankte, der Pastor schob ihn am Ellenbogen sachte in Richtung Ausgang. Mit bleichem, schmerzerfülltem Gesicht drehte er sich noch einmal kurz um. »Ich wollte das nicht ... wir müssen jetzt schnell los ... zu Papa! Verzeih ...!«

Franziska blickte den beiden nach. In der Halle war es jetzt ganz dunkel. Vor ihren Augen flimmerten glühend gelbe Zacken und Sterne. Sie mußte sich anlehnen. Und dann weinte sie, laut und hemmungslos.

2. Kapitel

Die Tasche! Franziska war blind vor Tränen hinaus auf die Straße, dem Bruder und dem Pastor hinterhergelaufen. Gerade noch hatte sie die Silhouette der beiden in der Dunkelheit verschwinden sehen. Die weiße Hand des Pastors an Cattys Schulterblatt, hastig drängend. Keiner von beiden blickte sich um.

Sie hatte Catty noch etwas nachrufen, in ihrer Kopflosigkeit einfach nur auf sich aufmerksam machen wollen, aber ihre Stimme war im Schluchzen erstickt. Da erst hatte sie bemerkt, daß sie ihre Reisetasche auf dem Perron zurückgelassen hatte.

Die Bahnhofshalle war jetzt menschenleer, dunkel und still. Die Tasche stand noch genau an der Stelle, wo Franziska mit den beiden zusammengetroffen war, wo der Pastor seinen grausamen Auftrag erfüllt hatte. Franziska bückte sich, öffnete den Bügel und suchte nach ihrem Adreßbüchlein. Dann plötzlich, als wollte sie das, was gerade vorgefallen war, wegwischen, fuhr sie sich mit dem Handrücken über die Stirn, atmete zweimal tief ein und stampfte trotzig mit dem Fuß auf. »Nein«, sagte sie in die Dunkelheit hinein, »ich bleibe hier, solange er noch lebt.«

Die viel zu laut gesprochenen Worte vibrierten in der nachtschwarzen, warmen Luft der Bahnhofshalle. An wen sollte sie sich wenden, hier in Lübeck, wohin ihre Familie nach dem Verkauf des Schlosses umgezogen war und wo Franziska die Schule und das Lehrerinnenseminar besucht hatte, nachdem sie das Mädchenpensionat hatte verlassen müssen? Draußen auf der Straße, unter dem fahlgelben

Licht einer Laterne, wußte Franziska plötzlich, zu wem sie gehen mußte: zu Ferdinand Schluse.

Im Schluseschen Haus war alles dunkel. Sicher waren alle schon zu Bett. Aber wo sonst hätte sie mitten in der Nacht unterkommen können? Wie früher, wenn sie sich zu den Treffen des Ibsenklubs hier versammelt hatten, klopfte sie mit dem schweren Messingklopfer: zweimal langsam – zweimal schnell. Das war das Geheimzeichen der Klubmitglieder gewesen. Stundenlang hatten sie hier beieinander gesessen, die beiden Schluse-Kinder, Catty und die anderen Klubmitglieder, und über Themen diskutiert, die in Franziskas Elternhaus tabu waren.

Als Ferdinand Schluse im hastig übergeworfenen seidenen Morgenmantel die Tür öffnete, fiel Franziska ihm um den Hals. Ferdinand drückte sie an sich, ging einen Schritt zurück, zog sie, ohne die Umarmung zu lösen, in die Wohnung.

»Komm nur, komm rein! Du kannst hier bleiben.«

Er schien gar nicht überrascht zu sein, daß Franziska, die er viele Monate nicht gesehen hatte, so ganz plötzlich, dazu noch um diese Uhrzeit, bei ihm vor der Tür stand. Irgend jemand mußte ihn über den neuesten Stand der Dinge im Hause Reventlow unterrichtet, ihm ihr mögliches Erscheinen angekündigt haben.

In dieser Nacht saßen sie in der Küche zusammen und redeten über alles, was Franziska bedrückte. Ferdinands Mutter, die Franziskas Stimme im Treppenhaus gehört hatte, kam dazu, machte Tee, brachte Gebäck, wollte wissen, wie es Franziska in den letzten Monaten ergangen war. Auf einmal war alles wieder wie damals, zu Zeiten des Ibsenklubs. Noch nicht einmal drei Jahre war das her, und doch kam es Franziska so vor, als läge es Jahrzehnte zurück.

In der Küche hatte sich seither nichts verändert. Es roch

nach kaltem Zigarettenrauch, am Büffett fehlte noch immer der Porzellanknauf der obersten Schublade, das Schüsselchen mit dem Katzenfutter stand immer noch am selben Platz, über dem Tisch hing immer noch der alte gelbe, leicht verbeulte Lampenschirm. Franziska spürte den Sog des Vertrauten, der Geborgenheit und Nähe, aber zugleich fühlte sie sich auch beengt, kam ihr die Atmosphäre seltsam muffig und stickig vor. Hier, wo sie mit ihren Freunden große, ehrgeizige Pläne geschmiedet hatte, wo sie sich gegenseitig aus aufrührerischen Schriften vorgelesen, die Eroberung der Welt in Gedanken vorweggenommen hatten, hier war die Zeit stehengeblieben. Das tat ihr einerseits wohl, gab ihr Sicherheit, umhüllte sie wie weicher Samt, versetzte sie aber andererseits in eine merkwürdige innere Unruhe. Ungestüm und naiv, wie sie gewesen war, hatte sie damals geglaubt, hier in dieser Küche sei die intellektuelle Avantgarde versammelt, hier werde vorausgedacht, was die Zukunft bestimmen würde. Aber mit dem Abstand der drei Jahre erschien ihr das alles viel weniger aufregend, fast schon provinziell. Ibsen, Bebel, Lassalle hatten sie gelesen, hatten gesellschaftskritische Utopien entworfen und leidenschaftliche Diskussionen geführt. Jetzt wirkte plötzlich alles ein wenig angestaubt und voller Spinnweben: Ferdinand, seine Mutter, die ganze Atmosphäre; freundlich und liebevoll, aber irgendwie auch eng und spießig.

»Ich hoffe, es ist dir hier nicht zu hart ...«

Ferdinand klappte die Armlehnen des Diwans im Wohnzimmer herunter, verwandelte das Sitzmöbel in ein Bett und reichte Franziska eine Wolldecke.

»Ach, weißt du, ich werde nur sehr kurz bleiben. Gleich morgen früh will ich versuchen, Papa im Krankenhaus zu besuchen. Höchstens zwei oder drei Nächte, dann mache ich mich wieder aus dem Staub ...«

»Du mußt zur Ruhe kommen, dich ausruhen«, sagte Ferdinand. »Auf alle Fälle kannst du bleiben, solange du willst. Hier ist doch dein Zuhause, Fanny, hier kannst du unterkriechen.«

Unterkriechen! Franziska wollte nicht unterkriechen! Im Gegenteil, als Ferdinand die Vorhänge zuzog, glaubte sie einen Augenblick lang, so viel Freundlichkeit und Anteilnahme nehme ihr die Luft zum Atmen. Für einen kurzen Moment hatte sie das Gefühl, sie müsse fliehen, sich dieser bedrängenden Fürsorge entziehen.

»Ach, du guter Ferdinand«, sagte sie in einem Ton, der bei aller Herzlichkeit doch Distanz herstellte, »ich bin nicht mehr die, die damals bei Nacht und Nebel aufgebrochen ist. Ich habe so viel erlebt; andere Orte, andere Menschen. Weißt du, ich möchte ganz anders leben, ein Leben ohne Tabus, das sich ganz um die Kunst dreht, in dem nur der Schöpfergeist wichtig ist. Und da fragst du, ob ich auf dem Diwan schlafen kann, weil er vielleicht zu hart ist?«

Der Satz war ihr etwas pathetisch geraten, was wohl auch damit zusammenhing, daß sie nicht genau wußte, wie sie sich in dieser Situation Ferdinand gegenüber verhalten sollte. Ferdinand trat zu ihr und strich ihr liebevoll übers Haar.

»Immer auf der Suche nach dem Extremen«, sagte er und erfaßte ihr Kinn mit Daumen und Zeigefinger. Franziska ließ es geschehen, weil sie jetzt wußte, daß er nicht weiter in sie dringen, auf größere Nähe bestehen würde. »Laß mich jetzt allein, bitte!«

Sie gab ihm einen eiligen Kuß auf die Wange, der so energisch, so eindeutig war, daß Ferdinand auch die leiseste Erwartung, daß alles wieder so werden könnte wie damals, fahrenlassen mußte.

Schlafen konnte Franziska nicht. Das Sofa war tatsächlich hart, aber das war nicht der Grund. Sie drehte sich hin

44

und her, versuchte sich dazu zu zwingen, an nichts zu denken. Aber in ihrem Kopf drängten sich die Erinnerungen. Die ganzen Jahre in Lübeck ...

Catty mit seinem Freund Fehling auf dem blau-beigen Teppich zu Hause. Um sie herum Bücher, Zettel, leergetrunkene Teetassen, volle Aschenbecher. Durch Emanuel Fehling hatte Catty damals von einem norwegischen Dramatiker erfahren, Henrik Ibsen. Ibsens Theaterstücke waren so ganz anders, als alles, was sie bisher kannten. Die beiden jungen Männer lasen sich die Stücke mit verteilten Rollen gegenseitig vor. Das nahmen sie furchtbar ernst, schwelgten in Zitaten, probierten Posen aus, warfen sich die neuerworbenen Vokabeln wie Spielbälle zu. Als »Erweckte« fühlten sie sich damals, als Außenseiter in einer stumpfen, bürgerlichen Welt von gestern. Ideen und Theorien, Pläne einer idealen Gesellschaft machten sich in ihren Köpfen breit, sie sprachen kaum mehr von etwas anderem. Kaum daß Franziska aus dem Altenburger Pensionat nach Hause zurückgekehrt war, hatte Catty sie mit seinem neuerworbenen Wissen bestürmt. Er sprach von einer neuen Zeit, die nun anbrechen würde und die es mit Schöpfergeist zu gestalten gälte. Mit schicksalhaftem Tremolo in der Stimme versuchte er dabei ein bedeutendes Gesicht zu machen, so daß sich Franziska Mühe geben mußte, nicht laut loszulachen. Die hochtrabende Ausdrucksweise schien ihr aus dem Mund ihres kleinen Catty allzu komisch. Aber Catty – daran mußte sie sich erst gewöhnen – war auf einmal zum Manne gereift: mit leichtem Flaum auf der Oberlippe und breiten Schultern; rebellisch, selbstbewußt, sentimental und ungeheuer pathetisch.

Catty belieferte sie von nun an mit allen modernen und – das war sein neues Lieblingswort – »antibürgerlichen« Schriften. Mit heißen Wangen, meistens nachts, wenn sie vor den neugierig forschenden Augen der Mutter sicher war,

45

las Franziska über Lasalles Leben, Bebels »Die Frau und der Sozialismus«, alles von Maupassant und Zola, dann die Russen, Dostojewskij, Tolstoi und Turgenjew, auch Hamsun und Strindberg. Und natürlich die Theaterstücke von Ibsen. »Peer Gynt« und »Die Wildente« waren die ersten, »Die Gespenster«, »Nora. Ein Puppenheim« und »Die Frau am Meer« folgten. Oft las sie bis zum frühen Morgen, bis auf der Straße die Milchwagen klapperten und die Vögel zögernd ihre ersten Töne probierten.

Wenig später war sie zum ersten Mal in der Schluseschen Küche. Catty hatte sie mitgenommen, hatte den Messingklopfer, zweimal lang – zweimal kurz, auf den Löwenkopf fallen lassen und sie in die Küche geschoben, wo die anderen vom Ibsenklub schon versammelt waren. Sie sollte eine kleine Rede halten, um in den Klub aufgenommen zu werden, ein paar Worte zum Thema »Die neue Frau«. Einige, die in der Küche saßen, kannte sie aus Cattys Gymnasium, andere hatte sie noch nie gesehen. Was Franziska am meisten erstaunte, war, daß sich mitten unter den jungen Leuten auch die Eltern Schluse befanden: die Mutter, eine lange Zigarettenspitze zum Munde führend, saß auf einem Stoß Zeitungen; der Vater, ein blonder, großer, hagerer Mann, unterhielt sich mit mediterran lebhaften Gesten, die eigentlich gar nicht zu seinem Äußeren paßten. Bei den Reventlows wäre eine solche Zusammenkunft – wenn überhaupt – nur bei Abwesenheit der Eltern möglich gewesen, hier saßen sie mitten unter den Jungen! Hier waren alle um den Küchentisch versammelt; Zettel, Bücher, Gläser und Aschenbecher wurden hin- und hergereicht, Zigarettenqualm hing in Schwaden über den Köpfen. Für Franziska war das alles aufregend neu. Hier wurde sie ohne konventionelle Zwänge freundlich empfangen, hier gab es keine Barrieren zwischen jung und alt, hier wurden wichtige Dinge besprochen.

Franziskas kurze Rede endete mit dem Satz: »Wir wollen

uns aus den vorgestanzten Schablonen unserer Erziehung befreien und die verstaubten Lebenslügen abstreifen!« Dann gab es Applaus, und sie war in den Klub aufgenommen. An diesem Abend war ihr ein junger Mann mit rotblondem Haarschopf und wachen Augen aufgefallen. Es war Emanuel Fehling, der mit seiner Begeisterung für Ibsen und alles Freidenkerische schon Catty angesteckt hatte und an diesem Abend Franziska nicht aus den Augen ließ. Gleich zwei Tage später traf sie ihn wieder. Sie hatte Papa zum Büro begleitet und war auf dem Rückweg noch bei der Flicknäherin vorbeigegangen, um Servietten und Bettücher vom Kunststopfen abzuholen. Als sie mit dem großen Paket wieder die Straße betrat, stellte sich Fehling ihr in den Weg.

»Franziska, ich habe mir gewünscht, Sie bald wiederzusehen – und da sind Sie!«

Er nahm ihr das Wäschepaket ab, und sie gingen eine Weile nebeneinander her. Er machte ihr Komplimente über ihre Rede zur Aufnahme in den Klub, hatte sich sogar ganze Passagen im Wortlaut gemerkt. Als sie schon fast das Reventlowsche Haus erreicht hatten, blieb Franziska stehen.

»Meine Eltern sollten uns nicht unbedingt zusammen sehen. Wann können wir uns treffen?«

»Morgen um fünf, drüben in der Marienkirche!« antwortete Fehling und wechselte auf das gegenüberliegende Trottoir.

Zu Hause ging Franziska in ihr Zimmer, warf sich aufs Bett und malte sich aus, wie es wohl sein würde, morgen in der Kirche, wie er versuchen würde, sie zu küssen, wie sie sich nicht wehren würde. Oder wie sie hinter einer Säule verschwinden müßten, weil sie die Schritte des Kirchendieners hörten. Sie fand diese Vorstellung aufregend, konnte an nichts anderes mehr denken und dachte sich immer neue kleine Szenen aus, die sie für besonders gewagt oder gotteslästerlich hielt: frivole Umarmungen am Taufbecken, heiße Küsse unter dem Kruzifix, Treueschwüre von der Kanzel herab.

Aber es kam anders. Fehling war bei diesem ersten Treffen in der Kirche sehr zurückhaltend, hatte ein paar aus einem Buch herausgerissene Seiten dabei und redete von politischen Veränderungen, die bevorstünden. Keine Liebesschwüre, nicht einmal eine vorsichtige Andeutung von Verliebtheit und schon gar keine heißen Küsse. Franziska war enttäuscht, ahnte noch nicht, daß – nur eben etwas verzögert – ihre Erwartungen doch noch eintreffen sollten. Der Beamtensohn aus Lübeck ging langsam vor.

Jeden Tag, manchmal dreimal, schrieb Franziska ihrem Verehrer sehnsuchtsvolle Briefe. Ihr überquellendes Herz und ihr Verlangen nach körperlicher Nähe führten ihr beim Schreiben die Hand: »Mein Geliebter, wenn wir zusammengewesen sind, ist mein erstes Gefühl, Dir nachzustürzen, Dich noch einmal eine Minute zu sehen; das zweite die Wehmut, daß es schon wieder vorüber ist, und das dritte, siegende, das unendliche Glück, das es alles so ist.«

Kaum war Franziska nach einem heimlichen Spaziergang nach Hause zurückgekehrt und hatte sich im Bad mit kaltem Wasser das heiße Gesicht gekühlt, saß sie schon wieder in ihrem Zimmer und schrieb: »Mein süßer Geliebter, ach, das Leben ist nur bei Dir, nur an Deinem Herzen – da gehöre ich hin, und die Augenblicke, wo ich daran ruhen kann, sind die einzigen wirklichen Lebensaugenblicke. Du mußt mich an deine Seele nehmen, mich ganz hinnehmen – mich zu dir heranbilden, sonst kann ich nie aus meiner Schwachheit und Elendigkeit heraus.«

Franziska lebte nur noch für die Begegnungen mit Fehling, wartete ungeduldig darauf, daß sie eines Tages alles, auch die letzte Erfüllung ihrer Liebe, erfahren würde. Aber Fehling war ängstlich, nicht so wißbegierig wie sie, zögerte, hielt sie hin. Und wenn sie davon sprach, daß die wahre

48

Liebe großzügig gelebt werden müsse, wie es in den Büchern stand, die sie zusammen gelesen hatten, und daß sie niemals in einer eintönigen Ehe vermodern wolle, dann verstummte er, war auf einmal gar nicht mehr der kühne Umstürzler, als der er sich gern gab. Obwohl sie sich in jeder freien Minute sahen, obwohl sie sich stürmisch umarmten und einander sehnsuchtsvolle Briefe schrieben, blieb ihre Liebe platonisch.

Bei gutem Wetter wartete Fehling draußen vor der Stadt am Mühlwasser. Sie saßen in einem alten, morschen Boot unter den kahlen Weidenzweigen, hielten sich umschlungen und schwiegen. Oder sie lagen in einer Waldlichtung und blickten in den schimmernden Himmel hinauf und redeten über das Leben. Meistens war Catty dabei. Er war in alles eingeweiht und gab acht, daß die beiden nicht ertappt wurden. Hatten sie ein Rendezvous in der Kirche, so war er es, der in der letzten Reihe am Portal saß und aufpaßte, ob der Kirchendiener kam. Catty transportierte auch die Liebesbriefe, wichtige Kassiber, getrocknete und gepreßte Blumen und andere kleine Geschenke. Er war Vertrauter, manchmal auch Berater seiner älteren Schwester, eine Rolle, die er mit Hingabe ausfüllte.

Aber dann verliebte sich Franziska in Ferdinand Schluse. Der war viel forscher, viel freier, verglichen mit Fehling ein richtiger Draufgänger. Er küßte sie gleich bei der ersten Gelegenheit, in der Kirche, unter dem tosenden Brausen der Orgel. Da waren sofort alle Treuegelübde, die Fehling ihr abverlangt hatte, alle ehrlich gemeinten Versprechen für die Zukunft vergessen. Ein sinnliches Verlangen überrollte sie, als er seinen Unterleib ganz fest gegen ihre Schenkel preßte, als seine Finger nach Pfaden suchten, die bisher noch keiner bei ihr gesucht hatte. Am liebsten hätte sie sich ihm auf der Stelle, gleich hier im Dom, hingegeben.

Einmal besuchte sie Ferdinand Schluse ganz früh am Morgen. Er lag noch im Bett, und sie setzte sich zu ihm. Langsam zog er sie immer dichter an sich, löste ihr das Haar, tastete nach den Knöpfen an ihrem Kleid und öffnete sie. Sanft berührte er ihre Brüste, die Knospen schlossen sich, wurden spitz und fest. Plötzlich entwand sie sich der Umarmung.

»Nein! Nicht weiter!«

»Was ist? Was hast du?« Er richtete sich auf, ließ seine Hand auf ihrer entblößten Schulter liegen. Sie saß jetzt ganz gerade, in ihren Augen funkelte Entschlossenheit.

»Das Schlimmste wäre ein Kind, Ferdinand! Ein Kind wäre eine Katastrophe!« Sie knöpfte ihr Kleid zu und sprach davon, daß alle ihre Pläne, ihre Malerei, die ersehnte Freiheit, alles, wofür sie leben wollte, durch eine Schwangerschaft zerstört werden würde. Nichts schien übrig zu sein von der Neugier und Abenteuerlust, auf einmal war sie ganz nüchtern, bewahrte einen klaren Kopf. Und als Ferdinand Schluse sie nun erst recht bedrängte, ihr immer neue Treueversprechen abverlangte, sogar auf baldiger Verlobung bestand, da wurde ihr Freiheitsdrang so ungestüm, daß sie ihn von einem Tag auf den anderen verließ, obwohl sie selbst unter der Trennung womöglich noch mehr litt als er.

Vielleicht war es eine glückliche Fügung, daß eine Mitschülerin am Lehrerinnenseminar, das Franziska inzwischen besuchte, ihr gerade jetzt ein Buch zusteckte, das den Titel trug »Also sprach Zarathustra!«. Das Buch war für Franziska eine Offenbarung. Gott ist tot, las sie da. Alle Gebote der Moral, das ständige »du sollst« und »du sollst nicht«, das die Menschen seit Jahrtausenden an ihrer Entfaltung hindere, alle feige Rücksichtnahme, alle lähmenden Gewissensbisse gälte es über Bord zu werfen und ganz nach dem eigenen »ich will« zu leben. Gierig verschlang sie die Botschaft vom Übermenschen, der den ganzen Jenseits- und Moralballast abgeworfen und sich nur dem einen Ziel hingab, sich selbst ohne Rücksicht auf Gut und Böse auszuleben. So gefangen war sie von den betörenden Sätzen, von Nietzsches tönender Wortgewalt, daß sie alles um sich herum durch die Augen des Propheten Zarathustra sah.

»Was ich bei Nietzsche so aufregend finde«, sagte sie einmal zu Catty, »ist, daß er das Tier über den Menschen stellt. So will ich auch einmal leben: rauschhaft und ohne Fesseln! Dieses ständige Denken ans Jenseits verdirbt einem doch bloß die Lust am Diesseits. Man läuft schon in frühen Jahren mit einem Buckel herum, weil einen andauernd das schlechte Gewissen drückt!«

Nachts streifte sie manchmal ruhelos durch die dunklen Straßen, weil die ausgreifenden Phantasien und hitzigen Gedanken sie nicht schlafen ließen. War es Wirklichkeit oder war es ein Traumgesicht, der fremde Mann, der plötzlich aus der Dunkelheit auftauchte? Groß, mit wehendem Mantel und flackerndem Blick, beugt er sich zu ihr herunter und flüstert: »Komm mit mir, bei mir ist der Rausch, nach dem du verlangst! Ich will dich alle Geheimnisse und Wunder lehren, die dir noch verborgen sind.«

Sie folgt ihm, geht ihm nach durch die verlassenen Straßen. »Mein Zarathustra«, nennt sie ihn, oder »mein Verführer«. Nacht für Nacht kommt er zu ihr, spricht ihr vom Rausch, von der Macht der Begierde, gewaltig und sanft zugleich.

Als Franziska am nächsten Morgen auf dem harten Diwan im Wohnzimmer der Schluses erwachte, hatte sie das Gefühl, ihre ganze Jugendzeit in Lübeck noch einmal im Traum erlebt zu haben. Wie lange hatte sie nicht mehr an Fehling und an Zarathustra gedacht! Wie weit war sie inzwischen von dieser Lübecker Welt entfernt und ihr in den letzten Jahren entwachsen! Die Morgensonne zwängte sich durch den Spalt zwischen den dunkelroten Samtvorhängen. Es war früh, die Familie Schluse schlief noch, die Katze kratzte an der Tür. Franziska nahm sie hoch und sah aus dem Fenster. Alles wirkte kleiner, als sie es in Erinnerung hatte: der Vorgarten, der Gehsteig, die schmalen Bürgerhäuser gegenüber. Sie drückte die Katze an sich. Das verhaltene Schnurren an ihrem Ohr, das zarte Vibrieren des kleinen Körpers, die Wärme – all das wirkte wie ein Schutzwall gegen den Tag, der sich mit kaltem, weißem Sonnenlicht fast drohend ankündigte.

»Ich muß zu Papa«, dachte sie und setzte die Katze ab. »Jetzt sofort!«

Im Krankenhaus war man abweisend, fand allerlei Gründe, Ausflüchte, warum es unmöglich sei, daß Franziska ihren Vater sähe.

»Sie wollen doch sicher nicht schuld sein, wenn Ihr Vater die Aufregung nicht verkraftet ...«

»Aber ich bin seine Tochter! Sie können mir doch nicht verwehren, ihn noch ein einziges, letztes Mal lebend zu sehen!«

Die Schwester verschwand. Nach einer Minute kam der Arzt und schob Franziska am Arm ein Stück weiter den Gang entlang in Richtung Ausgang. »Sie müssen das verstehen, Gräfin, wir haben strikte Anweisung.« Er sprach hastig und leise, so daß sie ihn kaum verstehen konnte, als er ihr im Gehen noch zuflüsterte: »Kommen Sie heute abend gegen neun! Ich werde Ihnen eine Möglichkeit verschaffen, ihn zu sehen. Aber sprechen Sie mit niemand darüber. Und jetzt gehen Sie! Schnell!«

Als sie durch die große Halle ging, hörte sie energische Schritte auf einem der Flure. Das mußte Mama sein! Diese schnellen, kurzen Schritte waren unverkennbar! Franziska versteckte sich hinter einer Säule und wartete, bis die Schritte verklungen waren. Nein, mit Mama wollte sie jetzt nicht reden. Schon deshalb nicht, weil sie Angst hatte, in Tränen auszubrechen, sich nicht in der Gewalt zu haben.

Mama gegenüber wollte sie keine Schwäche zeigen. Jedem Fremden auf der Straße würde sie ihre Gefühle zeigen, aber nicht ihrer Mutter!

Als sie wieder nach draußen trat, war sie unschlüssig, wie sie die Stunden bis zum Abend verbringen sollte. Zurück in den Schoß der Familie Schluse wollte sie jetzt nicht, sie wollte allein sein. Franziska ging an ihrem alten Schulhaus vorüber, dachte daran, wie glücklich sie hier ihr Zeugnis für den »hervorragenden Abschluß« entgegengenommen hatte. Sogar Mama hatte sich, als sie ihrer Tochter gratulierte, zu einer angedeuteten Umarmung hinreißen lassen.

Später wanderte sie zur Marienkirche weiter. Das große Portal knarrte noch immer wie früher. Im Innern der Kirche war es angenehm kühl, und es roch nach dem alten Holz des Kirchengestühls. Wie oft hatte sie hier gesessen und ungeduldig auf das Knarren des Portals gewartet, wenn sie mit Fehling verabredet war! Sie ging nach vorn zum Altar, auch hier stand noch alles an seinem Platz. Selbst die sieben Wachsflecken auf dem roten Läufer waren noch da. Sie waren so angeordnet, daß man, wenn man sie lange und auf eine bestimmte Weise ansah, ein knieendes Kamel erkennen konnte.

Als Franziska hinausgegangen war und über den Kirchplatz schritt, fing es an zu regnen. Der Himmel war mit dunklen Wolken bedeckt, in der Ferne hörte man das verhaltene Murren eines Gewitters. Auf den Straßen war es plötzlich ganz still. Franziska wanderte ziellos durch den Regen und näherte sich, ohne es zu bemerken, immer mehr ihrem Elternhaus. Als sie, vom Wall kommend, in ihre alte Straße einbog, hatte sie das Gefühl, als betrete sie verbotenes Terrain. Auf dem Trottoir gegenüber ihrem Elternhaus blieb sie stehen. Es war jetzt fast dunkel, in den Fensterscheiben des oberen Stockwerks spiegelte sich der grünlichschwarze Gewitterhimmel. An der Südseite waren die Fenster angelehnt, drinnen brannte die Lampe über dem Tisch. Franziska erschrak, als sie Agnes mit der Teekanne in der Hand in die Küche gehen sah. Alles sah so normal und friedlich aus: das Teegeschirr auf dem Tisch, das warme Licht der Stehlampe. Einmal meinte sie sogar, Ernst lachen zu hören, als sei dies ein Nachmittag wie jeder andere, als ränge nicht Papa nur ein paar Schritte von hier entfernt mit dem Tode.

Magisch angezogen von dem Bild überquerte Franziska die Straße, ging in den Vorgarten und stand jetzt ganz nah am Fenster. An den Dornen im Rosenbeet hatte sie sich die Strümpfe zerrissen, an den Schuhen klebten feuchte Erdklumpen. Aber sie bemerkte es nicht. Sie konnte den Blick nicht lösen von dem Bild hinter der Fensterscheibe: die Mutter im Kreise ihrer Kinder, von denen eines fehlte. Der Haß, der sich die ganzen Jahre über in ihr aufgestaut hatte; der Haß gegen Mama, ihre Härte, ihre Strenge, ihre Unnahbarkeit; der Haß gegen die adelige Herkunft und die verlogene Etikette; der Haß gegen die Unterwürfigkeit ihrer Schwester Agnes und deren Feigheit und Bequemlichkeit – der ganze kalte Haß stieg jetzt in ihr hoch, quoll zu einem dicken Kloß in ihrem Hals.

Aber dann war da noch Franziskas Sehnsucht, die sie, zumindest für Momente, all diese aufgestauten Haßgefühle wieder vergessen ließ. Es war die selbstquälerische Sehnsucht nach der Geborgenheit in ihrer Familie; der Wunsch, in ihrer Mitte zu sein, wenn sie sich gegenseitig Trost zusprachen. Auf Franziskas regennassem Gesicht zerflossen die Tränen. Sie stand allein draußen, die anderen waren zusammen im Haus, konnten sich gegenseitig Schutz und Wärme geben, sich stützen. Immer hatte sie sich nach Familieninnigkeit gesehnt, sich gewünscht, alle unversöhnlichen, gehässigen Gedanken beiseite schieben zu können, von Mama in den Arm genommen zu werden.

»Wenn Sie umkehren und sich in aufrichtiger Reue willig

in alles ergeben, was zu ihrem Heil beschlossen wird, dann wird Ihre Mutter Sie wieder als Kind aufnehmen«, hatte ihr einmal der Hauskaplan zugeflüstert, als er sich von einer Teestunde bei ihren Eltern vorzeitig verabschiedet hatte und ihr auf dem Kiesweg vor dem Haus begegnet war.

Sie hatte sich nicht ergeben! Und das hier war die Quittung.

Franziskas Kopf war mit einemmal ganz klar, nichts Verschwommenes, keine Undeutlichkeit. Als hätte sie jemand gepackt und gerüttelt: Es gab keinen Weg zurück in dieses Haus. Nie wieder! Sie löste ihre Hände von den kalten, schmiedeeisernen Stäben und ging noch einmal um das Haus herum in den Garten. Oben auf dem Balkon sah sie die dunklen Umrisse einer Frau. Es mußte Agnes sein, oder war es Mama? »Agnes! Agnes!« Franziska rief den Namen der Schwester flüsternd. Mit einer kaum auszumachenden Handbewegung winkte der Schatten zu ihr herab, bevor er sich stumm ins Zimmer zurückzog und die Fensterläden schloß.

Aus. Vorbei. Ohne sich noch einmal umzudrehen, ging Franziska über die Straße, zurück in die Stadt. Sie wischte sich die Tränen aus dem Gesicht und zwang sich zu einem Lächeln. Es war geschafft! Was war geschafft? So verzweifelt, wie sie war, so tieftraurig und unglücklich, so frei und leicht fühlte sie sich plötzlich. Als wäre sie mit großer Anstrengung an ein schwer zu erreichendes Ziel gelangt. Es schien ihr, als sei erst jetzt der Weg frei geworden für ihr eigenes Leben, als seien diese schmerzhaften Minuten nötig gewesen, um die Trennung auch in ihrem Innersten zu vollziehen.

Bei Schluses saßen wieder alle in der Küche: Ferdinand, seine Mutter, seine Schwester. Auch Vater Schluse war jetzt zu Hause. Als hätten sie nur auf Franziskas Rückkehr gewartet. Wie gierige Vögelchen, die die langen Hälse zum Nest herausstrecken, kamen die Schluses ihr jetzt vor, als erwarteten sie, daß Franziska sie mit Nachrichten, kleinen Sensationen fütterte. Ein schäbiger, undankbarer Gedanke, aber dennoch konnte sich Franziska nicht dagegen wehren.

»War es schlimm?« fragte Ferdinand vorsichtig.

»Ich bin noch nicht bei Papa gewesen, der Arzt läßt mich heute abend zu ihm. Das hat er mir jedenfalls versprochen.«

»Das meinte ich nicht. Bist du nach Hause gegangen?«

»Nein, natürlich nicht!« Franziska hatte keine Lust, darüber zu sprechen und die Neugier der Schluses zu stillen, deshalb log sie: »Ich bin den ganzen Nachmittag unten am Mühlwasser gewesen.«

Obwohl das Feuer im Ofen brannte, fror Franziska ganz erbärmlich. Sie zog ihr schwarzes Wolltuch enger um ihre Schultern. Ferdinand stellte ein kleines Likörglas vor sie hin und goß es mit zähem, schwarzrotem Johannisbeerlikör bis zum Rand voll.

»Trink, Fanny, das wärmt dich auf und bringt dich auf andere Gedanken.«

Mutter Schluse setzte sich neben sie auf die Bank und legte vorsichtig den Arm um sie.

»Warte nur ab, irgendwann wird der Tag schon kommen, wo du wieder nach Hause kannst. Du mußt eben Geduld haben.«

Franziska rutschte nach vorn auf die Kante, entzog sich vorsichtig dem schützenden Arm auf ihrer Schulter. Sie saß jetzt kerzengerade und sagte mit fester Stimme:

»Mein Zuhause wird ganz woanders sein. Bei der Familie Reventlow war es nie und wird es auch nie sein!«

Kein Nachhaken, kein Nachfragen, verlegene Stille. Es mußte wie eine Kriegserklärung geklungen haben, eine Fanfare zum letzten Gefecht. Ein Gefecht gegen wen? Die Schluses waren immer Franziskas Verbündete gewesen!

Verbündete, Komplizen, sogar gegen ihr Elternhaus. Hatte sie, was sie soeben gesagt hatte, nicht schon mehrmals hier in dieser Küche gesagt? Und doch klang es diesmal anders, rücksichtsloser, bedrohlicher. Irgendwie hatte Franziska das Gefühl, daß der Satz auch von den Schluses als Bedrohung empfunden wurde. Sie sah die betretenen Gesichter vor sich. Es tat ihr leid, daß sie so heftig geworden war, aber sie wollte sich jetzt nicht weiter erklären, nichts zurücknehmen.

Und dann, in die Stille hinein, klopfte es: zweimal lang – zweimal kurz. Ferdinand öffnete. Franziska hörte, daß es Catty war. Die Begegnung auf dem Bahnhof gestern abend mußte ihm wie ein Stachel im Fleisch sitzen. Er wußte, daß sie ihm seine Feigheit niemals verzeihen würde, daß das alte Vertrauen zu seiner Schwester nie wieder hergestellt werden würde. Ferdinand schob ihn in die Küche.

Als sie ihn ansah, spürte sie seine Beklommenheit fast körperlich. Er konnte ihr nicht in die Augen sehen, war wie unter einer Schicht Aspik.

»Papa ist tot!« flüsterte er.

Franziska stand langsam auf und ging auf ihn zu. Dann gab sie sich einen Ruck, legte ihre Arme um seinen Hals und drückte sich an ihn. Er konnte die Tränen nicht mehr zurückhalten. »Ich soll dir von Mama ausrichten, daß du jetzt zu ihm kannst.«

Franziska nahm die Nachricht vom Tod ihres Vaters mit einer seltsam kühlen Erleichterung auf, obwohl sie doch so sehr gehofft hatte, ihn noch lebend wiederzusehen. Alle Anspannung fiel plötzlich von ihr ab, eine innere Ruhe machte sich in ihr breit. Sie war froh, daß sie auf Cattys Benehmen am Bahnhof so großzügig reagieren konnte. Selbst die Botschaft ihrer Mutter, daß man sie nun vorlassen würde, konnte diese innere Ruhe nicht stören.

»Ich komme. Ich hole nur noch meinen Mantel.«

Franziska saß auf einem harten, ungepolsterten Holzstuhl, den sie sich ans Bett gerückt hatte. Sie war allein mit dem Toten. Das hatte sie sich ausbedungen, und Catty war daraufhin gegangen. Die Bettdecke mit dem weißen Damastbezug war bis zum Kinn hinaufgezogen, als läge da nur der Kopf, ohne Rumpf. Die Decke war ganz straff und glatt, von keiner Bewegung in Unordnung gebracht. Am liebsten hätte sie jetzt einen Zeichenblock aus der Tasche gezogen und ihren toten Vater, so ruhig und schön, wie er da lag, gezeichnet. Sie war erstaunt, wie glatt seine Haut war. Etwas gelblich, matt glänzend. Der Mund war leicht geöffnet, das Kinn starr. Sie hatte sich davor gefürchtet, mit ihrem toten Vater allein zu sein. Jetzt war sie froh, daß sie darauf bestanden hatte. Ohne jede Scheu untersuchten ihre Augen das tote Gesicht. Sie hörte seine Stimme, dachte an seine versteckte Weichheit, die tief vergrabene Freundlichkeit. Er hatte immer alles Liebevolle verstecken, sein wahres Wesen verleugnen, Härte und Unduldsamkeit vorspiegeln müssen, um vor Mama zu bestehen.

Sie erinnerte sich an das Gespräch, als sie ihm von ihrem Entschluß erzählte, das Lehrerinnenseminar zu besuchen. Wie einmal schon, als sie als Kind nachts nicht schlafen konnte, hatte die Tür zu seinem Arbeitszimmer einen Spalt weit offen gestanden und das rötliche Licht der großen Stehlampe an seinem Schreibtisch war auf den Flur hinausgedrungen.

»Papa, ich möchte dir etwas sagen, ich ...«

Er faltete die Zeitung zusammen, erhob sich von seinem Stuhl und ging ihr entgegen.

»Wie wäre es denn, wenn meine Tochter ein Gläschen Portwein mit mir trinken würde?« Er öffnete das kleine Glasschränkchen, in dem Liköre und Cognac aufbewahrt wurden, und nahm zwei Gläser und die Portweinflasche heraus.

»Ich weiß ja, daß es doch keinen Sinn hat! Mama und du, ihr habt meinen Wunsch, Malerin zu werden, niemals ernst genommen. Aber, Papa, mir ist es damit sehr ernst! Ich will auf eine Malschule, nichts anderes will ich als malen!«

Ihr Vater goß ein, reichte ihr ein Glas und setzte sich neben sie auf das Sofa vor dem Kamin.

»Fanny, mein Kind, sieh mal«, sagte er und legte den Arm um sie. »Ich habe mit Mama natürlich darüber gesprochen, also ... sie ist ganz und gar dagegen!«

Da war sie wieder, diese Feigheit! Entweder war er auch dagegen und wollte es ihr gegenüber nicht zugeben, oder er war nicht dagegen und konnte sich gegen Mama nicht durchsetzen. Franziska erinnerte sich, wie sehr sie sich damals über diese Schlaffheit, diese unentschiedene Haltung geärgert hatte. Sein hilfloses Stammeln, sein Suchen nach Erklärungen zeigten ihr, daß wieder einmal Mama die Entscheidung getroffen hatte.

Franziska hatte damals sofort gespürt, daß sie auf verlorenem Posten stand. Sie ging zum offenen Angriff über, schälte sich aus Papas Umarmung heraus, warf ihm Engstirnigkeit und Spießigkeit vor. Wahrscheinlich würde Mama nicht einmal das Lehrerinnenseminar erlauben – und in ihrem Vater hätte sie auch keinen Fürsprecher, da dürften sie sich nicht wundern, wenn sie eben selbst entschied. Der Graf lächelte milde. »Du mußt nicht immer alle Stacheln gegen deine Mutter aufstellen.«

Dabei spreizte er die Finger seiner rechten Hand zu Igelstacheln.

Aber Franziska fuhr fort: »Als ob ich dafür nicht meine Gründe hätte! Oder findest du es richtig, daß sie einfach in mein Zimmer geht, meine Schubladen durchwühlt, meine Briefe und Gedichte liest und mir dann Vorhaltungen macht? Wollt ihr mich entmündigen? Habe ich kein Recht auf ein eigenes Leben? Papa, diese ständige Bevormundung macht mich krank! Ich will auf eigenen Beinen stehen – als Malerin oder als Lehrerin. Kannst nicht wenigstens du das verstehen, Papa? Ich will frei sein!«

Ja, er hatte verstanden! Franziska wußte, daß er verstanden hatte. Aber da war immer noch diese seltsame Ängstlichkeit, als befürchte er bedrohliche Konsequenzen, wenn er sich preisgäbe; als befürchte er, sich wegen seines Verständnisses und seiner Weichheit rechtfertigen zu müssen.

Franziska öffnete das Fenster. Vorsichtig setzte sie sich auf die Bettkante und berührte mit dem Zeigefinger das Kinn des Toten. Sie drückte ein wenig gegen den Widerstand der Leichenstarre. Dann ließ sie den Finger sanft über den Nasenrücken hinauf zur Stirn streichen. Es roch nach heißer Milch, süßlich und etwas muffig, nicht einmal unangenehm. Sie beugte sich über ihren toten Vater, mit ihrer Nase kam sie seiner Nase ganz nah und fand es sonderbar, daß aus seinen Nasenlöchern kein Luftstrom kam.

Franziska konnte sich selbst nicht erklären, warum sie ausgerechnet jetzt an Zarathustras Küsse, an die schamlosen Worte denken mußte, die er ihr ins Ohr geflüstert hatte. Wie konnte es nur geschehen, daß solche Gedanken, längst beiseite gelegte Erinnerungen, gerade jetzt, da sie dem toten Vater so nah war, mit ihren Augen sein Gesicht sezierte und mit ihrer Nase dem öligen Geruch nachspürte, von ihr Besitz ergriffen? Wie konnte sie nur ausgerechnet jetzt dieses wunderbare, bis zur Schmerzhaftigkeit glückselige, brennende Verlangen empfinden? Nie hatte sie sich ihrem Vater offenbaren können, nie ihm diese Seite ihres Wesens gezeigt. Und doch hatte sie sich immer gewünscht, sich ihm öffnen zu können, sich ihm so zu zeigen, wie sie wirklich war. Jetzt, da sie ihn betrachten konnte, ohne seinen unruhig nachfragenden Augen, seinem forschenden Blick zu begegnen, war Franziska von einer großen Sehnsucht erfüllt, sich ihrem Vater ohne Maske zu zeigen.

Lange, lange starrte sie auf das glatte, weiße Laken, das über ihren toten Vater gebreitet war. Plötzlich hatte sie den Eindruck, daß es sich bewegte, sich hob und senkte über seiner Brust. Sie stand auf und legte behutsam die Hand auf die Stelle, wo sie seine Brust vermutete. Nichts. Kein Geräusch, keine Bewegung, nur ihr eigener Pulsschlag.

»Was uns jetzt trennt, Papa, ist das, was zwischen Leben und Tod steht, und doch war ich Dir nie so nah wie jetzt.« Franziska flüsterte die Worte, beugte sich zu dem wächsernen Gesicht hinab, küßte ihren Vater auf die Stirn. »Auf Wiedersehen. Ich hab dich lieb.«

Dann drehte sie sich abrupt um, nahm ihre Jacke vom Haken, die Tasche, den Schirm und ging, ohne sich noch einmal umzublicken, zur Tür hinaus.

Noch am selben Abend fuhr Franziska mit der Bahn nach Hamburg. In Lübeck hatte sie alles erledigt, und sie nahm sich fest vor, nie wieder zurückzukehren.

3. Kapitel

»Erzähl mir, wer du bist, Walter Lübke!« Sie gingen nebeneinander her, und dennoch mußte Franziska den Satz rufen,
denn der Wind drückte ihr die Worte zurück in den Mund.
Franziska liebte die Spaziergänge am Deich, der Himmel
war dort weiter als irgendwo sonst, die Wolken schoben und
drängten, das Licht wechselte von Minute zu Minute. Sie
hatte die Ärmel ihrer Strickjacke um die Taille herum verknotet. Walter trug einen Weidenkorb, in den er eine Flasche Wein, zwei Gläser und einen Schokoladenkuchen gepackt hatte.

»Wenn du nicht mehr kannst, machen wir Rast«, rief er
zurück. Franziska spürte, daß er ihre Frage zwar verstanden
hatte, aber lieber so tat, als hätte der Wind sie an seinem Ohr
vorbeigetragen.

»Du bist sehr lieb zu mir, Walter. Wieso tust du das alles?«
Franziska war außer Atem. Jeder Schritt gegen den Wind
kostete sie enorm viel Kraft. Sie blieb stehen und lehnte
ihren Kopf matt an Walters Schulter. Vorsichtig, als befürchte er, etwas zu zerbrechen, legte er den Arm um sie und
wurde plötzlich ganz ernst.

»Alles, was ich kann, will ich tun, damit du dich schnell
erholst und Kraft genug hast, wieder mit dem Malen anzufangen.«

Walter stellte den Korb ab, zog den Korken aus der Wein-
flasche und goß, was gar nicht leicht war, gegen den Wind
ein. Er hob das Glas.

»Du sollst leben, Franziska, und zwar glücklich!« Franziska spürte, wie sich die sanfte Wärme des Weines bis in

ihre Fingerspitzen ausbreitete. Sie drehte sich einige Male im Kreis herum, ließ den Kopf in den Nacken fallen und genoß den Schwindel.

»Wenn du mir einen kleinen Schubs gibst, flieg ich los!«

»Das werde ich nicht tun, denn wer weiß, ob du von da oben wieder zurückfinden würdest. Bleib lieber hier, da oben gibt es weder Wein noch Schokoladenkuchen!«

»Wer weiß, wer weiß ... Nun gut, dann bleib ich eben hier.«

Von Lübeck aus war Franziska zu ihrer Freundin Else Gutschow nach Hamburg gefahren. Tagelang hatte sie bei Else auf dem Sofa gelegen und versucht, den Schmerz, die Trauer, die düsteren Bilder in einem dumpfen Tablettenschlaf abzutöten. Sie wollte niemanden empfangen, selbst engste Freunde oder Geschwister wollte sie nicht sehen. Die Fensterläden blieben tagelang verschlossen, Briefe wurden nicht gelesen, und das Essen, das Else ihr auf einem Tischchen neben das Bett stellte, blieb unberührt.

»Mir ist, als wäre mein Leben mit in Papas Grab versunken«, hatte sie einmal zu Else gesagt, und in ein paar abgerissenen Satzfetzen etwas davon gemurmelt, daß sie keine Lust und keine Kraft mehr hätte zu leben.

Als Walter Lübke dann bei einer Versammlung des Hamburger Ibsenklubs hörte, daß Franziska in der Stadt war, ging er sofort zu Else Gutschow. Er hatte eine Art, sich nicht abweisen zu lassen, höflich, zurückhaltend und doch bestimmt und drängend, daß selbst die resolute Else ihn nicht daran hindern konnte, Franziska in ihrem Zimmer aufzusuchen.

»Sie muß an die Sonne, sie muß an die Luft!«

Fast mit Gewalt zog er Franziska hinaus, zwang sie zu langen Spaziergängen, brachte sie mit kleinen Späßen zum Lachen und sprach über eine Zukunft, die froh und hell werden sollte. Er sagte Franziska, daß sie jung, schön und klug sei und das Zeug dazu hätte, eine große Malerin zu werden. Über all dem Schmerz dürfe sie niemals ihr Ziel aus den Augen verlieren.

»Das Leben, das Leben ... du fängst doch gerade erst damit an!«

Von sich selbst sprach er nicht, aber Franziska wußte, daß er sich fest vorgenommen hatte, seine eigene Zukunft mit der ihren zu verschmelzen. Und weil sie so matt war, so schwach und hilfsbedürftig in ihrer Trauer und ihrem Schmerz, lehnte sie sich nicht dagegen auf.

An einem Sonntagnachmittag fuhren sie hinaus nach Langenhorn zum Pferderennen. Es war ein heißer Tag, die Luft stand still. Das Menschengedränge auf den Tribünen, die schweißglänzenden Pferde, der lauwarme Sekt, die anfeuernden Rufe während der Rennen versetzten sie in eine seltsame Stimmung. Franziska konnte auf dem letzten freien Sitz Platz nehmen, Walter stand dicht hinter ihr. Die Nervosität der Pferde übertrug sich auf sie, als müßten sie heute noch ein Ziel erreichen, eine Erwartung erfüllen, die schon seit längerem in der Luft schwebte. Bei einem der Rennen sollte, laut Programmzettel, ein Pferd mitlaufen, das den Namen Franziska trug. Nach dem Startschuß – die Pferdegruppe hatte sich mit leichter Verzögerung in Bewegung gesetzt – beugte sich Walter zu Franziska hinab und flüsterte in ihr Ohr: »Wenn Franziska siegt, dann verloben wir uns.«

Obwohl sich Franziska vor diesem Moment, den sie seit langem hatte herannahen sehen, immer gefürchtet hatte, schienen ihr diese Worte jetzt fast wie eine Erlösung. Den Ausgang des Pferderennens mit einer solch schicksalhaften Entscheidung zu verknüpfen, gefiel ihr. Es hatte etwas Spielerisches, Abergläubisches und nahm der Angelegenheit den sakralen Ernst. Und doch ahnte sie, daß aus dem Spiel Ernst werden und daß mit dem Ernst etwas von der wunderbaren

Leichtigkeit ihrer Beziehung verlorengehen würde. Es reizte Franziska, das Schicksal mutwillig herauszufordern, alles, ihr Leben, ihr Glück auf eine Karte zu setzen. Sollte doch der Zufall, sollte doch das Pferd Franziska entscheiden, ob sie Frau Lübke wurde oder nicht. Sie trank einen Schluck aus ihrem Sektglas, das sie mit heißen Händen die ganze Zeit fest umklammert gehalten hatte.

»Es soll gelten, Walter«, sagte sie. Das klang entschlossen, fast heiter, und doch war ein trotziger Unterton in ihrer Stimme als müßte sie ihr Erschrecken über die eigenen Worte verbergen.

Trotz der vielen Menschen, trotz hektischer Bewegung auf den Tribünen, trotz des lauten »Hopp, hopp, hopp!« und »Lauf, lauf!«, das vor allem die Damen unter ihren ausladenden Hüten mit schriller Stimme riefen, wurde es mit einem Mal ganz still um die beiden. Sie sahen sich lange an und erwarteten mit Spannung den Ausgang der Wette und welche Spur in ihr Leben gelegt werden würde.

Plötzlich ein Schrei: Der Favorit des Rennens war gestürzt! Aufgeregt wurden Ferngläser und Operngucker hin- und hergereicht. Großes Rätselraten, welches der Pferde nun, nach dem Ausfall des Favoriten, die größten Chancen habe. Walter hielt Franziskas Hand ganz fest in seiner. Ernst und stumm verfolgten die beiden das Rennen, denn das Schicksalspferd Franziska nahm jetzt eine Hürde nach der anderen, arbeitete sich nach vorn, fiel dann wieder etwas zurück, riß plötzlich wild am Zügel, schien für einen kurzen Augenblick ausbrechen zu wollen, fing sich wieder, überwandt das nächste Hindernis, setzte sich entschlossen an die Spitze – und war als erstes im Ziel. Murmeln, Raunen, Kopfschütteln, zäh bewegten sich die Zuschauer in Richtung der Wettschalter. Ein Außenseiter hatte das Rennen gemacht, und Franziska und Walter waren verlobt.

Noch oft mußte Franziska später an das namensgleiche

Pferd zurückdenken, wie es zögerte, einen Augenblick lang in Panik zu geraten schien und dann doch, als müßte es sich in einem gewagten Sprung über alle Bedenken hinwegsetzen, entschlossen das Hindernis nahm. Sie meinte, durch das Fernglas sogar seine Augen gesehen zu haben: schwarz und wimpernlos, zwei große, glänzende Glaskugeln. Noch im Sprung blickte das Pferd, so schien es ihr, ängstlich um sich, als suche es nach einem Ausweg. Franziska war ihm dankbar, denn es hatte sie von der Verantwortung befreit, ihr eine Entscheidung abgenommen, die längst getroffen war, der sie gar nicht mehr hätte entrinnen können. Etwas hatte sich gefügt, und Franziska fand eine merkwürdige Genugtuung dabei, sich in diese Fügung hineinzubetten, sich einfach fallenzulassen.

Walter Lübke war Gerichtsassessor. Ein ernster, gescheiter, umsichtiger Mann mit hoher Stirn, spitzer Nase, mageren Wangen und warmen, dunklen Augen. Seine korrekte Kleidung und der ordentlich gezogene Scheitel zeigten an, daß er gewöhnlich nicht mit dem Leben spielte, daß er mit Ernst und Zuverlässigkeit an die Dinge heranging, daß ihm die früh erworbene Disziplin und Zielstrebigkeit zur zweiten Natur geworden waren. Im Hamburger Ibsenklub war er immer derjenige, der die allzu enthusiastische, oft kritiklose Begeisterung für jede neue, aufrührerische Theorie bremste. Das unerwachsene Hineintaumeln in jede neue Mode war ihm verhaßt; Freunde, die sich dazu hinreißen ließen, wurden von ihm scharf kritisiert. Immer empfahl er, zuerst einmal über das nachzudenken, was jenseits der Worte lag, über die realen Konsequenzen einer weltverbessernden Idee, was sie für die Menschen und ihre Rechte im bevorstehenden neuen Jahrhundert bedeutete.

Eine Stimme der Vernunft war dieser Walter Lübke, einer, der nicht über die Stränge schlug, der alles, was er tat, erklären oder begründen konnte; einer, der sein Leben fest in der Hand hatte und bewußt darauf achtete, daß es ihm nicht entglitt. Und doch war dann und wann herauszuspüren, was ihn dieser Sieg der Vernunft kostete, daß er, wenn er der leichtfertigen Emphase und der Unvernunft anderer entgegentrat, oftmals mit sich selber rang. Es wäre übertrieben zu sagen, daß in dem Gerichtsassessor Lübke ein heimlicher Anarchist schlummerte, aber es war nicht zu übersehen, daß ihn eine bestimmte Art des Übermuts, der Leichtlebigkeit und Abenteuerlust faszinierte. Bei aller Skepsis gegenüber dem Überschwang und der revolutionären Begeisterung mancher Ibsenanhänger im Hamburger Klub war er doch offensichtlich fasziniert von revolutionären Gedankenspielereien, kühnen Utopien und unkonventionellen Lebensweisen.

An Franziska liebte Walter gerade jene Eigenschaften, die sich bei ihm selbst nicht hatten entfalten können, die er, diszipliniert wie er war, auch gar nicht in sich hochkommen ließ. Es war die Unzuverlässigkeit ihres Gemüts, die ihn faszinierte, die Launenhaftigkeit und der abrupte Umschwung ihrer Stimmungen, den sie niemals erklären oder gar rechtfertigen wollte, wahrscheinlich auch nicht konnte. Manchmal spürte er es, wenn in ihr die Gegensätze tosend miteinander kämpften und sie nichts und niemanden an sich heranließ. Dann zog er sich zurück, wartete ab, betrachtete sie und überlegte, wie er die Wogen in ihr wieder glätten konnte. Walter liebte Franziskas offenes Lachen, ihre Fröhlichkeit und ihre frechen, amüsanten Bemerkungen. Aber er liebte auch ihre Melancholie, die große Wehmut in ihren Augen, und er liebte es, wenn sie von einem Moment zum nächsten finster und abweisend wurde und es einige Mühe kostete, in ihrem Gesicht wieder die Sonne scheinen zu lassen. Er spürte, wenn sie sich in die Ecke gedrängt fühlte, wenn sie etwas, das lieb gemeint war, als listig eingefädelten Versuch, sie ihrer Freiheit zu berauben, mißdeutete. Auf solche Eigenheiten nahm Walter Rücksicht, er schätzte sie merkwürdigerweise sogar, denn sie gehörten zu Franziskas Wesen, das er außergewöhnlich und wunderbar fand. Mit Franziska wollte er etwas in sein Leben holen, das er aus eigener Kraft nicht zustande bringen würde. Für ihn war sie eine Art exotische Pflanze, die er mit Hingabe pflegte, die er bestaunte und bewunderte und die ihm trotz allem immer fremd blieb.

Walter förderte Franziskas künstlerische Ambitionen so gut er konnte. Er sprach davon, ihr so bald wie möglich ein Malatelier einrichten zu wollen, damit ihr großer Wunsch endlich erfüllt würde. Er würde ihr Leinwand, Farbe, Papier und Gips kaufen, ihr Geld zur Verfügung stellen, damit sie Malstunden nehmen und Modelle bezahlen konnte. Alles wollte er tun, um es ihr recht zu machen, um alles so einzurichten, daß es ihr an nichts mehr fehlte. Aber je mehr Walter sich bemühte, je mehr er sie mit großzügigen Vorschlägen überhäufte, desto mehr wuchs in ihr das Gefühl, daß er sie mit seiner Fürsorglichkeit erstickte. Sie wollte kein Atelier in Hamburg, sie wollte nicht malende Assessorengattin in Uhlenhorst sein, vormittags an der Staffelei stehen und nachmittags mit anderen Assessorengattinnen den Tee nehmen! Künstlerisch leben und künstlerisch arbeiten gehörten zusammen, davon war sie überzeugt. Hier in Hamburg konnte sie beides nicht haben, hier würde sie bestenfalls als Paradiesvogel im goldenen Käfig leben. Wer es ernst mit der Kunst meint, der mußte nach München, nach Schwabing, wo Maler, Dichter, Schauspieler und Tänzer aus aller Welt ein gemeinsames Leben lebten, das auch ihr als vages Ideal vorschwebte: ein Leben für die Kunst, ein Leben ohne Zwänge, ein Leben in Sturm und Drang! Schwabing, wo die Sonne nicht unterging und sich ein Künstler ausleben, zu voller Blüte reifen konnte! Oft stand Franziska lange am

Fenster und blickte hinunter auf die matte, dunkle Straße und stellte sich vor, was in München alles möglich wäre. Sie stellte sich ein großes Atelier vor, mit einer dunkelroten Ottomane, einem langen Zeichentisch und einer Sitzbadewanne aus Holz, an den Wänden Dutzende von Akt- und Portraitskizzen, Farbproben, Aquarell, Tusche, Bleistift, Sepia, Rötel.

Aber immer noch war das Verlangen, sich an Walter anzulehnen, größer. Sie genoß es, ihn in ihrer Nähe zu haben, geliebt, umsorgt und respektiert zu werden, genoß seine Ernsthaftigkeit und sein Verständnis. Manchmal saß sie im großen Lehnstuhl auf seinem Schoß, mit dem Kopf an seiner Schulter, und schlief ganz plötzlich ein. Dann legte er sie behutsam auf das Sofa, breitete eine Wolldecke über ihr aus und ging leise aus dem Zimmer. Dafür war sie ihm dankbar, sie hatte das Gefühl, daß es noch nie jemand so gut mit ihr gemeint hatte.

Mit Franziskas Gesundheit stand es, trotz aller Wohltaten die sie in dieser Zeit genoß, nicht zum besten. Oft hustete sie in länger anhaltenden, krampfartigen Anfällen, bei denen sie nach Luft rang, sich erheben und im Zimmer herumgehen mußte, um sich wieder zu beruhigen. Sie war nervös und dünnhäutig, rauchte trotz des Hustens immer mehr, aß wie ein Spatz und war blaß und durchsichtig. Jedesmal, wenn Walter sie sah, war ihr Gesicht spitzer, ihre Taille schmaler geworden.

»Du mußt an die See«, sagte Walter eines Tages. »Dort kannst du dich richtig erholen und bist trotzdem in meiner Nähe. Die salzige Luft wird deinen Husten besänftigen.«

Und dann sprach er vom Heiraten. Sie standen in Walters Wohnung am Fenster. Draußen rüttelten die Blätter der Platanen an den Zweigen, der Wind trieb eine Papiertüte vor sich her. Franziska erschrak. Natürlich hatten sie schon öfter vom Heiraten gesprochen, schließlich waren sie verlobt!

Aber diesmal wurde Walter konkreter, sprach davon, daß er eine große Etagenwohnung in Aussicht habe, in bester Lage, mit Blick auf die Binnenalster, und daß er ein wenig Geld aufgespart hätte, mit dem er ihr ein Atelier unter dem Dach ausbauen könnte. Auf einmal spürte sie wieder, wie seine planende Vorsorge sie beengte, ihr die Luft abschnürte.

»Du sagst doch immer, das ganze Leben liegt vor uns, Walter, und daß wir so viel Zeit haben. Laß mich, laß uns das Leben erst einmal kennenlernen!«

Franziska sprach durch das geschlossene Fenster in den grauen Tag hinaus, zwischen ihren Schulterblättern spürte sie seinen Blick, fühlte, wie er zurückwich. Sie wollte ihn nicht verletzen, wollte ihm nicht weh tun. Trotzdem lehnte sie sich gegen das schlechte Gewissen auf, das er mit seinen erwartungsvollen Worten in ihr auslöste. Warum gelang es ihm immer wieder, daß sie sich schuldig fühlte? Dabei wollte sie noch nichts anderes, als ihr eigenes Leben leben!

»Laß mir Zeit, Walter! Ich habe doch noch gar keine Gelegenheit gehabt, mich auszuprobieren! Hier in Hamburg kann ich nicht zu mir finden. Ich muß eine Zeitlang fort von hier.«

»Fort?« fragte Walter mit belegter Stimme. »Wo willst du denn hin?«

»Nach München«, sagte Franziska. Sie sprach leise, fast als wollte sie ihn nicht erschrecken.

Nach München! Das also war es, was die ganze Zeit in ihrem Kopf herumspukte. Walter stand jetzt wieder ganz dicht hinter ihr, sah auch über ihre Schulter hinweg aus dem Fenster auf die unruhigen Platanen. Er spürte, daß er sie verlieren würde, wenn er jetzt nicht klug und vorausschauend reagierte, so wie ein Erwachsener auf ein ungeduldiges Kind.

»Aber Liebes, du weißt doch, ich würde nie von dir verlangen, deine Pläne aufzugeben! Natürlich müssen wir nicht von heute auf morgen heiraten, natürlich wollen wir nichts überstürzen. Und wenn du meinst, daß du, um Malerin zu werden, nach München gehen mußt, meinetwegen ... aber erst zur Erholung an die See!«

Er versprach, ihr Geld zu geben, damit sie sich in München für eine Malschule einschreiben und ein Zimmer mieten könne. Walter sprach beherrscht, war verständnisvoll, großzügig, väterlich. Er ließ sich nicht anmerken, wie enttäuscht und verletzt er war. Franziska drehte sich um, legte die Arme um seinen Hals und küßte ihn stumm. Es waren keine leidenschaftlichen Küsse, es waren Küsse der Dankbarkeit.

An der Ostsee verlebte sie einige unbeschwerte Wochen. In der ersten Zeit ruderte sie manchmal allein mit einem kleinen weißen Boot hinaus aufs Meer, legte sich auf den Plankenboden, sah in den weiten Himmel und träumte von all dem, was Walter ihr ermöglichen wollte. Oder sie zog ihre Schnürstiefel aus und ging barfuß stundenlang den Strand entlang, ließ den Sand zwischen den Zehen rieseln und dachte an München, an den Süden. Bald lernte Franziska aber auch andere Menschen kennen, eine Gruppe junger Leute, die sie fast täglich auf ihr Segelboot einluden, wo es ausgelassen zuging. Sie war vergnügt, lebte unbeschwert in den Tag hinein, genoß es, von den jungen Männern auf dem Segelboot umschwärmt und hofiert zu werden, labte sich an ihren Komplimenten und amüsierte sich, wenn sie Wetten abschlossen, wer wohl bei Franziska das Rennen machen würde. Das Leben hier war ein Spiel, sie gab niemals ihren Namen preis, keiner wußte, woher sie kam und wohin sie ging, jeder mochte sie, weil sie neugierig, lustig und frech war. Alles hier schien nur für den Moment gemacht, nicht für die Ewigkeit!

Samstags kam Walter. Da hatte Franziska alle Hände voll zu tun, um zu vermeiden, daß sich vermischte, was sie nicht vermischen wollte. Mit Walter ging sie den Strand die entgegengesetzte Richtung entlang, abends saßen sie nicht wie die anderen in der Weinschenke, sondern im kleinen Speiseraum ihrer Pension und hatten lange, schöne Gespräche. An den Wochenenden mit Walter breitete sich eine heitere Ruhe in ihr aus – und sie war glücklich, daß sie sich nicht entscheiden mußte zwischen der friedlichen, liebevollen Zweisamkeit mit ihm und den übermütigen Vergnügungen mit den jungen Männern. Franziska fühlte sich zunehmend besser. Sie nahm an Gewicht zu und war auch nicht mehr ganz so blaß und spitz im Gesicht. Allerdings waren ihre Hustenanfälle immer noch schlimm. Sie kamen ganz plötzlich, wie aus heiterem Himmel, häufig auch nachts. Dann sprang sie aus dem Bett, öffnete das Fenster, rang nach Luft, krümmte sich. Wenn sie sich wieder beruhigt hatte und einzuschlafen versuchte, mußte sie an den alten Mann denken, der dann und wann in dem kleinen Badeort auftauchte. Mit seinem schwarzen Mantel war er ihr sofort aufgefallen, auch plauderte und scherzte er mit allen – jeder schien ihn zu kennen. Einmal stellte er Franziska ein volles Glas Cognac hin. Er stand hinter ihr, hatte seine knochige Hand auf ihre Schulter gelegt und wartete. Als sie es ausgetrunken hatte, wandte er sich – über ihren Kopf hinweg – zu den anderen: »Sieh an, sieh an, die Schwindsucht hat sie schon im Leib und säuft doch wie ein alter Seemann.« Dann lachte er laut und dröhnend.

An dem Tag, als sie in München ankam, regnete es. Walter hatte auf Franziskas Drängen hin zugestimmt, daß sie ohne Begleitung fuhr, und so stand sie jetzt mit ihren beiden Taschen, der Staffelei und dem aufgespannten Schirm in der Abenddämmerung auf dem schwarzglänzenden Trottoir und wartete darauf, daß sie eine Droschke zu ihrer Wohnung fuhr, die Walter von Hamburg aus angemietet hatte.

Sie atmete tief ein, köstliche Münchner Luft, die nach Unabhängigkeit und Freiheit schmeckte.

»Bitte fahren Sie mich zur Theresienstraße 66!« Franziska gab sich Mühe, den Satz, den zu sprechen sie so lange, so gespannt und ungeduldig erwartet hatte, möglichst beiläufig herauszubringen. Der Droschkenfahrer machte auch gar kein Aufhebens, blickte sich nicht einmal zu ihr um, sondern zog nur am Zügel, schnalzte einmal mit der Zunge, und die Pferde setzten sich in Bewegung: nach Schwabing. Franziska spürte, wie alles, jede Faser ihres Körpers, jedes Molekül ihrer Seele zu jubeln begann. Sie zuckte mit den Mundwinkeln, mußte lachen, lehnte sich aus dem Droschkenfenster und hieß den Münchner Augustregen auf ihrem Gesicht willkommen. Sie war in München. Sie war da.

Am Droschkenfenster flogen die Häuserfassaden vorbei; viele kleine Ladengeschäfte, Leute auf der Straße mit Tüten und Körben. Das ist der Süden, dachte Franziska, so ist es im Süden. Obwohl es regnete, obwohl der Himmel voller schwarzer Wolken war und ein feuchter, kühler Wind an den Regenschirmen zerrte, hatte Franziska den Eindruck, daß von dieser Stadt eine südliche, leichte, heitere Atmosphäre ausging. Sie hatte viel von München geträumt, gelesen und erzählt bekommen. Lange Zeit hatte sie sich ein Bild von der Stadt gemacht, und dieses Bild ließ sie sich jetzt durch die Realität nicht zerstören. Selbst wenn es regnete! Hinter erleuchteten Wohnungsfenstern vermutete sie turbulente Abendgesellschaften oder aufregende Gesprächsrunden, vielleicht auch Dichter und Maler in schöpferischer Einsamkeit, oder einfach nur eine fröhliche Familie in der Küche, in der drei Generationen zu Tische saßen. Sie fand die Damen eleganter, die Herren aufrechter, die Kinder vergnügter als zu Hause. Sie fand, daß es gut roch, nach Großstadt roch. Und als die Droschke in die Theresienstraße einbog und sie aus einer Schnapsschenke Musik hörte, war sie mehr denn je davon überzeugt, daß sie dieses Leben genießen würde. Hier war sie am richtigen Ort, hier konnte sie endlich arbeiten – und leben.

Sie mußte in den vierten Stock hinauf, schaffte kaum die letzten Stufen, war ganz außer Atem. Die Hausmeisterin trug die Taschen, sie selbst die Staffelei. Auf dem obersten Treppenabsatz mußte sie husten. Vor ihren Augen flimmerten Silberlichter; Glassplitter in der Brust, keine Kraft in den Beinen. Gottlob: das Treppengeländer. Als sie die Wohnung – ihre Wohnung, einzig und allein ihre herrliche, wunderbare, großartige Wohnung – betrat, suchte sie schnell ein Möbel, auf das sie sich setzen konnte. Die Hausmeisterin stellte die Taschen ab und zündete die Lampe an.

»Is Eana ned guad? Mit dem Husten hättens glei weiterfahrn können nach Davos!«

Franziska saß, den Oberkörper vornübergebeugt, auf der Bettkante, die rechte Handfläche kurz unter dem Hals. »Nein, nein ... doch, doch ... es geht schon, lassen Sie nur.«

Die Hausmeisterin stemmte beide Hände auf die quadratischen Hüften und schnüffelte nach links, nach rechts, indem sie stoßweise Luft in die Nase sog und den Kopf leicht nach hinten legte.

»Die Luft do herin is a net bsonders guad. Des is halt a feichts Loch. Brauchens an Doktor?«

»Aber nein, das ist nichts, ich komme schon zurecht, gehen Sie nur!«

Der Husten legte sich, Franziska wurde wieder ruhig, stand auf, öffnete das Fenster und sah lange hinunter. Es war schon fast ganz dunkel. Vom Hof herauf hörte Franziska Tellergeklapper und das Jammern eines Kindes.

Die Wohnung war zwar keine richtige Wohnung, sondern nur ein kleines, feuchtes, dunkles Zimmer in dem die dürftigen Möbel eng zusammenstanden, aber für Franziska war das gar nicht wichtig. Sie rückte das Bett an die Wand, stellte

74

die Staffelei ans Fenster, holte aus der Küche, die sie mit anderen teilte, das Wasser für ihre Waschschüssel und ging an diesem ersten Abend, an dem ihr schien, daß sie alles erreicht hatte, was sie erreichen wollte, an diesem Abend, der den Eintritt in ein neues Leben, in eine neue Welt, in einen neuen Kosmos für sie bedeutete, zeitig zu Bett. Obwohl sie müde und erschöpft war, konnte sie lange nicht einschlafen, mußte an Walters besorgten Blick beim Abschied denken, an seine hochgezogenen Augenbrauen, als er ihr sagte, wie brennend er ihre Rückkunft herbeisehnte. Hatte er bemerkt, daß Franziska ihn bei diesen Worten nicht ansehen konnte? Und dann dachte sie noch an das Pferd, das gar nicht wissen konnte, welch tiefe Spur es mit seinen kraftvollen Sprüngen über die Hürden in ihr Leben gelegt hatte. All das ging ihr im Kopf herum, und irgendwann schlief sie ein.

Franziska fand sich ohne Schwierigkeiten in ihr neues Leben ein. Vormittags Zeichenschule, mittags Modellieren, nachmittags wieder zeichnen und dann der Abendakt – die Tage waren ausgefüllt mit aufregenden, wichtigen Dingen. Nach wenigen Wochen schon hatte sie eine beste Freundin gefunden, eine Kollegin, die ganz besonders perfekt nach der Natur zeichnen konnte, was Franziska imponierte. Sie hieß Helene von Basch, und Franziska nannte sie »das Baschl«. Die beiden jungen Frauen verbrachten viel Zeit miteinander: Sie besuchten dieselben Schulen, teilten sich Modelle und Material, arbeiteten im selben Atelier, gingen mittags ins Café und abends zusammen aus. Mit dem Baschl konnte Franziska über Kunst reden und auch über Männer, über ihre Kindheit und über das, was sie sich vom Leben ganz allgemein und von ihrer Zeit in München ganz besonders erwartete. Auch über das Verlobtsein und das Heiraten sprachen die beiden, denn auch das Baschl war verlobt, kam Franziska allerdings recht naiv und brav dabei vor.

Das freie Leben! Franziska lernte schnell, sich darin zurechtzufinden. Tagsüber arbeitete sie diszipliniert, aber abends und nachts wollte sie etwas erleben, ihre Neugierde, ihre Abenteuerlust füttern. Abends traf sie sich mit den anderen aus ihrem Gemeinschaftsatelier – Amerikanern und Polen und einem ehemaligen preußischen Offizier –, und sie gingen gemeinsam in Schnapsschenken, in denen, wie ihre Mutter gesagt hätte, »anrüchige Gesellschaft« verkehrte: Säufer, Spieler, zwielichtige Gestalten mit den dazugehörigen Damen. Den beiden Freundinnen aber waren die Orte, die ganz besonders unmöglich für junge, wohlerzogene Fräulein aus gutem Hause waren, gerade erst recht. Sie holten dann und wann ihren Skizzenblock hervor und übten sich im Portraitzeichnen. Jeder wollte gezeichnet werden, alle drängelten sich um ihren Tisch und gaben ihre Kommentare dazu ab, ob die Nase zu dick, der Mund zu groß, der Kopf zu rund sei. Lauter Kunstexperten, die das Werk auf seine Ähnlichkeit mit dem Modell hin überprüften.

Einmal wurde es sogar gefährlich, als Franziska das vom Suff zerstörte Gesicht eines Gastes allzu naturgetreu gezeichnet hatte. Er fühlte sich beleidigt, begann laut zu krakeelen, ging schwankend auf Franziska zu und wischte mit seinem Unterarm Stifte, Block, Gläser und Aschenbecher vom Tisch. Womöglich wäre er auch noch handgreiflich geworden, wenn nicht der Wirt dazwischengegangen wäre.

In dieser Gesellschaft der gestrandeten Existenzen fühlte sich Franziska wohl. Hier fand sie das Abenteuer, das sie suchte, hier war alles überraschend, neu und anstrengend. Sie hatte das Gefühl, daß sie hier dem wirklichen Leben auf die Spur gekommen war, daß das echte Leben eben nicht in den Salons und Teehäusern, ja nicht einmal in den Ibsenklubs von Hamburg und Lübeck stattfand, sondern hier, in den vulgären Schenken und Spelunken und in den Ateliers der Künstlerkollegen.

Einmal, es war schon November und draußen regnete und

stürmte es, traf man sich abends im Atelier vom »Onkel«, wie sie den Polen nannten. Franziska kam spät, die anderen hatten es sich schon bequem gemacht, lagen auf Polstern und Kissen auf dem Boden herum. Einer spielte auf der Gitarre, und die Russin sang schwermütige Lieder. Weil der kleine Ofen den Raum nicht richtig heizen konnte, mußte man enger zusammenrücken. Es wurde beschlossen, Geld zusammenzulegen, um beim Krämer Wein zu kaufen, denn man wollte Glühwein trinken, um nicht gar so erbärmlich zu frieren. Bald rückte man noch enger zusammen, die Russin sang noch melancholischer als vorher. In blauen und roten Glaskelchen kreiste der heiße Wein, im Kerzenlicht flackerten die Profile, glänzten die Augen. Zigarettenrauch und der Duft nach Zimt und Nelken vernebelten die Luft, der viele Alkohol und die eng aneinander geschmiegten Körper vernebelten Franziska den Verstand.

Hersteins Kopf lag schwer auf ihrem Schoß. Von unten herauf sprach er zu ihr vom elementaren Künstlertum und von der Kunst als einzig erstrebenswerter Lebensform. Je länger er sprach, desto hoffnungsloser verknoteten sich seine Sätze, bis er schließlich erschöpft abbrach und seufzend die Augen schloß. Franziska mußte lachen, beugte sich zu ihm hinunter und küßte ihn auf die umwölkte Stirn.

Sie war Adolf Herstein vor ein paar Wochen zum ersten Mal begegnet. Er hatte eine Art, die Augenbrauen hoch- und gleichzeitig über der Nasenwurzel zusammenzuziehen, die Franziska von Anfang an faszinierte. Das gab seiner Mimik etwas Hochnäsig-Unverschämtes. Mit dem schwarzen Schlapphut, dem dunklen Umhang und seiner aufrechten großen Gestalt fiel er überall auf. Er sprach laut, hatte einen leicht münchnerischen Tonfall und liebte es, sich als Experte in Sachen Malerei wortgewaltig in Szene zu setzen. Sein Urteil war rücksichtslos, radikal und oft ungerecht, auch das gefiel Franziska.

Als Franziska in seinem Atelier stand und ihm ihre Zeichnungen vorlegte, sagte er erst einmal lange nichts, stand nur da, zog immer wieder an seiner Nase, betrachtete die Blätter und kümmerte sich nicht darum, daß Franziska hinter ihm stand und wartete.

»Und ...?«

Franziska war zwar empört, daß er nichts sagte, sie einfach so stehen ließ, es blieb ihr aber nichts weiter übrig, als geduldig auf sein Urteil zu warten.

»Na ja«, sagte er endlich, »das taugt alles nichts, Franziska! Die Gräfin steht dir noch im Weg. Da ist so viel Gezügeltes, das Echte nur im Ansatz, nur zu ahnen, mal hü, mal hott. Du taumelst herum, fällst auseinander – ein Stück hierhin, ein Stück dorthin.«

»Ja, aber ...«, fing sie zu stottern an und merkte gleich, daß sie drei Tage lang reden müßte, um ihm zu erklären, daß es gute Gründe dafür gab, daß sie so war.

»Sag nicht ja aber, in der Kunst gelten keine Erklärungen, entweder es überzeugt oder nicht!«

Franziska sah ihn an. Etwas bäumte sich in ihr auf, sie wollte dieses Urteil nicht einfach hinnehmen, wagte aber nicht zu widersprechen. Und darüber wunderte sie sich.

»Du mußt dich ganz öffnen, Franziska! In der Kunst, da gib dich hin, da laß alles aus dir herausbrechen. Und vor allem: Hab kein Mitleid mit dir selbst!«

Als sie nach Hause ging, war sie wütend über seine Arroganz, aber auch voller Bewunderung für die Sicherheit, mit der er den Stab über sie gebrochen hatte. Sie war sich vollkommen sicher: Herstein verstand etwas von der Kunst, hatte Autorität und Charakter. Er hatte ihren wunden Punkt sofort erkannt, hatte offen und direkt gesagt, was er von ihren Arbeiten hielt, und hatte ihren Stolz getroffen. Aber Franziska war davon überzeugt, daß seine verletzende Offenheit ihr helfen würde, eine wahre Künstlerin zu werden.

Und jetzt lag sein schwerer Kopf zwischen ihren Brüsten, und seine Hand ruhte auf ihrem Schenkel. Jedesmal, wenn er aus dem Kelch getrunken hatte, hielt er ihn Franziska hin und ließ nicht zu, daß sie ihn weiterreichte, ohne zuvor getrunken zu haben. Plötzlich ging das Licht aus, das Lied der Russin brach ab. Erst jetzt merkte Franziska, wie sehr ihr der Wein bereits zu Kopfe gestiegen war. In der Dunkelheit schaukelte der Boden unter ihnen, alles schwankte, von überallher tönten Wortfetzen.

Franziska und Herstein, eingeschlossen in einer Glaskugel, schwingen hin und her, schweben durch den dunklen Raum. Sie sinken ineinander, halten sich fest, gleiten ganz langsam hinein in den Garten der Lüste. Das gebogene Glas schützt sie vor den Blättern, den Gräsern, den leuchtenden Farben der Blüten. Sie lauschen. Schmeichelnde Stimmen, leise wispernd, flüsternd, kichernd: »Komm her, du schöne Teufelin, komm her und laß dich laben!«
Faune, Feen, Elfen pochen an das dünne Glas – »kommt mit, hier wird euer Durst gestillt!« Sie locken und rufen, schwirren und treiben taumelnd vorbei. Leise, leise, sei lieb, sei zart, sei sanft! Nimm den Apfel, er hängt noch hoch am Baum! Die Faune zünden die Kerzen an, die Feen wecken die Elfen.

Der »Onkel« klopfte mit einem Brotmesser an sein Glas, um sich Gehör zu verschaffen, und alle schreckten hoch. Er stand auf dem Tisch und reckte sein Glas in die Luft. »Auf die Liebe, auf den Suff, auf die Kunst!« Er lachte dröhnend und mußte sich vom Tisch wieder herunterhelfen lassen. Herstein erhob sich, rieb sich die Augen, raufte sich mit theatralischer Geste das Haar und blickte sich um, als sei er von einer langen Reise unter die Erde wieder zurückgekehrt.

»Genug des dionysischen Treibens!« rief er. »Wenn das so weitergeht, kann ich morgen keinen Strich malen!«

Franziska bewegte sich nicht, blieb mit geschlossenen Augen liegen, wollte nichts sehen, wollte nichts hören, wollte bleiben, wo sie war. Was sie soeben erlebt hatte, erschien ihr wie die Erfüllung ihrer Träume: das Leben selbst als Kunstwerk zu leben, Tag für Tag, Nacht für Nacht sich immer wieder neu zu finden. Darüber vergaß sie ganz, was das Schicksalspferd auf der Rennbahn in Langenhorn für sie, für ihre Zukunft, entschieden hatte.

Eines Morgens, als sie müde, aber selig aus Hersteins Atelier zurückkehrte, brachte der Postbote wieder einen Brief von Walter. Schon beim Anblick seiner Schrift auf dem Kuvert regte sich ihr schlechtes Gewissen. In den letzten Wochen waren diese Briefe immer häufiger gekommen – und eigentlich stand immer dasselbe darin. Nämlich, daß sie nach Hamburg zurückkommen solle, daß er sich nicht verlobt habe, um sich dann doch ganz allein zu finden, daß er auch ein Recht habe, seine Braut hie und da zu sehen, daß er jetzt die Hochzeit für den Frühling, spätestens Sommer des nächsten Jahres festgelegt habe, daß er sie liebe und daß er hoffe, daß er sie – und da sei ihm jedes Mittel recht – glücklich machen wolle, daß er aber auch befürchte, daß sie in München in liederliche Gesellschaft geriete, daß sie sicherlich nicht genügend auf ihre Gesundheit achte, nicht ordentlich äße, nicht an der frischen Luft spazierenginge ...

Ach, diese Briefe! Natürlich begriff Franziska, daß Walters Zeilen in Sorge und Liebe geschrieben waren, natürlich verstand sie, warum er ungeduldig wurde. Aber sie haßte ihn auch dafür, daß er in ihr dieses nagende schlechte Gewissen heraufbeschwor. Sie wollte doch frei sein, für den Moment leben, nicht an gestern, nicht an morgen denken! Sie hatte sich doch für ihre Münchner Zeit vorgenommen, ganz rücksichtslos für ihre Arbeit, ihre Malerei, zu leben, sich nicht einschränken, sich keine Vorhaltungen machen zu lassen! Hersteins Rücksichtslosigkeit imponierte ihr, von ihm konnte sie lernen, was es heißt, Künstler zu sein. Walters Briefe dagegen irritierten sie, machten sie unsicher. Jedesmal gelang es ihm aufs neue, ihr ein schlechtes Gewissen zu machen. Und je mehr er von ihrem Egoismus sprach, dem sie endlich Grenzen setzen sollte, desto stärker wuchs in ihr der Widerstand gegen diesen Mann, gegen diese Ehe.

Franziska legte den Brief zu den anderen in eine Schachtel, packte ihren Block, Stifte und einige fertige Skizzen in eine Tasche und ging aus dem Haus. Die Tür warf sie trotzig hinter sich zu, auch wenn der, dem dieser Trotz galt, weit weg war. Sie ging zu Herstein, sie wußte, daß sie ihn jetzt brauchte. Die fahle Novembersonne, der Geruch nach Ölfarbe und Terpentin, die belebende Unordnung in seinem Atelier ließen von einer Sekunde zur nächsten alle Unsicherheit, alle Bedenken verschwinden.

Herstein betrachtete flüchtig ihre neuen Skizzen, die sie ihm wortlos vorlegte. »Wozu malst du eigentlich, wenn du dabei nichts fühlst?« sagte er.

Instinktiv zog Franziska den Kopf ein. Wieder spürte sie, wie dieser Mann Macht über sie gewann, daß sie seiner Überheblichkeit schutzlos ausgeliefert war. Wieso ließ sie sich das gefallen? Wieso ließ sie sich von diesem Mann wie ein Schulmädchen behandeln? Alles in ihr sträubte sich dagegen, sich ihm zu unterwerfen, und doch wußte sie, daß sie bereits verloren war, verloren sein wollte.

»Woher willst du wissen, was ich fühle, wenn ich zeichne«, sagte sie bockig. »Ich weiß nur nicht, wie ich meine Gefühle aufs Papier bringen kann! Mir fehlen die Ausdrucksmittel, die Techniken. Ich fange doch erst an!«

Herstein strich ihr übers Haar, es rührte ihn, daß ihre Wangen vor Aufregung gerötet waren. »Sieh mal«, sagte er jetzt etwas liebenswürdiger, »bei einer Zeichnung kommt es gar nicht unbedingt darauf an, daß sie in der Form perfekt ist, es kommt vielmehr darauf an, daß man spürt, daß du etwas dabei empfindest. Man muß merken, daß alles in dir brennt, wenn du zeichnest, daß es dich erschüttert, daß du an deine Grenzen gehst!«

Sie saß auf dem Boden, er stand vor ihr: der Meister und seine gelehrige Schülerin.

»Franziska, ich weiß, daß in dir etwas steckt, aber ich will es nicht erahnen müssen. Zeig es mir!«

Es klopfte an der Tür. Das Modell war heute überpünktlich. Herstein stellte Franziska eine Staffelei auf und murrte, sie solle sich, wenn sie schon hier sei, an die Arbeit machen, dabei aber keinesfalls sprechen.

Das Modell zog sich in Windeseile aus und stellte sich auf eine umgedrehte Holzkiste, die dürftig mit einem blauen Samtschal verkleidet war. Herstein veränderte ihre Armstellung, modellierte eine passende Handhaltung, als bewege er die Gliedmaßen einer Gelenkpuppe. Er drehte den Kopf des Mädchens ein wenig nach rechts und verlangte nach einem längeren Hals, indem er mit seinem Zeigefinger von unten gegen das Kinn stieß. Dabei war sein Gesichtsausdruck mürrisch, konzentriert und wie immer etwas arrogant, was Franziska ganz besonders gefiel.

»Geh mit deiner Staffelei etwas weiter zurück und nach links, sonst stimmt der Winkel nicht!«

Franziska folgte seiner Anweisung und begann zu zeichnen.

Als das Modell gegangen war, begutachtete Herstein Franziskas Arbeit. »Hab' ich doch gesagt, daß in dir etwas steckt … laß es kommen, laß es zu, daß es kommt!«

Franziska war stolz und glücklich. Sie öffnete das Fenster, beugte sich weit hinaus und rief: »In mir steckt etwas, wahrscheinlich ist's Talent!« Dann drehte sie sich lachend dreimal im Kreise, schlang die Arme um Hersteins Hals. Zusammen verloren sie den Halt und gingen zu Boden.

»Bleib, bleib, nicht bewegen!«

Herstein lag über ihr und betrachtete ernst, mit dem kritischen Blick des Künstlers ihr Gesicht.

»Weißt du eigentlich, daß du wunderschön bist? Warum wirst du nicht pausenlos gemalt?«

Franziska genoß die süßen Worte. Herstein ließ seinen Zeigefinger über den Flaum dicht an ihrer Ohrmuschel gleiten, dann über ihren Hals, ihre Brüste, hinunter zu der Stelle, wo er ihren Bauchnabel vermutete, und weiter hinab. Seine Hände entzündeten ein Feuer, Franziska verlor fast die Besinnung, ihr Kopf grub sich tief in die Kissen und Polster auf dem Fußboden ein. Sie versank unter seinem schweren Atem, unter dem Gewicht seines Körpers. War es Wonne oder Qual? Sie bäumte sich auf, stieß einen Schmerzensschrei aus, aber ihre Gesichtszüge erzählten vom Paradies, von Glückseligkeit und Wollust. Eine Weile lagen sie bewegungslos, sie atmeten nicht mehr, das Blut stockte, die Erde stand still.

»Ich ... ich wußte nicht, daß du noch ... noch niemals vorher ...«, sagte Herstein nach langem Schweigen.

»Du mußt nicht erschrecken, es war wunderbar ...«

Franziska schmiegte sich an seine Schulter, wie konnte sie ihm zeigen, daß sie alles von ihm wollte, daß sie nicht das Opferlamm und er der Schlächter war. Seine Lust war auch ihre Lust, sein Vergnügen das ihre. Herstein war verwirrt, das sah sie ihm an.

»Du verblüffst mich. Ich dachte, daß du schon alle Erfahrung hättest. Du bist doch verlobt, du hattest doch ...«

»Pssst! Nicht sprechen. Frag nichts, sag nichts. Alles ist gut, so wie es ist!«

Es gab Momente, in denen Franziska ganz feierlich zumute war vor lauter Glück. Als sie gegen Abend Hersteins

Atelier verlassen hatte und sich auf dem Nachhauseweg befand, kam ihr alles hell, in rötliches Licht getaucht vor, obwohl über der Stadt der graue, novemberliche Nebel hing. Mit hocherhobenem Kopf ging sie – den Mantel offen, das Haar schlampig zu einem Knäuel geschlungen – die Straße entlang. Jeder konnte ihr ansehen, daß sie stolz war. Sie war stolz, weil sie sich jetzt als Frau ernst nehmen konnte, stolz, weil sie die Hürde genommen hatte, die eine Frau zu einer Frau macht.

4. Kapitel

Zwei Wochen später stand Walter plötzlich vor Franziskas Tür, morgens gegen zehn. Franziska lag noch im Bett, als es klopfte. Er stellte seine Reisetasche ab, und sie umarmten sich lange.

»Daß du hier bist! Ich freu mich so!«

Franziska freute sich wirklich. Walter, das war so etwas wie Heimat.

»So lange habe ich dich entbehren müssen! Ich hab mich jede Minute nach dir gesehnt, mir ist die Zeit jetzt doch sehr lang geworden«, sagte Walter.

Alle Zweifel, die zwischen und auf den Zeilen seiner Briefe gestanden hatten, waren verflogen. In seinem englischen Tweedjackett und dem seidenen Halstuch wirkte er so gar nicht wie der überkorrekte Gerichtsassessor. Seine Bewegungen waren lässig und unangestrengt, alles an ihm strahlte Selbstsicherheit aus.

Und auch Franziskas Zweifel waren ganz plötzlich verschwunden, hatten sich in Luft aufgelöst. Der Gedanke, daß sie sich in den Armen des Mannes befand, der sie liebte und bewunderte, überschwemmte sie mit Wärme und Wohlgefühl. Ihm fühlte sie sich jetzt wieder ganz zugehörig, ihr war, als liebte sie ihn mehr als je zuvor, und für einen kurzen Moment meinte sie sogar, ihn zu begehren.

Walter war gekommen, um die Weihnachtstage mit Franziska in München zu verbringen. Er hatte sich in ein kleines Hotel am Englischen Garten einquartiert. Franziska zog zu Walter ins Hotel. Dort gab sie sich ihm zum ersten Mal hin. Sie selbst hatte dazu den Anstoß gegeben, weil sie glaubte oder glauben wollte, daß ihre Liebe nur so besiegelt werden könne. Oder wollte sie nur eine Schuld abtragen, die sie in ihrem Drang nach Freiheit und Ungebundenheit auf sich geladen hatte? Wollte sie vielleicht unbewußt an Walter wieder gutmachen, was sie ihm mit ihrer Leidenschaft für Herstein antat? Schließlich war sie mit Walter verlobt! Es rührte ihr Herz, wie er sich nach ihrer ersten gemeinsamen Liebesnacht im Bett aufsetzte und schüchtern ihre Hand küßte.

»Bald sind wir für immer zusammen.«

Dennoch konnte sich Franziska nicht gegen die Bilder wehren, die sie plötzlich vor Augen hatte: wie sie sich mit Herstein auf dem Boden wälzt, wie er sie auf sein Bett wirft, seine Hand, die über ihre Brüste gleitet, diese Mischung aus Arroganz und Lüsternheit in seinem Gesicht.

»Franziska, sag mir endlich, wann wir heiraten. Ich will nicht mehr länger warten, ich will, daß du ganz mein bist.«

Nicht für den kleinsten Augenblick, so schien es Franziska, kam Walter der Gedanke, daß sie ihrem Freiheitsdrang nachgeben, daß sie ihn hintergehen könnte. Er ahnte nicht, daß in ihr die Abneigung gegen einen festen Lebensplan nach Walters Vorstellungen mit jedem seiner drängenden Worte wuchs. Seine Naivität rührte sie und war ihr zugleich unheimlich. Er wußte so wenig von ihr! Bei all seiner Klugheit und Erfahrung war er doch auf eine erschreckende Weise ahnungslos. Aber vielleicht lag darin auch seine Stärke, vielleicht war er deshalb so unbeirrbar, so beharrlich, so zielstrebig. Und sie? Sie schwankte, schwankte zwischen Achtung und Liebe und ihrem unbezwingbaren Freiheitsdrang. Sie wich ihm aus, wenn er die Sprache aufs Heiraten brachte, bat ihn, ihr noch ein wenig Zeit zu lassen, sagte ihm, was er hören wollte: daß sie ihn, nur ihn liebe. Doch in ihrem Innersten wußte sie sehr wohl, daß das nicht die Wahrheit war.

Gleich nach Sylvester mußte Walter wieder zurück nach

Hamburg. Immer wieder hatte er über den Hochzeitstermin sprechen wollen, immer wieder gelang es Franziska, das Gespräch auf ein anderes Thema zu bringen oder sich auf irgendeine andere Weise aus der Affäre zu ziehen.

Als sie ihn auf die Bahn gebracht hatte und durch die eisklare Luft am Neujahrsmorgen vom Bahnhof zurück nach Schwabing lief, war Franziska fast erlöst, wieder für sich zu sein. Sie brauchte Zeit, wollte Erinnerungen und Gefühle sortieren, ihre Träume ordnen. Sie mußte an früher denken, als sie den Neujahrstag mit allerlei guten und wichtigen Vorsätzen und frommen Gelübden begonnen hatte. Da hatte das neue Jahr immer schneeweiß vor ihr gelegen, da war es noch nicht von häßlichen, störenden Flecken übersät, da war Franziska immer frohen Mutes und ihr Kopf klar und frisch. Sie liebte diesen ersten Tag im Jahr – Bruchstelle zwischen alt und neu –, gab sich ganz der Illusion hin, ihr Leben von Grund auf neu ordnen, ein neuer Mensch werden zu können. Alles, was ihr an ihr selbst nicht behagte, wollte sie ablegen und neue Ziele ins Visier nehmen.

Auch an diesem Neujahrsmorgen, als sie mit glatten Sohlen auf dem festgetretenen Schnee die Luisenstraße hinunterschlitterte, die Hände tief im wärmenden Muff vergraben, war sie fröhlich. Die Kirchenglocken läuteten das neue Jahr ein, und Franziska dachte immer noch darüber nach, ob es ihr wohl gelingen würde, selbst über ihr Leben zu entscheiden. Sie dachte an Walter und Herstein, ging ein Stück mit dem einen, dann ein Stück mit dem anderen, fühlte sich leicht und frei, weil sie so mühelos über die beiden verfügen konnte und weil keiner von beiden in der Nähe war. Ob es wirklich notwendig war, sich zwischen diesen beiden Männern zu entscheiden? Warum sollte sie sich nicht ihr Leben mit beiden teilen? Jeder war für sie etwas, was der andere nicht sein konnte. Am liebsten würde sie beide behalten, auf keinen verzichten. Franziska wollte alles. Sie wollte Walters

Fürsorglichkeit, seine zuverlässige Liebe und das Gefühl der Sicherheit, das er ihr gab, und sie wollte Hersteins rücksichtslose Männlichkeit, seine herausfordernde Direktheit, seine unverhohlene Gier.

Aber vorerst mußte sie auf beide Männer verzichten, denn auch Herstein war über Neujahr weggefahren. So war Franziska einige Tage allein und konnte ganz und gar in ihrer Arbeit versinken. Sie hatte ihr letztes Geld für Farbe und Leinwand ausgegeben. Jetzt blieb ihr gar nichts anderes übrig, als zu malen. Von morgens früh bis zum späten Nachmittag stand sie an der Staffelei, zeichnete oder malte, korrigierte und verwarf und hatte am Ende eines langen Arbeitstages meist nichts zustande gebracht, das vor ihr selbst bestehen konnte. Wenn sie mittags hungrig wurde, legte sie sich, sobald die anderen Malschüler fort waren, auf das kleine Holzpodest, auf dem morgens noch das Modell nackt und geduldig ausgeharrt hatte, aß ein Stück trockenes Brot und schlief ein. So überbrückte sie die Mittagspause, wenn die anderen ins Wirtshaus oder ins Café gingen. Die vierzig Pfennig für eine warme Mahlzeit konnte sie sich höchstens zweimal in der Woche leisten, an den anderen Tag schlief sie sich den Hunger weg oder trank eine Tasse Tee beim »Onkel«.

Walter gegenüber ließ sie natürlich kein Wort über ihre finanzielle Not fallen. Sie befürchtete, er könne das zum Anlaß nehmen, sie erst recht zur Rückkehr nach Hamburg zu drängen, in sein geordnetes Zuhause, wo jeden Tag warm gegessen wurde, mittags und abends. Sie wechselte das Zimmer, zog in ein noch kleineres um, wo gerade noch Platz für das Bett war. Die Staffelei mußte zusammengeklappt in der Ecke stehenbleiben. Franziska sparte, wo sie nur konnte: Sie ließ die Schnürstiefel nicht neu besohlen, sie trank morgens nur noch selten Kaffee, sie hüllte sich in drei übereinandergelegte Wolldecken, um die Briketts im Ofen einzusparen.

Oder sie saß mit den anderen gegen Monatsende, wenn das Geld besonders knapp war, stundenlang bei einem Bier im Wirtshaus, denn dort war es warm und gemütlich.

Von alldem ahnte Walter nichts. Der Ton in seinen Briefen wurde immer fordernder; immer wieder die Frage, wann denn nun endlich geheiratet werden könne. Oft war er ungehalten, warf Franziska ihren Egoismus vor, flehte, bettelte, drängte. Franziska schrieb brav zurück, aber was den Hochzeitstermin anging, wich sie aus, vertröstete, bat um mehr Zeit für sich und ihre Malerei. Immer wieder Ausflüchte: jetzt noch nicht, warum es überstürzen, wir sind ja noch jung, unser Leben fängt doch gerade erst an. Die banalsten und abgegriffensten Ausreden waren ihr gerade recht.

Dann kam Herstein zurück. Franziska brannte darauf, ihn so schnell wie möglich wiederzusehen. Sie stürmte die Stufen zu seinem Atelier hinauf, klopfte atemlos an die Tür. Er preßte sie an sich, konnte nicht abwarten, bedeckte ihr Gesicht, ihren Hals mit Küssen, knöpfte ihr Kleid auf, löste ihr Haar, kniete vor ihr nieder, vergrub seinen Kopf zwischen ihren Schenkeln. Franziska wurde von einer Sturmflut überrollt, alle Dämme wurden niedergerissen, alle Bedenken weggespült. Sie ergab sich, Widerstand wäre aussichtslos gewesen. Sie spürte sofort, daß sie dieser Leidenschaft nicht entrinnen konnte, nicht entrinnen wollte.

Franziska blieb den nächsten Tag, die nächste Nacht, die nächste Woche. Sie kehrte nur ab und zu in ihr Zimmer zurück, auch um nachzusehen, ob Post von Walter da sei. Mit großem Eifer ging sie an ihre Arbeit, versäumte keinen Kurs in der Schule und erlebte ihre größten Glücksmomente, wenn Hersteins Urteil milde ausfiel, er gar ein winziges Detail lobte oder einen kleinen Fortschritt feststellte. Franziska konnte sich nicht erklären, warum sie so sehr in seinen Bann geraten war, sie wußte nur, daß sie ihm vollkommen ausgeliefert war.

»Laß mich! Ich muß malen!« Herstein springt aus dem Bett, streift sich mit wilden Bewegungen seinen Arbeitskittel über und tritt an die Staffelei. Es ist vier Uhr morgens, und Franziska sitzt aufrecht im Bett, die Decke bis ans Kinn hochgezogen, und verfolgt das Schauspiel halb belustigt, halb fasziniert. Alle Kerzen, alle verfügbaren Petroleumlampen werden in der richtigen Höhe und im richtigen Abstand um die Staffelei herum aufgestellt, damit die Leinwand von allen Seiten gut beleuchtet ist. Herstein will malen, wie noch kein Mensch gemalt hat, in den unglaublichsten Farben, mit wildem und doch luftig leichtem Pinselstrich. Mit ungestümen Bewegungen rührt er in den Farbtöpfen, bereitet seine Palette vor und wirft sich einen mit Farbflecken bekleckst en Stofflappen über die Schulter. Alles ist vorbereitet. Mit dem Gesichtsausdruck eines Getriebenen tritt er an die Staffelei, setzt einen Pinselstrich, tritt zwei Schritte zurück, springt nach vorn, läßt den Pinsel in wilden Wirbeln über die Leinwand tanzen, nimmt wieder Abstand, zwei Schritte nach rechts, zwei nach links, schüttelt den Kopf, reißt sich das Wischtuch von den Schultern, reibt und entfernt, setzt erneut an. Nach einer Weile tritt er wieder ein paar Schritte zurück, starrt lange schweigend auf die Leinwand, geht, jetzt schon weniger schwungvoll, an die Staffelei zurück, bringt ein paar Korrekturen an, übermalt sie wieder, hält inne. Sein Gesicht verfinstert sich, mit einem Wutschrei schleudert er den Pinsel gegen die Wand. Dann läßt er sich erschöpft auf einen Hocker sinken und sitzt lange schweigend und in dumpfer Verzweiflung da, bis Franziska zu ihm geht, ihn tröstet und ins Bett zurückholt.

Oft, wenn Herstein lange an der Staffelei gestanden und wieder einmal das absolute Kunstwerk nicht zustande gebracht hatte, gingen sie ins Café. Dann setzte er sich ans Klavier und improvisierte lange und selbstvergessen. Franziska liebte es, wenn seine großen blassen Hände über die Tasten glitten und lange melancholische Tonfäden spannen, wenn plötzlich aus den Baßtönen heraus ein urgewaltiges Crescendo anschwoll und sich in hauchzartem Pianissimo verlor. Wenn er dann schließlich zu spielen aufhörte, hatten sich seine Gesichtszüge geglättet. Die scharfen Falten auf der Stirn und um seinen Mund waren verschwunden, und er setzte sich wieder neben Franziska aufs Sofa, lehnte erschöpft, wie ein Kind, den Kopf an ihre Schulter und buhlte um ihr Lob und ihre Bewunderung. Sie versagte ihm beides nicht.

Dann begann der Fasching. Fasching! Als Norddeutsche wußte Franziska nicht recht, was es damit auf sich hatte, nur so viel, daß während der Faschingszeit für ein paar Tage alle Konventionen aufgehoben waren und ganz München sich in ein Tollhaus verwandelte. Um so überraschter war sie, als sie am Faschingssamstag ins Café Luitpold ging und dort den »Onkel« und einige andere Freunde aus der Malschule wie immer beim Bier und im Gespräch vorfand.

»Ich denk', heute ist Fasching! Warum sitzt ihr hier herum, als wäre Karfreitag?« sagte sie zu ihnen.

»Fasching ist etwas für Spießer, die sich verkleiden müssen, um mal über die Stränge zu schlagen!«

Die Runde war sich einig in der Verachtung solch schaler Vergnügungen. Aber heute wollte Franziska nicht nur sitzen und reden, sie war fest entschlossen, sich zu amüsieren, auch wenn es ihren Freunden spießerhaft erscheinen mochte, daß sie sich dafür ausgerechnet die Faschingszeit ausgesucht hatte.

Wie auf Bestellung kam plötzlich eine Gruppe von weißgeschminkten Pierrots ins Lokal. Als hätten sie Franziska ihren Entschluß, sich zu amüsieren, angesehen, kamen sie direkt auf sie zu, umringten sie, zogen sie in ihre Mitte.

»Eine Königin im Gewand einer Gänsemagd!« rief einer der Pierrots. »Dagegen müssen wir etwas unternehmen!«

Und schon begannen sie, Franziska auszustaffieren: Einer kramte einen Apfel aus seiner Tasche und reichte ihn Franziska. Jetzt mußte noch ein Zepter her, ein Spazierstock mochte dafür genügen. Dann zog einer der Pierrots, unter dem ohnmächtigen Protest des Kellners, eine karierte Tischdecke von einem der Tische und legte sie Franziska um die Schulter. Fertig war die Königin. Die Pierrots knieten nieder, senkten in Ehrfurcht ihre Häupter.

»Erhebt euch, meine Freunde!« rief Franziska. Sie genoß das Spiel, genoß es, im Mittelpunkt zu stehen. Keinen Gedanken verschwendete sie mehr daran, was wohl ihre Freunde dort hinten in der Ecke des Lokals von alldem halten mochten.

»Einen Thron! Wir brauchen einen Thron!«

Franziska wurde auf einen Stuhl gesetzt und mitsamt dem Möbel unter großem Jubel auf den Tisch gehoben. Dort oben saß sie, den Apfel in der Rechten, den Spazierstock in der Linken, und hielt Hof. Was immer sie verlangte, sofort wurde es von ihrem Hofstaat ausgeführt.

»Champagner!« rief Franziska, und sofort gab einer der Pierrots den Auftrag an den Kellner weiter, der sich inzwischen entschlossen hatte, das närrische Spiel mitzumachen.

»Wiener Würstl! Senf! Und eine Flasche Obstler für die traurigen Ritter von der Karfreitagsrunde!«

Bei so viel hoheitlichem Wohlwollen konnten auch Franziskas Freunde ihre Bedenken gegen die Faschingsgaudi nicht länger aufrechterhalten. Es dauerte nicht lange, und das ganze Lokal war einbezogen in das Stück von der Königin und ihrem Hofstaat, und im Mittelpunkt stand Franziska.

Das Café Luitpold war längst geschlossen, und Franziskas Freunde waren längst nach Haus gegangen, da machte der Kellner einen letzten energischen Versuch, Franziska und ihren Hofstaat zum Gehen zu bewegen. Franziska war in den Armen eines der Pierrots eingeschlafen, die anderen hatten es sich auf Bänken und zusammengestellten Stühlen bequem gemacht.

»Leit, gehts hoam! Jetzt is endgültig Feierabend!« rief der Kellner und klingelte ungeduldig mit dem Schlüsselbund.

Als sie im ersten Morgengrauen draußen vor dem Lokal auf dem Bürgersteig standen, flüsterte einer der Pierrots Franziska ins Ohr: »Komm mit in mein Atelier!«

Sie sah seine Bartstoppeln, die sich durch die weiße Schminke gearbeitet hatten, die zerlaufenen schwarzen Konturen unter seinen Augen, sein Atem roch nach kalten Zigarren und Bier. Im weichen Schnee rutschten sie Arm in Arm die lange, stille Straße entlang. Franziska war seelig, sie fühlte sich ungebunden und schwerelos, sie drehte sich, fiel hin, der Pierrot half ihr auf und klopfte ihr den Schnee aus den Kleidern. Dann hob er sie in die Höhe und warf sie sich wie ein Beutestück über die Schulter. »Der Fasching ist meine Jahreszeit! Wenn es ihn nicht schon gäbe, so hätte ich ihn erfunden!« rief Franziska. Mit dem Kopf nach unten hing sie über der Schulter ihres Begleiters, matt und kraftlos, aber glücklich.

In seinem Atelier tranken sie Kaffee aus einer kupfernen, leise sirrenden Kaffeemaschine, hielten sich bei den Händen und erzählten sich aus ihren Leben. Franziska war in seinen schweren, seidenen Hausmantel gewickelt, ihre zuvor eiskalten Füße steckten jetzt in groben Wollsocken und fingen an, wohlig zu prickeln. Die nassen Haare waren in ein Handtuch gewickelt, das er ihr kunstvoll zu einem Turban geschlungen hatte. Der freundliche Pierrot hatte sie mit allem versorgt, was sie brauchte.

Später mußte Franziska noch oft an diesen Morgen zurückdenken. Wie sie nach dem Frühstück noch lange mit ihrem Pierrot zusammengesessen, wie sie ihm mit kaltem

Wasser die weiße Schminke abgewaschen hatte und nun zum ersten Mal sein Gesicht sah. Wie er beim Abschied wortreich darüber nachsann, ob er es wagen könne, sie zu küssen, und sie ihm schließlich die Entscheidung abnahm und ihn mitten auf den Mund küßte. Alles das war schwebend leicht, unbelastet von Vorgeschichten, ohne folgenschwere Fortsetzung. Um diese Erinnerung rankten ihre Träume noch lange, und doch wußte sie, daß solche Leichtigkeit niemals von Dauer sein konnte, daß sie zwangsläufig verlorengehen müßte, wenn man mehr voneinander wußte, sich gegenseitig mit Ansprüchen lähmen und jeder dem anderen seine Glückserwartungen ins Herz einbrennen würde.

Es kam der Frühling mit schweren Stürmen, die alles Leichte fortbliesen, und Franziska spürte, daß die Leidenschaft für Herstein, die so gar nichts mit der schwerelosen Faschingsromanze gemein hatte, immer mehr von ihr Besitz ergriffen hatte. Sie war zerrissen zwischen Walters liebevollen Briefen und Hersteins launenhaften, egozentrischen Ausbrüchen. Eines Abends – Herstein malte wieder wie besessen – zog sich Franziska schon früh zurück, denn es war ihr schon den ganzen Tag über nicht wohl gewesen. Sie legte sich ins Bett, starrte auf den abgerissenen Tapetenstreifen an der Zimmerdecke und versuchte sich zu konzentrieren, damit er sich nicht kreisend in Bewegung setzte, schaffte es nicht, drehte sich mit ihm, schneller, immer schneller, erreichte die Toilette im Hausflur nicht mehr, fiel auf den blanken Parkettboden und blieb dort liegen. Die Ohnmacht hatte nur wenige Sekunden gedauert, aber sie hatte in Franziska einen Verdacht geweckt, der in den nächsten Wochen zur Gewißheit wurde.

Panik, Angst, Unruhe. Franziska war nervös, hatte Mühe, sich auf ihre Arbeit zu konzentrieren, und war oft so zerstreut, daß die alltäglichsten Handgriffe ihr zu schaffen machten. Sie rauchte viel zu viel, obwohl ihre Hustenanfälle oft hartnäckig lange andauerten. Sie aß wenig, schlief unruhig, häufig war ihr übel. Ein Gedanke hatte sich in ihrem Kopf festgebissen: Welche Zukunft hatte ihre Liebe zu Walter noch, wenn sie ein Kind von Herstein erwartete? Was würde Herstein dazu sagen, wenn sie sich ihm offenbarte? Tagelang schob sie viele düstere Gedanken in ihrem Kopf hin und her. Eines Nachts wachte sie mehrmals auf. Ihr wurde abwechselnd kalt und heiß, sie rang nach Luft, setzte sich auf, wischte sich mit einem Handtuch den Schweiß aus dem Nacken und trank ein Glas Wasser. Dann holte sie sich Papier und Federhalter und begann zu schreiben: »Lieber Walter«, oder: »Mein geliebter Walter«, oder: »Walter, meine große Liebe«, oder: »Walter, Liebster, ich muß Dir etwas sagen!« Aber dann zerriß sie die Seite, zerknüllte die Fetzen, warf sich zurück in die Kissen und versuchte wieder einzuschlafen. In dieser Nacht hatte sie das Gefühl, daß es keinen Ausweg gäbe. Sie stand in einem Tunnel, in den von beiden Seiten das Wasser hineinlief und immer höher stieg. Oft schrie sie im Traum auf, aber wenn sie neben Herstein lag und er sie fragte, was diese Schreie zu bedeuten hätten, wich sie aus und gab vor, ihren toten Vater auf der Bettkante gesehen zu haben.

Irgendwann faßte Franziska den Entschluß, es Herstein zu sagen. Sie war bewegt und konnte kaum sprechen. Ihre Stimme zitterte, sie vermied es, ihn anzusehen. Sie bemerkte sehr wohl, wie er erschrak, wie hilflos er war, und wie er sich nichts von seinem Schrecken anmerken lassen wollte. Wie ein Tiger im Käfig ging er in dem schmalen Raum ruhelos auf und ab. Auf einmal blieb er vor ihr stehen.

»Das ist schlimm genug, was soll jetzt werden?« Seine Augen waren grau und kalt. Seine Lippen preßte er zu einem Strich aufeinander, und als er sie öffnete, schimmerten sie bläulich. Mit einer übertriebenen Geste strich er sich das Haar aus der Stirn. Franziskas Stimme bebte, alle Kraft mußte sie zusammennehmen, um die Tränen zurückzuhalten.

»Ich muß sofort an Walter schreiben, daß alles zwischen uns aus ist, aus sein muß!« Kaum war der Satz ausgesprochen, spürte Franziska, wie in Herstein die Angst hochstieg, wie er immer unsicherer, kraftloser wurde. Zum ersten Mal sah sie ihn so, erbärmlich wie ein Käfer auf dem Rücken. All seine willensstarke Männlichkeit war mit einem Male dahin.

»Und dann?« Das war alles, was er herausbrachte.

Je mehr er zappelte, je mehr er ruderte und nach Fluchtwegen suchte, desto ruhiger wurde sie. Für einen kurzen Moment war ihr gar, als freute sie sich auf das Kind, als wäre da etwas Warmes, Liebes in ihrem Leib, das nur sie allein etwas anging.

»Das weiß ich noch nicht«, sagte sie und lächelte. »Mit der Zeit wird sich schon irgendwie alles finden. Du brauchst keine Angst zu haben, daß du mich heiraten mußt. Jedenfalls ist mir jetzt die Entscheidung Hamburg oder München abgenommen. Ich werde in München bleiben und mich irgendwie durchschlagen. Du brauchst mir nicht einmal dabei zu helfen.«

Herstein setzte sich neben sie, legte den Arm um ihre Schultern, säuselte sanft und liebevoll. Nun, da sie die Weichen gestellt und ihm damit die Entscheidung abgenommen hatte, konnte er sich wieder gelassen geben und war ganz auf der Höhe der Situation: »Laß uns abwarten, Franziska, es wird sich schon alles finden. Und hundert Prozent sicher ist es ja noch gar nicht. Versuch, nicht daran zu denken, und geh an die Arbeit. Die soll das Wichtigste bleiben.«

Walters Briefe! Jedesmal wenn Franziska den Umschlag öffnete, fingen ihre Hände an zu zittern. Obwohl sie sicher war, daß er nichts ahnen konnte, flog ihr Blick nervös über die Zeilen, schnell bis zum Schluß, ob da etwas vom Ende ihrer Liebe, von Brüskierung oder Trennung stand, oder ob alles so war wie immer. Aber die Briefe ließen keinen Verdacht erkennen, waren fordernd und drängend wie eh und je, waren hoffnungsvoll und frohgemut.

»Warum schreibst du so selten? Warum gehst du nicht auf das ein, was ich dir im letzten Brief schrieb? Ist es dir recht, wenn ich dich in den Ferien besuche? Bist du gesund und ißt du genug? Ich freue mich so, daß du bald bei mir bist, daß wir bald zusammen sind. Für immer ...«

Wenn sie diese flehenden Briefe las, wurde Franziska das Herz schwer, als trüge sie einen Stein in ihrer Brust. Dann sehnte sie sich nach Walters warmer Stimme, seiner Hand auf der ihren, seinen freundlichen Augen. Dann überlegte, zählte, rechnete sie, ob sie ihn glauben machen könnte, das Kind sei von ihm. Schnell heiraten, Unterschlupf finden, alles würde gut! Niemals würde sie ihr Geheimnis lüften, Walters Verwandte würden bei dem Kind tausend Ähnlichkeiten mit den Lübkes feststellen, das Talent zum Malen hätte es natürlich von der Mutter sowie auch den Dickkopf! Auch Walter wäre der Meinung, daß es ihm ähnlich sähe – die beiden würden sich einander angleichen, wie man es von älteren Ehepaaren kennt, oder von Herr und Hund. Überlegungen solcher Art konnten Franziska manchmal für ein paar Minuten fast heiter stimmen. Aber dann wurde ihr Blick wieder düster, ihr Rücken beugte sich, und sie begann zu husten.

Manchmal wurde ihr schwarz vor Augen, alles kreiste, flog an ihr vorbei, sie konnte sich gerade noch festhalten, mußte sich setzen. Manchmal aber war sie so schwach, daß sie den ganzen Tag im Bett blieb. Sie lag dann ganz still und meinte zu spüren, wie das Kind in ihrem Bauch rumorte. Dann schämte sie sich, daß sie noch eine Stunde zuvor nichts sehnlicher gewünscht hatte, als daß ihre schwache Natur und ihr schlechter Zustand der ganzen Sache ein schmerzhaftes, jähes, aber befreiendes Ende setzen mochte. An solchen Tagen wünschte sie sich, tot zu sein.

Wie viele Male sie ihren Abschiedsbrief an Walter begonnen hatte, wußte sie nicht mehr. Irgendwann schrieb sie ihn zu Ende, steckte ihn ins Kuvert, schrieb Adresse und Absender darauf und legte ihn auf ihre Straßenschuhe, damit sie keinesfalls vergaß, ihn bei der nächsten Gelegenheit zur Post zu bringen. Es war ihr schwergefallen, die richtigen Worte zu finden, warum eine Trennung zwingend sei, warum sie in ihrem Leben einen anderen Weg einschlagen müsse. Sie sprach von Schuld und Verantwortung, von Demut und Schicksal. Viele Tränen tropften auf das Papier, als sie ihren Schritt begründete. Aber den wahren Grund nannte sie nicht.

Ein paar Tage später saß Franziska im Zug nach Hamburg. Der Brief, der ihrem Leben eine andere Richtung gegeben hätte, wurde von ihr nie abgeschickt. Statt dessen hatte sie ein Telegramm an Walter aufgegeben: »Ankomme Dienstag 21 Uhr 45. Bitte hol mich ab. Ich liebe Dich. Franziska.«

Walter stand am Bahnhof, und gleich fiel Franziska auf, wie dünn und blaß er war. Auch er machte sofort eine Bemerkung über die dunklen Ringe unter ihren Augen, verschwieg ihr aber, wie erschrocken er war über den Hustenanfall, der noch auf dem Perron so heftig an ihr zerrte. Sie krümmte sich, mußte sich beinah hinknien, richtete sich wieder auf, zog ein wenig Luft durch die scheinbar viel zu enge Luftröhre, riß die Schultern ruckartig nach vorn. Als der Husten dann von ihr abgelassen hatte, stellte sie sich kerzengerade hin, hakte ihn unter und sagte: »So. Jetzt bin ich da!«

Walter war überglücklich. »Jetzt ist es doch sehr schnell gegangen, daß du endlich bei mir bist«, sagte er und öffnete die Tür zu dem Zimmer, das er für sie hatte herrichten lassen. Aber Franziska wollte in dieser Nacht nicht allein schlafen, hatte sie sich doch in den Kopf gesetzt, ihr zerfleddertes Leben zu ordnen, zu sammeln und im Bett des Mannes zu schlafen, zu dem sie ab jetzt gehören wollte. Am nächsten Morgen war sie froh, daß sie erreicht hatte, was sie erreichen wollte: Walter hatte das Gefühl, daß sie aus freien Stücken nach Hamburg gekommen war, aus lauter Liebe zu ihm und um seine Frau zu werden. Die erste Nacht neben ihm dauerte lange, der Morgen kam nicht, es wollte und wollte nicht hell werden. Sie hatten sich schüchtern geliebt, und Walter war schnell, mit einem zufriedenen tiefen Seufzer einschlafen. Nicht im Traum hätte er gedacht, daß sich seine zukünftige Frau, die warm und weich dicht an ihn geschmiegt neben ihm lag, das Gehirn, das Herz, die Seele zermarterte, daß sie Höllenqualen litt und ihr die Ängste das Atmen schwer machten. Es war nicht nur das schlechte Gewissen, das Franziska peinigte, es war die schneidende Angst davor, daß ihr verworrenes Leben plötzlich nicht mehr weitergehen, abbrechen, sich in nichts auflösen könnte.

Am nächsten Morgen konnte Franziska nicht aufstehen. Bleich lag sie in den von Walter bekümmert aufgeschüttelten Kissen und verlangte nur nach einem Glas Wasser. Walter schrieb ihren Zustand der anstrengenden langen Bahnreise zu und hielt mit weichen, vor Glück verschwommenen Gesichtszügen ihre Hand. Er tupfte den kalten Schweiß von Franziskas Stirn und kündigte an, nach einem Arzt schicken zu lassen.

»Bitte, bitte, Walter, keinen Arzt!« Franziska setzte sich kurz im Bett auf, der Schrecken stand ihr im Gesicht, denn sie fürchtete, ein Arzt würde sofort den Grund ihres morgendlichen Unwohlseins herausposaunen, Walter womöglich noch mit anerkennendem Handschlag zu dem freudigen Ereignis gratulieren. »Es ist nur … der verdammte

Husten ... die Aufregung, daß ich jetzt hier bei dir bin. Es geht schon besser!«

Franziska stand auf und kleidete sich an. Vor dem Spiegel im Badezimmer rubbelte sie ihre Wangen, bis sie rötlich, wenn auch etwas fleckig wurden. Sie rollte die Augen und schnitt Grimassen, um ihrem Gesicht die Fahlheit und Blässe auszutreiben. Walter ging dann für eine Stunde in seine Kanzlei, um nach dem Rechten zu sehen – eigentlich hatte er Urlaub genommen.

»Vergib mir Walter, vergib mir!« Immer wieder flüsterte Franziska diese Worte vor sich hin. Sie stand am Fenster und starrte in die Dunkelheit. Walter saß im Zimmer nebenan am Schreibtisch über seinen Akten. Hersteins Bild drängte sich in ihren Kopf, der letzte wehmütige Blick auf dem Perron, als er sie an den Bahnhof brachte, um auch ganz sicher zu gehen, daß sie tatsächlich abfuhr. Und jetzt stand sie hier – in einer Woche Frau Lübke –, mit dem Kind von Adolf Herstein unter dem Herzen. In den Tagen, bevor Franziska zu Walter nach Hamburg aufgebrochen war, war Herstein nicht von ihrer Seite gewichen. Immer wieder hatte er auf sie eingeredet: »Du mußt zu ihm. Er liebt dich, und du mußt ihn heiraten! Ist es nicht besser, einer wird glücklich, als daß wir alle drei zugrunde gehen?« Und: »Bei mir kannst du nicht bleiben mit dem Kind«, und »Versprich mir, daß du dir nichts antust, damit machst du uns alle unglücklich«, und »Heirate ihn. Aber tu es für dich, nicht für mich«, und »Hasse mich nicht, wenn du an mich zurückdenkst!«

Nein, sie haßte ihn nicht. Im Gegenteil! Sie sehnte sich nach diesem Mann, nach seinen großen, kräftigen Händen, seiner körperlichen Ungeduld. Franziska verzieh ihm alles, sie warf ihm nichts vor und verstand sogar, daß er mit ehrlichem Egoismus gesagt hatte, daß ein Kind in einem Künstleratelier, wo Großes von bleibendem Wert entsteht, keinen

Platz hat. Dann folgten Momente innerer Zerrissenheit, wo sie Walter alles sagen und danach sofort verschwinden wollte.

Lautes Tellerklappern und Stühlerücken rissen Franziska aus ihren Gedanken. Walters Familie wurde zum Tee erwartet. Sein Bruder, die Schwägerin und deren Mutter, die beiden Kinder. Eine große weiße Damasttischdecke wurde über den Mahagonitisch gebreitet, das feine Teegeschirr aufgedeckt, die silberne Teekanne noch schnell überpoliert, das Hausmädchen hatte Routine.

Beim Anblick der Buttercreme- und Himbeerschnitten, der Petits Fours und Nußtortenstücke wurde Franziska wieder übel. Sie wußte, daß sie sich nur retten konnte, wenn sie ihre Konzentration auf andere Dinge lenkte: auf den lachsfarbenen, feingestärkten Spitzenkragen der Schwägerin zum Beispiel; auf das schon fast unanständig laute Schlürfen von deren Mutter, das so gar nicht zu ihrer eleganten, wenn auch etwas biederen Erscheinung paßte; oder auf die Spuren einer Ähnlichkeit in den Gesichtszügen Walters und seines Bruders. Obwohl sie sich eigentlich nicht ähnlich sahen, entdeckte Franziska viel Gemeinsames, manche Gesten schienen ihr auf geradezu lächerliche Weise übereinzustimmen. Auch Walters Bruder reckte hie und da den Zeigefinger, um seinen Worten Nachdruck zu verleihen, ganz wie die Karikatur eines verknöcherten Dorfschullehrers.

»Wir freuen uns ja so, daß Walter nun endlich sein Lebensglück gefunden hat«, sagte die alte Dame und schlürfte wieder laut am Tassenrand.

»Ja, Franziska, herzlich willkommen im Norden, in Hamburg, im Kreise unserer Familie«, stimmte die Tochter mit ein. Das tat sie wohl ihrer Mutter zuliebe, denn von ihr erwartete Franziska eigentlich mehr als solch eine brave, konventionelle Empfangsformel.

Franziska mochte die Schwägerin sofort, entschied auf der Stelle, sich mit ihr anzufreunden, auch um Walter eine Freude zu machen. Sie hatte die quadratischen Hüften ihrer Mutter und wache, listige Augen, die all das, was hier mit hanseatischer Schwerfälligkeit gesagt wurde, in Frage stellten.

»Hoffentlich finden Sie es in Hamburg nicht zu langweilig! Wenn man hört, was man in der Malstadt München so alles erleben kann, wird einem ja ganz schwindlig! Da kommt Ihnen unser gutes altes Hamburg doch bestimmt ganz verschlafen vor«, hakte die alte Dame mit ihrer krummen Nase noch einmal nach und piekte mit der Kuchengabel in die Himbeerschnitte. Die Art, wie sie bei dem Wort »bestimmt« über den »spitzen Stein stolperte«, amüsierte Franziska. Die zukünftige Schwägerin und ihre Mutter stammten aus Bremen, wo die feinen Leute so sprachen, wenn sie sich »gute Geschäfte« wünschten. Die beiden Kinder waren artig und stumm, auch ihre Kragen waren für Franziskas Geschmack zu ausladend, ihre Schleifen im Haar zu steif und zu groß. Wenn sie sich über die Himbeerschnitten auf ihren Kuchentellern beugten, sahen sie aus wie Insekten, die zum wiederholten Male versuchten, eine rosa Blüte anzufliegen, um sich dann auf den schwankenden, samtigen Blättern niederzulassen.

Später, als Sherry, Portwein und Likör gereicht wurden und die Stimmung sich gelöst hatte, ging es Franziska viel besser. Plötzlich, nach dem dritten Glas Portwein, konnte sie sich, wenn auch nur für einen kurzen Augenblick, vorstellen, hier ihre Ruhe, ihren inneren Frieden, ihre Heimat zu finden. Walter, der neben ihr saß, nahm ihre Hand, erhob sich, räusperte den Belag von den Stimmbändern und hielt eine kurze, nüchterne Ansprache, in der er verkündete, daß sie schon in zwei Wochen heiraten wollten.

»Ich habe den Termin so bald gewählt, damit mir nichts

Unvorhergesehenes mehr dazwischen kommt ...«, fügte er noch mit betont hintergründigem Schmunzeln hinzu. Alle lachten freundlich, sie hatten den kessen Witz verstanden. Franziska erhob sich nun ebenfalls, Walter nahm sie in den Arm und küßte sie fröhlich auf die Wange. Alle waren zufrieden, selbst Franziska hatte mit einem Mal das Gefühl, daß sich alles regeln, daß irgendwie alles gut werden würde.

Der Hochzeitstermin wurde für den letzten Dienstag im Mai 1894 festgesetzt und zwar in Berlin. Zweimal sollte getraut werden: im Standesamt und dann in der Kirche. Es war Walter, der das mit der Kirche vorgeschlagen hatte, und Franziska spürte, daß es ihm wegen seiner gesellschaftlichen und beruflichen Position äußerst wichtig war. Sie willigte sofort ein und wunderte sich dabei selbst über sich. Vor einem Jahr noch hätte sie sich darüber lustig gemacht, hätte die Nase gerümpft über die »bigotte Spießigkeit und Verlogenheit einer kirchlichen Trauung«. Aber sie hatte sich verändert. Die Angst in ihrem Körper, in ihrer Seele, in ihrem Kopf hatte sie seltsam weich und milde gestimmt, manchmal neigte sie jetzt zu Apathie. Vieles war ihr einerlei, eine gewisse Gleichgültigkeit, die Walter allzu gern als innere Umkehr auslegte, schien ihr manchmal das Leben zu vereinfachen, als wolle sie sich und den augenblicklichen Zustand, in dem sie sich befand, nicht gefährden.

Auch Walter wunderte sich über Franziskas Sanftmut. Er war darauf vorbereitet gewesen, ihren ständigen Widerspruch gegen alles, was ihr jetziges Leben und seine Stellung verlangten, zu diskutieren. Fast vermißte er ihre gnadenlose Kritiksucht, ihre funkelnde Auflehnung. Andererseits wollte er nicht daran rühren, es gefiel ihm, wie sie sich schnell in alles einfand, wie sie sich geschmeidig und leise in den Alltag einfügte: Frau Assessor Lübke mit allen gebotenen Tugenden, die seine gesellschaftliche Position diktierte. Und dennoch blieb ein Rest von Mißtrauen. Manchmal sah er sie von der Seite an und hatte den Eindruck, daß sie eine spöttische Bemerkung zurückhielt, sich die Lippen höhnend schürzten, um sich aber sogleich in eine milde Grundposition zurückzubewegen. Die beiden hatten sich ein wenig zurückgezogen, mußten zuerst einmal ihren Tagesrhythmus finden, ihre Grenzen nach außen abstecken. Walter beobachtete, wie Franziska sich mit fast verzweifeltem Ernst ihrer Malerei widmete, wie sie bereits morgens vor dem Frühstück an der Staffelei stand, wie sich ihr Gesicht aufhellte, wenn ihr ein Detail gelungen war. Das hatte er sich vorgenommen: Bei ihm sollte sie malen dürfen, bei ihm sollte sie sich nicht eingeengt fühlen, er wollte alles Schöpferische in ihr pflegen, liebevoll und ruhig, mit sanfter, möglichst nicht wahrnehmbarer Unterstützung.

An ihrem Hochzeitstag mußte Franziska all ihre Kraft darauf verwenden, sich nicht anmerken zu lassen, wie es um sie stand. Die Junisonne tauchte die kleine Hochzeitsgesellschaft vor dem Standesamt in warmes, orangefarbenes Licht. Während der Predigt mußte Franziska einmal kurz aufstehen, um an die frische Luft zu gehen. Sie flüsterte Walter zu, er solle kein Aufhebens machen, sie käme in zwei Minuten zurück. Vor der Kirche wurde ihr schwarz vor Augen, sie lehnte sich an eine Säule und konnte gerade noch vermeiden, daß sie ohnmächtig wurde.

»Lieber Gott, wenn es Dich gibt, dann hilf mir jetzt!« flüsterte sie und preßte die heiße Stirn an den kühlen Stein. Dann ging sie wieder zurück, gerade rechtzeitig, um die Trauformel zu sprechen. Alles weitere erlebte sie im Zustand einer seltsam pelzigen Betäubung: strahlende Gesichter und viele heitere Worte, launige Reden am Kaffeetisch und anerkennendes Schulterklopfen – eine schöne, eine vorbildliche Hochzeit. Wie durch einen Schleier nahm sie alles wahr, was mit ihr und um sie herum geschah. Die beklemmende

Angst stieg immer höher, in kurzen Momenten kam ihr zu Bewußtsein, wie unüberlegt und verantwortungslos sie handelte, aber da kam schon der nächste Hochzeitsgast und gratulierte – und erzwang das seelige, dankbare Lächeln der Braut.

Die Schwägerin und Walters Bruder begleiteten das Brautpaar am Nachmittag ins Photoatelier. Der Photograph wollte, daß Franziska für das Brautphoto einen Hut trug, denn sie hatte sich einige Tage zuvor das Haar ganz kurz zu einem Herrenschnitt schneiden lassen, und er fand, daß sich diese Frisur mit dem Bild, das er von einer richtigen Braut hatte, nicht vertrug. Auch Walter war schockiert gewesen, als sie mit dem neuen Haarschnitt, der in seinen Augen aus Franziska eher einen zwölfjährigen Gassenjungen als die glückliche junge Braut eines Gerichtsassessors machte, nach Hause gekommen war. Aber er hatte sich in der Gewalt und sagte kein kritisches Wort. Franziska lehnte im Photostudio alle dargereichten Hüte ab. »Ich will später einmal mein Gesicht sehen, wenn ich das Photo betrachte«, sagte sie, »und nicht einen geborgten Hut!«

In diesem Fall wollte Franziska einfach nicht nachgeben, auch wenn ihr die Schwägerin zu bedenken gab, daß sie sich später ganz sicher über ihr unbräutliches Aussehen ärgern würde.

»Was werden Eure Kinder sagen, wenn sie das Hochzeitsphoto ihrer Eltern betrachten, auf dem die Braut wie ein gerupftes Huhn aussieht!« insistierte sie und mußte über ihren Vergleich so übertrieben lachen, daß die Umstehenden betreten zu Boden blickten.

Walter faßte sich als erster, legte den Arm um seine Frau und rief: »Also ... bitte recht freundlich ... es geht los! Die Schönheit meiner Frau am heutigen Tage muß für die Nachwelt, respektive die Nachkommen, unbedingt festgehalten werden – mit Hut oder ohne ... die Schönste ist sie allemal!«

Das gesellschaftliche Leben in Hamburg bot Franziska kaum die Abwechslung, die sie auf andere Gedanken hätte bringen können. Hier ein Wohltätigkeitskonzert, in dem ein mittelmäßiges Kammerorchester von einem allzu gnädigen Publikum übermütigen Applaus bekam, dort eine kleine Einladung zum Tee oder zum Abendessen, wo sich nach kurzer Zeit die Herren ins Rauchzimmer oder in die Bibliothek zurückzogen und die Damen Likör oder Schaumwein tranken und über andere Damen des Freundeskreises, die natürlich nicht anwesend waren, lüstern ihr Urteil fällten.

Franziska war einsam. Mit niemandem konnte sie über Goya oder van Gogh, über Nietzsche oder den Münchner Fasching reden. Walter war fast immer in der Kanzlei. Wenn er abends nach Hause kam, fand er sie meist auf dem Sofa, einen Wollschal um den Leib gewickelt, mit blassen, müden Augen. Oder sie saß in dem leeren Zimmer, das jetzt ihr Atelier war, mitten unter ihren Malsachen und Skizzen, und sah vor sich hin.

Drei Wochen ging das so fort. Franziska schleppte sich vom Sofa zur Staffelei, von dort zurück zum Sofa. Sie hatte Schmerzen, ihr Unterleib tobte, sie wurde immer schwächer. Walter ließ ab und zu eine Bemerkung fallen, daß er sich Sorgen machte um ihre Gesundheit und daß sie sich nicht zu viel zumuten, nicht zuviel arbeiten sollte. Franziska allein wußte, daß ihre Schwäche nicht vom vielen Arbeiten kam, daß die Sorgenfalten auf ihrer Stirn, die Walter hin und wieder, in zärtlichen Momenten, mit seinem Daumen wegzustreifen versuchte, nichts mit mißglückten Skizzen oder falscher Bildaufteilung zu tun hatten. Sie spürte einen dumpfen, aber deutlichen Schmerz in ihrem Unterbauch, einen Schmerz, der meistens in Wellen auf- und abebbte und der sie nachts fast um den Verstand brachte. Nachts, wenn sie an Herstein dachte und sich die Sehnsucht nach ihm verbot. Nachts, wenn sie sich wünschte, Hersteins Kind, das so

106

schwer in ihrem Leib lag, würde leben und ihr diesen Mann noch ein einziges Mal zurückbringen. Nachts, wenn sich Angst und Hoffnung die Waage hielten.

Es war an einem Freitag. Walter war schon etwas früher aus der Kanzlei gekommen und hatte Franziska Pralinées und gelbe Rosen mitgebracht, das tat er manchmal freitags.

»Ach, es ist Freitag?« sagte Franziska und roch artig in den Strauß hinein.

»Wenigstens scherzest du wieder! Wie ich dich dafür liebe!« Walter hatte die kleine Andeutung verstanden, mit der Franziska sich über die Gleichförmigkeit des Tages- und Wochenablaufs eines Staatsbeamten lustig machte. Er liebte es, wenn sie stichelte und sich über ihn amüsierte.

»Ja«, sagte er, »es ist Freitag, und ich habe eine Menge Arbeit aus dem Büro mitgebracht. Könntest du mir später etwas dabei helfen?«

Franziska schrieb den ganzen Abend. Walter diktierte, und sie schrieb. Ihre Schmerzen wurden dabei immer heftiger. Als sie es nicht mehr aushielt, sagte sie, sie sei müde und wolle zu Bett. Dann ging alles sehr schnell: Hundert Messer drehten sich in ihrem Leib, sie biß in ihr Kopfkissen, um nicht zu schreien, verlor kurz die Besinnung, kniete, krümmte sich, warf sich zur Seite.

Dann kehrte Ruhe ein in ihren Leib. Franziska lag ganz still, verfolgte mit den Augen das Pendel an der Standuhr. Bewegen konnte sie sich nicht. Vor ihren Augen flimmerte und zuckte es; wenn sie versuchte, sie zu schließen, zitterten die Lider. Ihr Kopf, ihre Arme, ihr Leib, nichts schien zusammenzugehören, alles war einzeln, alles taub. Es hatte Tage gegeben, an denen sie es sich so sehnlich herbeigewünscht hatte, daß sie das Kind verlieren möge. Aber jetzt, da sie befreit von dieser Last in die Zukunft hätte blicken können, war sie nur unendlich traurig. Noch nie in ihrem Leben hatte sie eine solche Trauer verspürt; leer, ohne Hoffnung. Sie hörte Walter auf dem Flur, das Parkett knarrte. Dann war alles still. Eine Ewigkeit. Er stand vor ihrer Tür und rief ganz leise ihren Namen. Sie rührte sich nicht, stellte sich schlafend. Sie hörte noch, wie er im Arbeitszimmer die Fensterläden schloß und zu Bett ging. In dieser Nacht schlief sie nicht. Auch diese Nacht wollte kein Ende nehmen.

5. Kapitel

Fast ein ganzes Jahr lang hatte Franziska in Hamburg still-
gehalten, dann kehrte sie, am 18. Mai 1895, ihrem 24. Geburtstag, nach München zurück. Wie eine kleine Ewigkeit
war ihr die Zeit vorgekommen, die sie als Assessorsgattin
über sich hatte ergehen lassen müssen – dann war es auch
für Walter nicht mehr zu übersehen gewesen, daß seine Frau
immer unzufriedener wurde. Sie hatte das Haus nur noch
selten verlassen, war trotz der Bitten ihres Mannes ihren gesellschaftlichen Pflichten nicht mehr nachgekommen. Walter begann ihr Vorwürfe zu machen, sie sei kapriziös und
egoistisch, verschlossen und unzugänglich. Tagelang, wochenlang lag sie im Bett. Franziska fühlte sich schlecht, sie
hustete, hatte starke Kopfschmerzen, oft tat ihr der ganze
Leib weh. Auch der Arzt wußte keinen Rat, sprach ganz allgemein von ihren angegriffenen Nerven und ihrer schwachen Konstitution. Sie war zart und gebrechlich, alle Kraft
schien ihr abhanden gekommen. Die ganze Zeit dachte sie
an München, träumte von ihrem Leben als Künstlerin in den
Ateliers von Schwabing, der ersehnten Unabhängigkeit und
den wilden Abenteurern, die zwar oft nicht wußten, wie sie
das Geld für ein warmes Abendessen zusammenkratzen
sollten, die aber von zukünftigem Ruhm und dem Aufspüren
neuer Stilrichtungen phantasierten und bis tief in die Nacht
die wildesten Theorien über den Realismus und die Ehrlichkeit in der Kunst schmiedeten.

Nach langem Hin und Her hatte Walter endlich sein Einverständnis gegeben, daß Franziska zur Vollendung ihrer
Malstudien noch einmal zurück nach München kehren

sollte. Es war ihm nicht leicht gefallen, denn er hatte Sorge, daß er sich dem Gerede seiner Kollegen, vielleicht sogar dem Gespött der Nachbarn und des Personals aussetzen würde. Gleichwohl hatte er sich vorgenommen, Franziska aus ihrer Lethargie herauszuhelfen, weil er es nicht weiter mit ansehen konnte, wie der Glanz aus ihren Augen allmählich verschwand, die Schatten auf ihrem Gesicht immer grauer wurden.

»Daß du mich gehen läßt, dafür werde ich dich immer lieben«, hatte Franziska ihm beim Abschied gesagt und die Arme um seinen Hals geschlungen.

»Wenn du wüßtest, wie ungern ich dich gehen lasse«, hatte er hilflos erwidert, »... aber du mußt mir versprechen, daß du die Zeit gut nutzen wirst, und ...« und Franziska fiel ihm ins Wort, um den Satz zu beenden: »... und die größte Malerin dieses Jahrhunderts wirst!«

»Ach, Franziska, das Talent dazu hast du, die Kraft wirst du sicher auch bald wieder haben, aber«, sagte er und sah auf einmal richtig verschmitzt aus, »... denk daran, daß die Zeit knapp ist, denn es sind nur noch fünf Jahre übrig in diesem Jahrhundert!«

Franziska hatte keine Lust, über so lange Zeit zu planen, weder ihr eigenes und schon gar nicht das gemeinsame Leben mit Walter. Sie wollte sich nicht in neue Zweifel stürzen, sie wollte jetzt nur an München denken, an die ganz nahe Zukunft.

In München ging Franziska als erstes zu ihrem alten Freund aus der polnischen Malerclique, den sie den »Onkel« nannten. Sie klopfte an die Tür seines Ateliers.

»Hier bin ich wieder«, sagte sie und wartete ab, bis er sich von seinem Schrecken erholt hatte. Dann faßte er sie um die Taille und drehte und schob und küßte sie.

»Laß dich anschauen, etwas blaß und so dünn! Hat man

dir da oben im Norden nicht genug zu essen gegeben? Sag, hast du viel gemalt?« Er holte unter seinem Bett eine Wodkaflasche hervor und goß zwei Wassergläser bis zum Rand voll.

»Wir trinken auf dich, und daß du wieder da bist, und überhaupt ... daß es dich gibt!« Und dann wachte er – wie früher – streng darüber, daß sie ihr Glas in einem Zuge austrank.

Mit einem Glücksseufzer warf sich Franziska auf die Ottomane: »Wie schön, wieder hier zu sein! Ich will mal wieder richtig auf die Pauke hauen!«

»Na, dann fangen wir gleich damit an!« sagte der »Onkel«, goß noch einmal ein, küßte Franziskas Handflächen, ließ sich neben ihr nieder mit einem Geräusch, das zwischen Ächzen und Jauchzen lag, und wurde wieder ernst: »Sag, kleine Gräfin, hast du viel gearbeitet? Kannst du uns was zeigen?«

»Ach, weißt du, ich war nicht immer so ganz gesund, immer wieder dieser schlimme Husten, diese ewige Atemnot ... Ich lag lange Zeit im Bett, oder ich hatte, wenn ich aufstehen konnte, zum Malen keine Kraft. Aber das soll jetzt anders werden. Ich fühle alle meine Lebensgeister aufleben – ich glaube, ich brauche euch und die Münchner Luft, um mich wieder ganz in die Arbeit zu stürzen!«

Der »Onkel« blitzte sie mit zusammengekniffenen Augen an und sprach so leise, als ob er ihr ein Staatsgeheimnis anvertraute: »Sag mal, ist es wahr, was man sich erzählt, du hast also tatsächlich geheiratet? Und wie viele Babys hast du schon? Dieser Lübke muß ja wirklich Mut haben – oder wußte er nicht, worauf er sich bei dir einläßt?« Und dabei lachte er laut und polternd, wollte gar nicht wieder aufhören und goß sich nochmals einen kräftigen Schluck ein.

Franziska stand auf, ging zum Fenster und sah hinaus. Plötzlich drehte sie sich um, ihre Augen funkelten, als sei sie drauf und dran, ihn anzuschreien. Aber sie sprach ganz leise:

»Ich bitte dich, mach über meine Ehe keine Witze.« Sie sagte es so, daß der »Onkel« alles, was er an Lästerlichem noch parat hatte, herunterschluckte.

Franziska hatte in diesem Moment verstanden, daß sie sich die nächsten Monate, die sie in München ohne Walter verbringen würde, auf einer spiegelglatten Eisfläche befand. Mit einem Mal sah sie deutlich, daß der Rausch der Freiheit, den sie hier ganz auskosten wollte, auch bezahlt werden mußte. Plötzlich wußte sie, daß sie das, was Walter ihr gegeben hatte, hier niemals bekommen würde. Schutz und Geborgenheit waren der Preis, den sie für die gewonnene Freiheit bezahlen mußte.

»Ach, du alter Onkel«, sagte sie jetzt sanft und setzte sich wieder neben ihn, »ich weiß ja selbst nicht, was ich will. Ich schwanke und taumele zwischen meinen Wünschen und Begierden. Was ich gestern herbeisehnte, kann morgen schon unwichtig sein. Ich tappe blind herum zwischen meinen Sehnsüchten. Übrigens war es Walter selbst, der mir vorgeschlagen hat, jedes Jahr für eine Zeit nach München zurückzukehren und weiterzustudieren. Ich glaube, er weiß sehr gut, wie es um meine Seele steht ...«

»Schon gut, schon gut, er kriegt einen Heiligenschein. Pardon – aber der Mann ist mir ganz egal! Wichtig ist, daß du wieder bei uns bist, denn ohne dich war es doch fad, kleine Gräfin!«

Am selben Abend noch stand sie vor Hersteins Atelier. Lange hatte sie darüber nachgedacht, in sich hineingehorcht, ob sie es wagen könne, anzuklopfen, ihn wiederzusehen, ob sie das ohne seelische Verletzungen überstehen würde. Aber sie war sich ganz sicher: Da war nichts mehr, außer einem Rest von Neugierde und dem Wunsch, diese Geschichte endlich ganz zu ihrem Abschluß zu bringen.

Herstein öffnete die Tür in einem dunkelroten Hausmantel. Als er auf sie zustürzen wollte und die Arme ausbreitete, raschelte der schwere Seidenstoff, was seinen theatralischen Auftritt, seine pathetische Geste noch geräuschvoll unterstützte. »Du?« Er ließ die Arme sinken, war sich plötzlich nicht sicher, ob eine Umarmung angebracht war.

»Ja, ich.« Franziska lächelte milde.

Herstein fuhr sich mit gespreizten Fingern hektisch durch das störrische Haar. »Ich war auf deinen Besuch nicht vorbereitet ... das ist ja eine Überraschung ... nur ... es ist hier bei mir sehr unordentlich ... ich habe nicht aufgeräumt ...«

»Ach, verzeih, daß ich so hereinplatze, aber ich wußte nicht, daß du aufräumst, bevor du empfängst.« Franziska konnte sich diese kleine spöttische Bemerkung nicht verkneifen. Sie fand ihre Vorahnung bestätigt, die ihr den Mut zu diesem Besuch gegeben hatte: Dieser Mann, dem sie vor einem Jahr mit Haut und Haar verfallen war, dem sie – hätte er es erlaubt – sich selbst und ihr Leben geschenkt hätte, hatte seinen Zauber und seinen Glanz verloren. Und jetzt? Lächerlich, wie er da in seinem pompösen Mantel stand und vom Aufräumen sprach. Wie er sich drehte und wand, wie seine Augenlider viel zu schnell klappten, wie er ihrem Blick auswich. Er stand mit dem Rücken zur Wand, irgend etwas mußte ihm ausgesprochen unangenehm sein. Er kam ihr auf einmal viel kleiner vor, seltsam unscheinbar, hausbacken. Er wirkte jetzt eher mickrig und verkrampft, wenig war übrig von der strahlenden Männlichkeit, dem beeindruckenden, von keinem Zweifel erschütterten Selbstbewußtsein und seiner herrischen Überlegenheit. Wo war er geblieben, der Draufgänger, der wilde Haudegen, dessen starke Hand sie so fest um die Schenkel faßte? Beinahe schämte sie sich, daß sich ein ganzes Jahr lang alle ihre erotischen Gedanken um diesen Mann geschlungen hatten.

»Nun ja, wenn du willst, dann komm herein«, sagte er borniert und ängstlich zugleich.

Franziska konnte nicht mehr zurück! Sie wollte auch nicht, eine diffuse Neugier trieb sie weiter. Er half ihr aus dem Mantel, machte einige hölzerne Bemerkungen über ihr unverändert fabelhaftes, wenn auch zunehmend fragiles Aussehen. Als sie sich umdrehte und vom Vorraum in den Atelierraum trat, sah sie mit einem Blick, was Herstein so nervös vor ihr hatte verbergen wollen. Er wohnte nicht mehr allein: Der Frühstückstisch mit zwei Tassen und zwei Tellern war noch nicht abgedeckt, eine Vase mit verwelkten Margeriten darauf, heruntergebrannte Kerzen auf wachsbemosten Kerzenständern, Schuhe mit hohen Absätzen neben der Kommode, auf der Ottomane eine Strickjacke und ein kleiner Teddybär. Daß eine Frau bei ihm lebte, darauf war Franziska eigentlich vorbereitet. Was ihr aber dann das Blut in den Kopf trieb, war die Babywiege, die sie in der Ecke stehen sah, unter einem Mückenschleier verborgen, so daß sie ihr nicht sofort bei Betreten des Raumes aufgefallen war.

»Du hast ein Kind?«

»Franziska, ich wollte dir immer schreiben, aber ... Ja, ich lebe jetzt mit Anna zusammen, und wir haben ein Kind.«

Franziska versuchte ihre Mimik zu kontrollieren, nichts Tragisches wollte sie sich gestatten, Herstein sollte ihr nicht ansehen, was jetzt in ihrem Kopf ablief. Sie rechnete ganz schnell: neun Monate plus etwa drei oder vier ... wann war sie selbst schwanger ... etwa zur gleichen Zeit ... »Du kannst bei mir nicht bleiben mit einem Kind« ... »hier ist kein Platz für ein Kind« ... »versprich, daß du mich niemals hassen wirst.«

Hinter einem Vorhang, der an einem Seil quer durch den rückwärtigen Teil des Ateliers gespannt war – wahrscheinlich, um einen zusätzlichen Raum zu schaffen – sah Franziska jetzt einen Schatten, der sich hinunterbeugte. Dann hörte sie das leise Glucksen eines Säuglings. Das war zu viel, ihr Herz, ihre Brust, ihre Seele schmerzten. Sie rang um

114

Luft, hustete trocken und hart, stützte sich an der Tischkante.

»Und mein Kind wolltest du nicht ... cochon!« flüsterte sie, mehr zu sich selbst, aber laut genug, daß Herstein verstand. Er ging auf sie zu, wollte voller Mitleid seinen Arm um sie legen, atmete schwer, räusperte sich, um Zeit zu gewinnen, und suchte mit einem bittenden Blick hinauf zum Plafond nach einem passenden Wort.

»Ich muß gehen«, konnte Franziska gerade noch zwischen zwei krampfartigen Hustenanfällen herausbringen, »ich muß an die Luft!«

Ohne sich umzublicken, ohne Herstein noch einmal anzusehen, stieg sie die steilen Stufen hinab. Auf der Straße zündete sie sich eine Zigarette an, zwang sich – um den Rest von Schmerz schnell zu vertreiben – zu einem Lächeln und dachte: »Das war's. Gottlob, das war's.«

Die ersten Wochen, die Franziska wieder zurück in München war, vergingen wie im Fluge. Fast täglich kam Post von Walter, und mit der Post kamen seine Vorwürfe und Bedenken und stürzten sie jedesmal wieder in qualvolle Zweifel, ob diese Ehe nicht ein einziger großer Irrtum sei. Alle Pläne für die Zukunft, die Walter in seinen Briefen so akribisch entwarf, ließ sie an sich abperlen. Sie interessierten sie nicht, und obwohl sie der Mittelpunkt dieser Pläne war, hatte sie das seltsame Gefühl, daß das alles mit ihr nichts zu tun hatte. Außerdem hatte sie gar keine Zeit, über die Zukunft nachzudenken. Sie mußte ihr Leben organisieren, ein Dach über dem Kopf finden und sich in der Malschule Azbe zurückmelden.

Die Malschule des Herrn Azbe war in einem kleinen Holzhäuschen in der Georgenstraße untergebracht. Im Parterre befand sich das Atelier, das immer viel zu eng für die vielen Schüler war. Erst wenn einer seine Staffelei zusammenklappte und verschwand, wurde der eine Qudratmeter für den nächsten Schüler frei. Aus dem Atelier führte eine schmale Stiege hinauf zu der wackeligen Holzgalerie, von der eine Tür in das Schlafgemach des genialen Lehrers und Inhabers der Schule, des Professors Anton Azbe, führte. Als erstes lernten die Schüler, morgens leise zu arbeiten, damit Herr Azbe in seinem schweren Schlaf, mit dem er den Alkohol der vergangenen Nacht verdaute, nicht gestört würde. Mit Jacke und Hose, oft sogar noch in seinem schwarzen Mantel mit dem pelzbesetzten Kragen lag er im Bett und schnarchte so laut, daß man es, wenn im Atelier alles konzentriert und still an der Arbeit war, bis nach unten hören konnte. Wenn er erwachte, vernahm man einen kurzen, dumpfen Ton, dann nämlich, wenn er die Cognacflasche, aus der er einen Schluck genommen hatte, um wieder auf die Beine zu kommen, mit kraftlos schlaftrunkenem Arm auf den Holzboden zurückstellte.

Als Franziska das Atelier nach mehr als einem Jahr nun wieder betrat, konnte sie mit einem Blick sehen, daß es absolut keinen Platz mehr für ihre Staffelei gab. Azbes Malschule war berühmt, bei Malschülern aus aller Welt äußerst beliebt und immer überfüllt.

»Wer zuerst kommt, malt zuerst, da gibt's auch für holsteinische Gräfinnen keine Ausnahme«, witzelte Herr Azbe und hauchte ihr seinen alkoholischen Brodem ins Gesicht. Er war eine Art verwitterter Zwerg, nicht größer als ein zehnjähriges Kind, das sich auf die Zehenspitzen stellt, wenn es mit einem Erwachsenen spricht. Dennoch redete Azbe so eindringlich, daß man nicht wagte, auch nur eine Sekunde woanders hinzusehen als in seine schwarzen, wachen Augen. »Komm in zwei Wochen wieder, Gräfin, aber bring deine eigene Staffelei mit!«

Azbe war ein hervorragender Lehrer. Um bei ihm malen zu lernen, verließen manche sogar die Akademie der Künste, die sich um die Ecke in der Akademiestraße befand. Bekannt geworden war er wegen seiner Korrigierstunden. Von hinten tritt er an den Schüler heran, läßt mit einer geschickten, immer wieder überraschend routinierten Bewegung den Schlitten der Staffelei fast einen halben Meter herunterfahren – das Bild befindet sich jetzt auf seiner Augenhöhe – und beginnt seine Korrektur mit wenigen, oft brutal anmutenden Strichen. Die anderen Schüler haben inzwischen den Delinquenten und seinen Richter im Halbkreis umringt; kein Laut ist zu hören, nur das Schaben der Zeichenkohle auf der rauhen Leinwand oder dem harten Papier. Mit ein paar groben Strichen hat Azbe es vollbracht: Ein Akt, der vorher über der Sitzfläche des Stuhles zu schweben schien, sitzt jetzt darauf; eine männliche Figur, die gewichtslos durch einen Raum trieb, wird plötzlich sichtbar von der Schwerkraft auf den Boden gestellt.

»Nämlich so!« sagte er dann gewöhnlich in die Stille hinein, weswegen er in München Professor Nämlich genannt wurde, und trat zwei Schritte zurück, damit auch alle anderen die korrigierenden Striche begutachten konnten. Mancher Schüler ertrug das nicht, verließ still das Atelier und versuchte es woanders. Wer aber die Kraft hatte, diese Minuten der Demütigung auszuhalten und dann noch zu beherzigen, der konnte – so hatte es sich herumgesprochen – in dieser Schule mehr lernen als an so mancher angesehenen Kunstakademie.

Azbe selbst stammte aus Laibach in Slowenien. Seine Schüler kamen von überall, aus Amerika, aus Rußland, aus Polen. Die Lustigsten, die Wildesten und Verrücktesten waren die Schüler aus dem Osten. Auch Herstein hatte Franziska in dieser Malschule kennengelernt. Sie hatte an seinen wegen eines schwachen Herzens leicht bläulichen Lippen gehangen, wenn er mit weitausholenden Gesten die Texte von Nietzsche interpretierte. Besonders die Passagen, so erinnerte sie sich heute, in denen die Gedanken vom Übermenschen entwickelt wurden, hatten es ihm angetan. Da hatte er ein Modell für sein eigenes Ich gefunden. Er glaubte zu wissen, wovon Nietzsche sprach, fühlte er sich doch selbst zum Übermenschen berufen.

Aber an Herstein wollte Franziska partout nicht mehr denken, obwohl in München vieles eng mit ihm verwoben schien. Jetzt wollte sie ihre Zeit nutzen, wollte malen, vielleicht auch schreiben – und vor allem wollte sie sich amüsieren! Sie wollte sich ganz in das Münchner Künstler- und Bohèmeleben stürzen, war schon bald der von allen begehrte und bewunderte Mittelpunkt. Die Nächte waren lang, die Zimmer verraucht, die Amouren verrucht. Franziska wollte alles auskosten, keine Gelegenheit versäumen, die neue Freiheit mit jeder Pore ihrer Haut einzuatmen. Niemals an morgen denken! Niemals an ein »wenn«, ein »aber«! Die ewig nagenden Schuldgefühle, das klebrig zähe schlechte Gewissen, die Erinnyen der ihr so verhaßten spießig-bourgeoisen Pseudomoral wollte sie aus ihrem Kopf, aus ihrem Herzen verbannen. Der Moment sollte ihr Leben regieren, Verantwortung wollte sie nur für ihre Lust übernehmen, verpflichtend war nur, was die Begierde ihr befahl. Sie wollte endlich einmal drauflosleben, alles ausprobieren, und wenn man ihr sagte, sie ginge zu weit, dann wollte sie noch weiter gehen und nicht zurückstecken. Sie wollte endlich einmal nur auf sich selbst hören, nur ihrem inneren Empfinden nachspüren, nicht voraus- und nicht zurückblicken. Ungestört, ungehemmt, aller Fesseln ledig.

Sie meinte es mit diesen Vorsätzen bitter ernst, auch wenn es manchmal strapaziös war, die waghalsigen Idealisierungen ihrer eigenen Person nachzuleben. Oft genug mußte sie gegen ihre andere Natur ankämpfen, wenn am späten Nachmittag die Melancholie sie umfing, wenn sie sich nach Geborgenheit und Schutz sehnte und plötzlich gar nicht mehr wußte, wofür sie eigentlich lebte. Dann saß sie mit Tränen in den Augen am Fenster, ließ den Blick über die Hausdächer schweifen und fühlte sich heimatlos und verloren. Eines aber stand für sie trotz allem fest: Um keinen Preis wollte sie so werden, wie es ihr nach Stand und Herkunft vorbestimmt war – eine wohlerzogene junge Dame aus gutem Hause, die wartet, bis ein Mann aus ebenso gutem Hause sie zur Frau nimmt, dem sie dann Kinder schenkt, von denen man wiederum sagen wird, daß sie aus gutem Hause seien. Eine stille, brave Ehefrau, die sticken und kochen lernt, leise spricht und nicht zuviel, ständig darauf bedacht, ihre Gefühle im Zaume zu halten und die Contenance zu bewahren; eine, die sich nichts und niemandem ganz hingibt und sich niemals etwas vergibt und dann in einem Damenstift dem Tod entgegendämmert, bestenfalls mit einem guten Buch auf dem Schoß und dem Lorgnon auf der Nase!

Jeden Abend waren sie unterwegs: Franziska und ihre Freundin aus der Malschule, Helene von Basch, das »Baschl«. Sie streiften herum, gingen zu ihren Freunden in die Ateliers, trafen sich im Café Luitpold oder im »Größenwahn« auf ein Bier, verabredeten sich mit ihren Favoriten aus der polnisch-russischen Malergruppe, unter denen sich Zeichner, Kunstgewerbler, Glasmaler und Paladine der neuen und viel Aufsehen erregenden Kunstrichtung Jugendstil befanden. Manchmal gingen Franziska und das Baschl ins Lehr- und Versuchsatelier, das der Kunstmaler Wilhelm Debschitz eingerichtet hatte und wo in langen Nächten, oft bis zum Morgendämmern, über neue Ausdrucksformen in der bildenden Kunst geredet wurde.

Bei schönem Wetter schlossen sie sich den Malschülerinnen an, die mit Staffelei, Palette und Pinseln ins Grüne fuhren, um die Natur abzumalen. Man stieg mittags in den Zug und war eine Stunde später schon im Dachauer Moos oder am Ufer der Amper, wo man die schönste Flußlandschaft vor sich hatte. Dann mußte man sich auf einen Platz einigen, der fürs Malen geeignet schien, diskutierte – oft viel zu lange – über die geeignete Wiese oder das rechte Motiv und ließ sich dann irgendwo, am liebsten zwischen Waldesrand und einer Kuhweide oder auf einer kleinen Anhöhe, die den Blick auf die roten Dächer eines Dorfes freigab, nieder. Franziska und das Baschl hatten diese Nachmittage ganz besonders gern, da konnten sie Muße und Ruhe finden. Oft waren die vorausgegangenen Nächte turbulent gewesen – hier in der Natur war es möglich, Gedanken und Erinnerungen zu sortieren und das Gehirn von so manchem Ballast zu befreien. Auch die Gespräche mit den anderen »Malweibern« waren Franziska wichtig. Die Freilichtmalerei bot vielen Künstlerinnen die rare Möglichkeit, sich beim Arbeiten auszuprobieren. Gemeinsam erprobten sie Strichtechniken und gewagte Farbkombinationen, hier sah ihnen kein Lehrer über die Schulter und kommentierte jeden Strich. Sie betrachteten gegenseitig ihre Bilder, gaben sich hie und da Ratschläge und waren glücklich, ganz unter sich zu sein, ohne Männer, ohne Lehrer. Kein Großsprecher, kein Besserwisser weit und breit.

Aber selbst an solchen Nachmittagen, wenn die Luft weich war wie Seide und der Himmel hoch und lilablaßblau wie die Herbstzeitlosen, konnte sich Franziska nicht ganz befreien von den düsteren Gedanken, den unheilvollen, sich bedrohlich auftürmenden Ängsten in ihrem Kopf. Wie sollte es weitergehen mit Walter? Was würde aus ihrer Ehe werden, wenn sie ihm sagte, daß sie ihr Versprechen, nach Hamburg zurückzukehren, einfach nicht halten konnte? Mittlerweile war ihr klar, daß es für sie kein Zurück zu Walter mehr geben würde, gleichzeitig waren die Erinnerungen an ihn warm und zärtlich. Schon jetzt, wo Walter noch nichts ahnte von den inneren Kämpfen seiner Frau, wo noch nichts ausgesprochen, nichts zerstört war, spürte Franziska, wie sehr er ihr fehlen würde, wie verlassen und elend ihr zumute sein würde ohne ihn. Es graute ihr vor dem Moment, wo sie ihm sagen mußte. »Es ist aus, Walter, gib mich frei, ich liebe einen anderen, viele andere, ich will keinem mehr gehören oder allen!«

Das Baschl riet ihr, abzuwarten, die Dinge auf sich zukommen zu lassen. »Du wirst sehen, kommt Zeit, kommt Rat! Manchmal löst sich alles von selbst, man braucht gar nichts dazutun«, sagte das Baschl dann, hatte den Pinsel zwischen die Zähne geklemmt und blickte von ihrer Arbeit gar nicht auf. Für Franziska war das kein Trost. Sie verbot ihrer Freundin, so zu reden, denn für sie selbst wurde es immer klarer: Sie würde Walters Leben zerstören, er würde sie nicht verstehen können, selbst wenn er es wollte. Er würde sie hassen und verachten, und sie würde wie ein Tier darunter leiden. Franziska sah keinen Ausweg.

»Es mag sich ja manches von selbst lösen, aber meine Ehe löst sich nicht von selbst. Das muß ganz allein ich tun, und ich will nicht feige sein.« Franziska trat ein Stück von ihrer Staffelei zurück und begutachtete ihr Bild. Plötzlich packte sie es mit beiden Händen am Holzrahmen, lief, stolperte, rutschte die Uferböschung hinab, drehte sich in der Taille weit zurück, um kraftvoll auszuholen, und schleuderte dann ihr Werk in das schnell dahinfließende, graphitgraue Flußwasser. Das Baschl und zwei andere versuchten noch, hinter Franziska herzustürzen, sie zurückzuhalten, aber da schwamm die halbfertige grasende Kuh auch schon eilig davon und drehte sich sanft im Schatten des Schilfes am anderen Ufer.

»Und somit übergebe ich dich der Freiheit!« rief Franziska ihrem angefangenen Werk hinterher und deutete einen kleinen Jodler an, den ihr vor ein paar Tagen die Russin beigebracht hatte. Sie hielt die Hände an den Mund und formte einen Trichter. »Geh unter oder amüsier dich!« rief sie dem Bild hinterher. Die anderen Malweiber lachten. Auch das Baschl lachte, aber es klang ein wenig künstlich. Einen Moment lang hatte sie geglaubt, Franziska könne dem Bild hinterherspringen. Aber Franziska lag bereits bäuchlings im Gras und konnte gar nicht mehr aufhören zu lachen. Das Baschl stand mit gegrätschten Beinen über ihr, als wolle sie ihre Freundin an weiteren Kapricen hindern. Schon seit längerem war ihr bei Franziskas exzentrischen Eskapaden nicht ganz wohl. Es war, als wolle Franziska sich auf diese Weise von ihren dunklen Ahnungen und Ängsten ablenken. Sie konnte ganz abrupt eine kleine komische Szene improvisieren, die sie dann selbst mit einem fürchterlichen Höllengelächter quittierte. An diesem Nachmittag an der Amper hatte das Baschl das Gefühl, daß sich in Franziskas Leben etwas zusammenbraute. Sie konnte nicht sagen, was es war, vielleicht irrte sie sich auch. Aber sie beobachtete die Freundin mit wachsender Sorge.

»Komm, Franziska, wir gehen nach Haus, bevor es dunkel wird.«

Als Franziska an diesem Abend in ihr kleines, düsteres Zimmer zurückkam, lag auf der Erde ein Brief, den ihr die Wirtin durch den Spalt zwischen Boden und Tür gesteckt hatte. Der Brief war von Walter. Sie öffnete ihn nicht sofort, sondern legte sich, müde von der frischen Luft und den anstrengenden Malweibern, auf ihr Bett und rauchte eine Zigarette. Sie wußte, was auf dem feinen Briefbogen mit gedrucktem Signet und Wasserzeichen stehen würde, es war doch immer das gleiche: Zu Anfang forderte er, sie solle bald zurückkommen, sie sei doch seine Frau, sie gehöre an seine Seite, er ertrüge die Einsamkeit nicht und schon gar nicht den Gedanken, daß sie in München von Männern begehrt und umworben sei. Dann erzählte er von seiner Arbeit in der Kanzlei und von der ein oder anderen Soiree in

Hamburg, dann Grüße, Küsse, Umarmung, nochmals Sehnsucht.

Später wollte sie noch ausgehen. Sie ertrug es nicht mehr alleine in ihrem Zimmer, sie brauchte Ablenkung. In dem Brief von Walter hatte bis in die einzelnen Formulierungen genau das gestanden, was sie erwartet hatte. Nur der letzte Satz, das Postskriptum am unteren Rand der Seite, überraschte sie – mehr als ihr lieb war. Da stand nämlich: »Der Brief war schon im Kuvert, ich habe ihn noch einmal herausgenommen, denn ich habe mich soeben entschlossen, nicht erst im Oktober, sondern schon nächste Woche meinen Urlaub anzutreten. Ich komme am Freitag nach M. Ankunft 15.12 Uhr. Hol mich bitte ab, alles weitere dann! Dein W.«

Franziska drückte die Zigarette aus, setzte ihren Hut auf, legte den dünnen Wollschal um die Schultern und ging hinaus.

Leichter Nieselregen, die Gaslaternen in der Türkenstraße trugen Schleier. Es war schon ziemlich spät und kein Mensch auf der Straße. Auf dem Weg zum Café Stephanie überlegte sie immerzu, was Walter wohl bewogen haben könnte, bereits jetzt zu kommen und nicht erst im Oktober, wie verabredet. Sie sah Walters Gesicht, hörte seine Stimme. Sie sah sich selbst, wie sie auf dem Perron steht und winkt, als der Zug einfährt und er sich schon weit aus dem Fenster lehnt. Und dann steigt er aus, läuft auf sie zu und breitet die Arme aus, aber sie geht zurück, immer weiter zurück, und er immer weiter auf sie zu mit ausgebreiteten Armen.

Der Regen war stärker geworden. Franziska zog den Wollschal über den Kopf, hielt ihn unter dem Kinn zusammen. »Ich kann nicht bei dir bleiben ... es geht nicht ... ich weiß, ich habe dein Leben zerstört«, flüsterte sie in den Wollschal, der von der rechten Schläfe über Wange und Mund von ihrer Faust unter dem Kinn strammgezogen wurde. Ihr Atem roch nach kaltem, abgestandenem Zigarettenrauch. »... es war ein Irrtum ... ich habe mich, du hast dich geirrt ... wir haben uns geirrt ... verzeih mir, ich kann nicht, es ist alles vorbei.« Franziska ging immer schneller, merkte gar nicht, daß sie längst am Café Stephanie vorbeigegangen war.

»Wohin geht die kleine Gräfin im Stechschritt so eilig?« Jemand packte sie von hinten an der Schulter. Der »Onkel« war noch ganz außer Atem. »Ich saß am Tisch am Fenster und sah dich vorbeigehen, da bin ich hinter dir hergelaufen. Wo willst du hin?«

Franziska wischte mit dem Zipfel des Schals die Tränen aus ihrem Gesicht. »Dich schickt der Himmel, Onkel! Komm, wir gehen einen trinken, heute habe ich Geld in der Tasche, wir bestellen Champagner und essen Schweinebraten mit Knödel!« Dabei nahm sie sein Gesicht in beide Hände und gab ihm rechts und links einen Kuß, daß es knallte. Der »Onkel« war verdutzt.

»Was ist los, Fanny? Ist Geburtstag? Oder Hochzeitstag?«

»Na ja, so was ähnliches! Jedenfalls gibt es was zu feiern! Man kann ja auch den Abschied feiern, man kann sogar die Trauer feiern!«

So sehr der »Onkel« auch mit seinen Fragen in sie drang, Franziska wich ihm aus, und so sollte er niemals erfahren, was es an diesem Abend im Café Stephanie zu feiern gab.

Und alle waren da an diesem Abend: die dickliche, weißhäutige Russin, die bei den Atelierfesten schwermütige Lieder sang, und der Jurastudent, den sie Rehböckchen nannten und der von seinem Vater jeden Monat einen dicken Scheck bekam. Er durfte mit den Bohemiens verkehren, denn bei pekuniären Engpässen konnte er immer rettend eingreifen. Außerdem war der Rumäne Tunajec mit dem öligschwarzen Haar und der Lavallièrekrawatte da, der so aussah, wie Dante mit fünfundzwanzig ausgesehen haben mußte. Jeden Abend kurz vor Mitternacht kratzte er im »Simplizissimus« für eine warme Mahlzeit die »Träumerei« von Schumann auf der Geige. Auch die eindrucksvolle baltische Gräfin, die an Hand- und Fußgelenken Goldkettchen mit höchstwahrscheinlich echten Brillanten trug, und der dickleibige Konrad Wohl mit den Plüschaugen und den hochgebogenen Wimpern, dessen Nase immer so ekelhaft glänzte und dessen Strichjungen von Mal zu Mal jünger wurden. Auf dem Ledersofa in der Ecke saß Spela, die es so charmant verstanden hatte, die Trauerfeier für ihren toten Mann letzte Woche mit einem Atelierfest zu verbinden. Neben ihr ihre Freundin Lotte, die nach dem achten Cognac in den Armen ihrer französischen Geliebten eingeschlafen war. Am Tresen stand, fast regungslos, Leonhard Frank, der scharfe Beobachter. Wenn man ihn ansah, blickte er schnell zur Seite oder zu Boden, denn er haßte es, beim Sezieren der Figuren ertappt zu werden, die später alle in seinem Roman, an dem er gerade schrieb, auftauchen würden. Aber wenn er sich unbeobachtet fühlte, bohrten sich seine Augen indiskret tief in die Gesichter, in die Körper, in die Gesten hinein. An seinen Mundwinkeln vorbei liefen senkrecht zwei tiefe, lange Falten, die in seinen Gesichtsausdruck etwas Allwissendes, dazu ein wenig Spöttisches legten. Zu gern hätte man seine Gedanken gelesen, zu gern hätte man gewußt, was er über das, was er hier studierte, des Nachts in seinem schäbigen Zimmer am Tisch mit der trüben Petroleumlampe niederschrieb.

Als Franziska eintrat, klein, schmal, das Gesicht noch naß von Regen und Tränen, verebbten an einigen Tischen die Gespräche. Der »Onkel« stand hinter ihr und nahm ihr die Jacke und das Wolltuch ab. Über jeden, der hier verkehrte, wurden viele Geschichten erzählt, unwahre und wahre. Auch über Franziska. Diejenigen, die sie hier schon öfter gesehen hatten, wunderten sich darüber, daß sie so unterschiedlich sein konnte: manchmal klein und verhuscht, durchsichtig und blaß, dann wieder aggressiv und laut, beleidigend und anzüglich. Oder sie saß still in der Ecke auf der schwarzen Lederbank und wollte nicht angesprochen werden. Dann wieder war sie leutselig und umarmte jeden. Und wehe, einer vertat sich oder erkannte nicht, wie sie heute wohl zu behandeln sei. Dem konnte es passieren, daß er kurz und scharf von ihr angezischt wurde oder daß sie Hohn und Spott über ihn ausschüttete und er sich, aufs rücksichtsloseste öffentlich gedemütigt, seinen Umhang vom Garderobenhaken angelte und sich möglichst schnell davonmachte. Franziska ließ sich häufig von ihrer Laune regieren, und die, mit denen sie näher zu tun hatte, wurden mitregiert. Das war ausgesprochen amüsant und unterhaltsam, es sei denn, man wurde selbst zur Zielscheibe ihres Spotts.

Franziska und der »Onkel« setzten sich an den kleinen Tisch vorne am Fenster. Mit zittrigen Händen zündete sie sich eine Zigarette an und winkte Arthur, den Kellner, heran.

»Bring uns eine Flasche Champagner, aber gut gekühlt! Ich bezahle gleich, und der »Onkel« ist mein Gast! Und dann bring uns noch zwei weiche Eier mit Butterbrot und Salz und Pfeffer!«

Aus ihrer Jackentasche holte sie ein kleines Lederbeutelchen, das sie mit einer burschikosen, fast rabiaten Geste auf den Tisch feuerte. An den Nachbartischen wunderte man sich, was wohl heute in sie gefahren sein mochte, aber keiner wagte zu fragen, denn man merkte ihr an, daß irgend etwas nicht in Ordnung war. Nicht einmal der »Onkel«, der weiche Eier haßte, und sich fragte, ob diese Bestellung Irrtum oder Absicht sei, wagte es, Fragen zu stellen.

Arthur kam mit einem Tablett, auf dem er einen silberfarbenen Kübel mit Eisstückchen und Wasser balancierte, in dem die Flasche Champagner steckte. Der Korken knallte, und die Gläser schäumten über.

»Was ist los mit dir, kleine Gräfin?« Der »Onkel« nahm Franziskas Hand und blickte sie besorgt an.

»Frag nicht soviel, du neugieriger Onkel, es geht wie immer um mein Leben, und darauf will ich mit dir trinken! Das ist alles!«

Franziska hob ihr Glas und trank es in einem Zuge aus. Der »Onkel« war ratlos, er wollte jetzt keinen Fehler machen, vermied es, nachzufragen. Er hatte schon immer die größte Bewunderung für Franziska, und so schien es ihm gerade in diesem Augenblick richtig, sie mit einem geschickt formulierten, nicht zu dick aufgetragenen, aber kräftigen Kompliment zu unterstützen. Als ahnte er etwas von Franziskas Trennungsabsichten, sagte er: »So zart und zerbrechlich, wie du wirkst, Fanny ... und bist dabei so stark. Für einen Mann allein bist du viel zu schade, für einen allein hast du zu viel zu bieten, das kriegst du niemals zurück! Ich trink auf dich, du kleine holsteinische Gräfin!«

Der »Onkel« stand feierlich auf und prostete Franziska im Stehen zu. An den Nachbartischen wurde man aufmerksam.

Jene Nacht im Café Stephanie dauerte bis in die Morgenstunden. Der Kellner Arthur, Kreditgeber und Lebensretter, dem die Namen Nietzsche und Freud von dem nächtlichen Palaver genauso geläufig waren wie die seiner ewig säumigen Gäste, mußte in dieser Nacht häufiger als sonst in sein kleines, zerschlissenes Heftchen notieren. Dieses Heftchen, das er zwischen Hüfte und Hosenbund trug, war unter den Stammgästen im Bohème-Café Stephanie bestens bekannt, manchmal gefürchtet: Bei momentanen pekuniären Schwierigkeiten konnte man dort die Zeche des Abends anschreiben lassen und sich dann, alkoholisiert und sorgenfrei – oft schon unter dem vorwurfsvollen Gezwitscher der Vögel im Akademiegarten – auf den Heimweg begeben. War die Summe, die man schuldig war, allmählich zu bedrohlich angewachsen, so zog Arthur eine Augenbraue ein wenig nach oben – der betreffende Gast wußte dann, daß er gut daran täte, das nächste Mal zumindest einen Teil der Schuld zu tilgen. Arthur war aber äußerst diskret, niemals wäre ein forderndes Wort oder gar eine Rüge über seine Lippen gekommen, niemals hätte er einen seiner Gäste kompromittiert. Außerdem hatte Arthur ein weiches Herz. An jenem Abend spürte er, daß Franziska nicht einmal eine hochgezogene Augenbraue vertragen hätte. Sie hatte zwar ein nettes Sümmchen in ihrem Lederbeutel, aber sie war heute auch hemmungslos freigebig.

»Ihr seid alle meine Gäste«, rief sie zu vorgerückter Stunde und setzte sich auf die spitzen Knie des dankbaren Rehböckchens, »heute versaufen wir meine Miete für den nächsten Monat!«

»Genau ...«, johlte der Nachbartisch, »... bei uns findest du immer ein warmes Bett ... und statt Geld nehmen wir auch Naturalien!« und schon floß wieder der Champagner, schon schäumten wieder die Gläser über.

Auf dem Nachhauseweg, um halb sechs Uhr früh, als die Leute in der Türkenstraße schon auf dem Weg zur Arbeit waren oder mit mißmutig grauen Gesichtern und eingezogenem Hals die Frühstückssemmeln vom Bäcker holten, faßte Franziska den Entschluß, Walter sofort nach seiner Ankunft, ohne Aufschub und ohne Verzögerung, die Trennung vorzuschlagen.

Walter hatte im letzten Abteil des einfahrenden Zuges gesessen. Alle Fahrgäste waren schon ausgestiegen. Franziska war erleichtert und wollte bereits wieder in Richtung Ausgang gehen, da sah sie ihn auf dem Perron. Er lief mit ausgebreiteten Armen auf sie zu, vergrub seinen Kopf in ihren Hals, war ganz außer Atem.

»Endlich! Endlich habe ich dich wieder!«

Franziska gab sich Mühe, nicht so steif dazustehen, wie ihr innerlich zumute war. Sie legte den Arm um seine Schultern und sagte: »Schön, daß du da bist, Walter.«

»Laß uns gleich zu dir gehen, ich bin natürlich neugierig, wo du wohnst ... und außerdem ... wir müssen erst einmal wieder ... nach der langen Zeit, die wir uns nicht gesehen haben.« Er nahm seinen Koffer und ging zielstrebig dem Ausgang des Bahnhofs zu.

»Ach, weißt du, mein Zimmer wird dich enttäuschen«, sagte Franziska und wollte ihn zurückhalten, »es ist klein und düster! Vielleicht gehen wir besser in den Hofgarten, das Wetter ist so schön, ja, laß uns in den Hofgarten ins Café Tambosi gehen!«

Walter verlangsamte seinen Schritt, drehte sich um, stellte sich seiner Frau in den Weg und nahm sie in die Arme.

»Ich gehe mit dir, wohin du willst, die Hauptsache ist, wir sind zusammen und bleiben jetzt zusammen.«

Er flüsterte die Worte in ihr Ohr und küßte ihr zärtlich den Nacken. Franziska machte eine abrupte Bewegung, um die glückliche Wiedersehensszene zwischen zwei Eheleuten rasch zu beenden und schnell an einen Ort zu gelangen, der ihr geeignet schien, über Trennung zu sprechen.

Franziska hatte Angst. Im Café Tambosi bestellte sie, ganz gegen ihre Gewohnheit, einen Cognac und rauchte eine Zigarette nach der anderen. Walter sah sie voller Sorge an.

»Du brauchst Erholung, meine Liebste, genau wie ich. Ich bin froh, daß ich den Urlaub schon jetzt angetreten habe. Morgen nehmen wir den Zug und fahren nach Tirol zum Wandern. Die Pension in Bozen ist schon bestellt. Weißt du, es sollte eine Überraschung für dich sein, deshalb mußte alles so schnell gehen!«

Walter konnte nicht wissen, was jetzt in Franziska vorging: Blitzschnell änderte sie ihren Plan, mit Walter noch heute über die Trennung zu sprechen. Sie sah sich mit ihm zwischen den Weinbergen nördlich des Gardasees herumspazieren, dort würde sie endlich Gelegenheit haben, offen und ausgiebig mit ihm zu reden. Sie hoffte, sie würde ihm dort vielleicht nicht gar so weh tun, wie wenn sie ihm heute nacht, in ihrem schäbigen Zimmer auf der schmalen Ottomane, erklärte, daß sie ihn nicht mehr liebte.

»Wie schön du dir das ausgedacht hast, Walter. Ich freu' mich sehr.«

Sie sahen aus wie ein Liebespaar, wie sie da am Tisch saßen, sich die Hände hielten und in die Augen sahen.

Franziska ließ sich nichts anmerken. Immer war es so, wenn sie mit Walter zusammen war, daß sie sich irgend etwas nicht anmerken lassen durfte. »Ist das Zufall, oder ist es, weil wir so verschieden sind und uns nicht zeigen können, wie wir sind ...«, dachte sie dann. »Das Versteckspiel muß ein Ende haben.«

Am nächsten Morgen saßen sie im Zug nach Bozen. Franziska hatte entschieden, mit Walter noch ein paar schöne, vielleicht sogar glückliche Tage zu verbringen, bevor sie ihm die peinigende Wahrheit sagen wollte. Fast genoß sie es, ihr Geheimnis noch ein wenig für sich zu behalten, sich trotz aller Entschiedenheit zur baldigen Preisgabe noch dahinter zu verschanzen. Sie wollte es noch auskosten, die glückliche, unkomplizierte Ehefrau zu sein, der jeder Wunsch von den Augen abgelesen, jede unausgesprochene Frage von den Lippen geküßt wurde. Sie schob die Angst vor dem endgültigen Gespräch beiseite, indem sie sich immer weiter Aufschub gewährte, um Walter seine wohlverdiente Erholung und ein paar schöne letzte Tage zu schenken.

Walter und Franziska machten wunderbare weite Spaziergänge. Walter wußte viel über die verschiedenen Vogelarten, ihre Stimmen, ihren Flug, ihre Brutgewohnheiten zu erzählen, wollte seiner Frau alles zeigen und erklären. Franziska machte ein interessiertes Gesicht, hätte aber viel lieber über Ibsens jüngstes Stück und Baudelaires neue Gedichte gesprochen. Sie dachte an das Café Stephanie, an die Gespräche dort, die hitzigen Debatten und ironischen Plänkeleien – all das fesselte sie weit mehr als Walters freundliche und beflissene Bemerkungen. Die Kluft zwischen ihnen war unüberbrückbar geworden; Walter in seiner liebevoll-altklugen Fürsorglichkeit kam ihr vor wie aus einer anderen Welt.

Wenn es regnete oder für eine Wanderung zu windig war, blieben sie den ganzen Tag in ihrer Pension. Wie damals in Hamburg lag Franziska dann auf dem Bett, und Walter saß im Stuhl und las. Er machte sich Sorgen um Franziskas Gesundheit, nicht nur, daß sie häufig hustete, sie krümmte sich manchmal, hielt die Luft an, um, wie sie sagte, einem Stich im Bauch auszuweichen. Walter besorgte in solchen Fällen unten bei der Wirtin eine Wärmflasche, die er ihr auf den Bauch legte, und streichelte ihre Stirn. Hin und wieder hatte er das Gefühl, daß sie sich vor irgend etwas fürchtete, vielleicht, so dachte er, hatte sie Angst, unheilbar krank zu sein.

»Sei ganz ruhig und atme tief durch«, sagte er in solchen Momenten zu ihr, »wenn ich bei dir bin, kann dir gar nichts geschehen.«

»Wenn du bei mir bist! Und wenn du einmal nicht mehr bei mir bist ... oder ich bei dir?« Franziska hatte sich im Bett aufgesetzt, die Wärmflasche gluckerte.

»Was redest du, Fanny? Wenn wir uns haben, gehört uns das Leben! Noch nie habe ich mich dir so nah gefühlt wie gerade jetzt in diesen Tagen.« Walters Stimme klang fest, nicht der kleinste Zweifel, nicht die winzigste Unsicherheit war herauszuhören. Er machte es ihr nicht leicht.

Immer wieder versuchte sie, dem Gespräch eine Wendung zu geben, die es ihr erlaubt hätte, ganz natürlich auf das zu sprechen zu kommen, was sie bewegte.

»Ja, aber wenn einem von uns beiden etwas geschehen

sollte, wenn das Schicksal uns auseinanderbrächte, so wie es uns zusammengebracht hat ...«

Walter war aufgestanden und ging jetzt im Zimmer auf und ab. »Man darf die Schicksalsschläge nicht herbeireden! Man muß seinem Herrgott auf Knien danken für jeden Tag, der so ist wie die, die wir augenblicklich erleben: Tage der Liebe, der Nähe, Tage ohne Zweifel und ohne Harm. Ich bin sehr glücklich, Franziska ...«

Franziska war nervös. Obwohl sie wußte, wie sehr er darunter litt, wenn im Zimmer, in dem er schlief, geraucht wurde, mußte sie sich jetzt eine Zigarette anstecken. Welche Richtung würde das Gespräch nehmen? Konnte sie es allein lenken, oder würde er es in die Hand nehmen und ihm eine ungeahnte Wendung geben?

Gierig zog sie den Rauch ein, mit ihren Worten kamen die hellgrauen Schwaden wieder heraus: »... und trotzdem wissen wir nie, wie es weitergeht! Wie könnte es die wichtigsten Werke der Weltliteratur geben, wenn die Menschen nicht immer wieder vom Unvorhergesehenen überrascht würden und darüber räsonierten, wie sich ihr Leben weiterentwickelt? Zum Beispiel verlassen sie jemanden, weil sie sich in jemand anderen verliebt haben ... oder ... weil sie ...«

Franziska stockte. Sollte sie jetzt, wo sie schon so weit gekommen war, alles sagen? Draußen war es fast ganz dunkel geworden. Sie sah nur Walters Umrisse, die scharfe Nase, das energische Kinn. Walter fiel ihr ins Wort: »Was ist nur los mit dir? Willst du mir davonlaufen?« Nein, dachte Franziska, jetzt ist der Moment nicht günstig. Alles würde ins Kleinkarierte, allzu Banale abrutschen. Ich muß auf eine andere Gelegenheit warten.

Sie schwieg und war froh, daß es inzwischen im Zimmer so dunkel geworden war, daß er ihr nicht in die Augen sehen konnte. Er hatte sich auf die Bettkante gesetzt, sprach nah und leise in ihr Ohr: »Wenn du nicht mehr bei mir bleiben wolltest, dann müßtest du doch einen Grund haben. Ich jedenfalls würde dich nicht halten können, das weiß ich ganz genau!«

Franziska war müde. Das nahm sie zum Anlaß für ihren Entschluß, diesen Abend ohne die enorme Anstrengung der bedingungslosen Ehrlichkeit verstreichen zu lassen.

»Ach, papperlapapp, alles Gerede. Dummes Geschwätz. Alles nur so dahingesagt. Weißt du was, Walter? Ich habe Hunger! Ein Glas roten Tiroler, ein Stück geräucherten Speck und ein frisches Brot dazu, das bringt uns auf andere Gedanken! Der Mensch muß ja schließlich auch mal etwas essen!«

Unten in der Wirtsstube war es laut. Die Bauern redeten in einer Sprache, die den beiden fremd war, von Zeit zu Zeit lachten sie alle gleichzeitig. Franziska und Walter tranken viel vom roten Tiroler und fielen um Mitternacht schwer ins Bett.

Am andern Tag brachen sie früh zu ihrer letzten Wanderung auf. Sie wollten hinauf auf den Ritten, von wo aus man den herrlichsten Blick aufs Bozener Tal hatte. Franziska hatte die Nacht schlecht geschlafen, sie wußte nicht, ob sie überhaupt geschlafen hatte, ob es Gedanken oder Träume waren, von denen sie gejagt worden war: Walter am Boden knieend, die Hände zum Himmel gereckt; Walter, kalt und unnahbar, dreht ihr den Rücken zu und entfernt sich; Walter in Tränen, hilfesuchend um sich blickend; Walter, der sich hysterisch lachend auf die Schenkel klopft. Die ganze Nacht über waren diese Bilder hinter ihr her, trieben sie, verfolgten sie, packten sie von hinten. Heute, am letzten Tag dieser wunderbaren Woche, mußte sie ihm die Wahrheit sagen, denn sie konnte ihm nicht mehr in die Augen sehen.

Der Weg schlängelte sich zwischen Sträuchern und Gestrüpp steil hinauf. Walter ging mit dem kleinen Rucksack auf dem Rücken vorneweg, Franziska hinter ihm her, die Augen fest auf jeden Tritt, den er tat, geheftet.

»Da, sieh, ein Bussard!« Walter drehte sich zu ihr um und deutete mit dem ausgestreckten Arm die Richtung schräg nach hinten an. Franziska wollte sich auch drehen, rutschte aber auf dem gerölligen Untergrund aus, verlor die Balance, trat ins Leere und stürzte ein Stück die Böschung hinab. Alles drehte sich, verschwamm ihr vor den Augen, die Finger wurden taub.

»Fanny, was ist dir, hast du dir weh getan?«

Er kam auf dem Hosenboden hinter ihr her. Obwohl sie die Augen geschlossen hatte, spürte sie, wie besorgt er sie anblickte. Er schnallte den Rucksack ab, nahm ein Taschentuch, ließ etwas Wasser aus der mitgebrachten Proviantflasche daraufrinnen und legte es ihr auf die Stirn.

»Es geht schon, ist nicht so schlimm, geh du ruhig weiter, der Blick von oben muß berauschend sein«, sagte sie und drückte seine Hand. »Wir sind doch fast am Ziel!«

Aber Walter wehrte ab: »Nein, niemals lasse ich dich allein! Wenn du dich ausgeruht hast und wir deine Knochen zusammengesammelt haben, treten wir ganz langsam und vorsichtig den Abstieg an.« Er legte seine Hand, die er zu einer weichen Schale geformt hatte, unter ihren Hinterkopf und sagte nichts mehr, damit sie ruhen konnte.

»Walter, du bist so lieb. Nur … ach, es ist so schwer …«

Nein, jetzt nicht, jetzt konnte sie es ihm nicht sagen. Sie hätte ihn gezwungen, seine Hand unter ihrem Kopf hervorzuziehen und allein in Trotz und Schmerz den Abstieg zu beginnen, oder hätte er aus Rücksicht auf ihren Zustand die Hand unter ihrem Kopf liegenlassen sollen? Sie verschob das Gespräch auf den Abend. »… es ist so schwer aufzustehen. Ich hab gar keine Kraft. Laß mich noch ein wenig ausruhen, bevor wir hinuntergehen.«

Sie hatten das Fenster geöffnet. Franziska lag in Kleidern und Schuhen auf dem Bett, Walter stand am Fenstersims und blickte hinaus auf das Beet mit Monatsrosen vor dem Haus. Die Abendluft war mild und etwas feucht, von fern hörte man Schafe blöken. Das Licht im Zimmer veränderte sich von Minute zu Minute ins Bläulich-Orange, die rote Abendsonne verschwand langsam hinter der Bergkuppe vor ihrem Fenster.

»Ich will dir eine Geschichte erzählen, Walter, und ich will wissen, was du darüber denkst. Es ist eine Geschichte, die mir das Baschl erzählt hat und die mir nicht aus dem Kopf gehen will.«

Franziskas Gesicht lag schon im Dunkeln. Sie sprach leise und ruhig. Bei jedem Wort fürchtete sie sich vor dem Zittern in ihrer Stimme; sie hatte große Mühe, es zu unterdrücken. Walter sah wie gebannt auf den Schatten der Bergkuppe, der auf dem Rosenbeet lag, und hörte aufmerksam zu. Plötzlich unterbrach er sie mit einer Frage, die er, ohne sich umzuwenden, zum Fenster hinaus stellte: »Und er, von dem sie schwanger war, liebte er sie denn nicht?«

Franziska sprach jetzt schneller. »Der muß wohl einer gewesen sein, der nur an sich dachte, der so sehr in sich selbst und seine Kunst verliebt war, daß er nichts anderes wahrnahm. Sie war selbst schuld, sie war blind vor Liebe, sie war seine Sklavin. Sie dachte weniger an sich und ihr Kind, sondern nur an ihn und seine Zukunft als Künstler, an ihn und seine Freiheit, die er brauchte, um als Künstler zu reussieren. Ihre Heirat kurz darauf war eine Verzweiflungstat. Sie kannte ihren Ehemann ja kaum, hatte wenig mit ihm gemein, er war ihr fremd, fast gleichgültig. Aber mit der Zeit wuchs ein tiefes, warmes Gefühl in ihr für ihren Mann, sie begann ganz langsam, ihn zu lieben. Natürlich ganz anders als den anderen, nicht in voller Selbstaufgabe, nicht mit dieser körperlichen Gier, vielleicht nicht so leidenschaftlich und unterwürfig. Aber tief und ehrlich. Diese Liebe war das, wonach sie sich immer gesehnt hatte, obwohl sie das andere in ihrem Innern, das Wilde, das Heftige, nicht wirklich zähmen konnte, vielleicht gar nicht zähmen wollte. Sie wurden als Ehepaar einigermaßen glücklich. Kurz nach der Hochzeit verlor sie das Kind, sie war ganz allein, und niemand hat je davon erfahren, auch nicht der Ehemann. Sie schämte sich vor sich selbst, meinte, sie sei zu einem Teil Schuld am Tod des Kindes in ihrem Leib, und sie war sehr unglücklich.«

Franziska hörte, wie ihr Blut tobte. Der Puls, das Herz – alles in ihr klopfte, als wollten die Adern bersten. Walter wollte immer mehr wissen, fragte, urteilte, hatte Verständnis für das arme Geschöpf, dessen traurige Geschichte Franziska ihm erzählte. Wer weiß, ob er nicht doch tief in seiner Seele die Wahrheit ahnte? Franziska fuhr fort: »Und dann hat sie den anderen wiedergesehen. Er lebte inzwischen mit einer Frau zusammen und hatte ein Kind mit ihr. Sie hatte nichts davon geahnt, bis sie vor der Wiege in seinem Atelier stand. Da brach alles in ihr zusammen. Sie war tief getroffen, daß er ihr Kind nicht gewollt hatte, sie war wund wie ein angeschossenes Tier. Um ihre Trauer zu lindern, um sich zu zerstreuen und nicht dauernd daran zu denken, ließ sie sich mit mehreren Männern ein, einfach so, ohne tiefes Gefühl, ohne Liebe, eher aus erotischer Begierde oder vielleicht gar zum Zeitvertreib. Das Amoralische in ihr lockte sie, aber sie war sehr unglücklich dabei. Und dann kam der Moment, wo sie ihrem Ehemann alles sagen und sich von ihm trennen wollte.«

Franziska redete noch lange, zwang Walter, bis in die Einzelheiten hinein, alles nachzufühlen, was dieser Frau widerfahren war. Ihre ganze Redekunst setzte sie daran, ihm in allen Details das Unglück dieser Frau zu schildern, damit er verstand, wie sie litt. Er sollte mit in die Tiefen ihrer Gefühle hinabsteigen und begreifen, daß es Gewalten gab, die eine Frau in etwas hineintreiben konnten, vor dem es kein Entrinnen gab.

Eines allerdings hatte sie dabei nicht bedacht: daß nämlich die Entschlüsselung der Geschichte alles mitfühlende Verständnis wieder zunichte machen könnte, daß alle ihre Anstrengungen, Walter die Motive dieser Frau begreiflich zu machen, auf einen Schlag hinfällig würden, sobald er erfuhr, daß sie selbst diese Frau war. Noch klammerte sie sich an die widersinnige Hoffnung, Walter könne die Trennung akzeptieren, ohne daß es zwischen ihnen wirklich zum Bruch käme.

Es war jetzt ganz dunkel im Zimmer. Walter zündete eine Kerze an. Die Flamme flackerte nervös; ein plötzlicher warmer Wind kündigte ein nächtliches Gewitter an. Franziska hatte sich in ihrem Bett aufgesetzt. Walter stand wieder am Fenster und blickte hinaus auf das Rosenbeet, über das sich inzwischen die schwarze feuchte Nacht gelegt hatte. Sie wollte und konnte die Auflösung ihrer Geschichte nicht länger hinausschieben. Sie war am Ende ihrer Kräfte, konnte die Anspannung nicht mehr ertragen.

»Walter, unsere Reise geht morgen zu Ende, morgen geh' ich fort von dir.« Er drehte sich um und hielt sich am Fensterbrett fest.

»Ja«, sagte er merkwürdig tonlos, und dann, als wolle er eine aufkeimende Ahnung verscheuchen: »Aber vielleicht bleiben uns noch ein paar Tage, wenn ich von meiner Dienstreise wieder zurück bin.«

»Walter, verstehst du denn nicht?«

Franziska hatte sich auf die Bettkante gesetzt. Jetzt stand sie auf, stellte sich vor Walter hin, straffte sich und sah ihm in die Augen.

»Es bleibt uns kein Tag, Walter. Ich geh' für immer fort von dir!«

Walter wich ihrem Blick aus, seine Wangenmuskeln bewegten sich, er biß die Zähne aufeinander und warf wie unter Schmerzen den Kopf ruckartig zurück.

»Bist du verrückt? Was ist ... wie ... wieso ...?«

»Walter, versteh doch endlich! Die Geschichte, die ich dir erzählte, war meine eigene Geschichte!«

6. Kapitel

In den darauffolgenden Monaten lag Franziska krank im Bett. Mal zu Hause, dann wieder einige Wochen im Krankenhaus Josephinum oder auch bei Freunden, wenn sie zu schwach war, sich um sich selbst zu kümmern. Sie hatte mehrere Operationen über sich ergehen lassen müssen, ihr Unterleib und das Gedärm waren Brutstätte permanenter, hartnäckiger Schmerzen. Ihre seelische Verfassung war äußerst labil, ihre Stimmung schwankte ständig. Manchmal war sie voller Hoffnung, dachte, daß sich in ihrem Leben alles von selbst zum Guten wenden würde, wenn sie nur bald gesund wäre, sich von der lähmenden Schwächung endlich erholen könnte. Dann aber litt sie wieder unter einer fatalen Traurigkeit, fühlte sich einsam und sah keinen Fluchtweg aus ihrem Dilemma. Sie hatte jetzt viel Zeit, über ihr Leben, ihre Zukunft nachzudenken. Sie war erst fünfundzwanzig, und trotzdem fühlte sie sich manchmal, als läge alle Zukunft bereits hinter ihr und sie selbst dämmere als Mumie, stramm gewickelt und einbalsamiert, dem Jüngsten Tag entgegen.

Manchmal kam Besuch. Das Baschl, der »Onkel«, ein paar Malerfreunde. Wenn es ihr einigermaßen gut ging, konnten die Freude ihr ein bißchen aufhelfen und ein Kissen in den Rücken stopfen, an ihrem Bett oder auf dem Boden sitzen und von der Welt außerhalb des Krankenzimmers erzählen. Meistens durften sie nicht länger als zehn Minuten bleiben, dann sackte Franziska wieder in sich zusammen, und das zarte Rosa verschwand von ihren Wangen, die Augenlider wurden ihr schwer. Das war das Zeichen, daß sie genug hatte und mit ihren Gedanken allein gelassen werden wollte, oder daß sie sich auf ihre Schmerzen konzentrierte und alles andere unwichtig wurde.

Die letzten Stunden mit Walter in Südtirol hatten sich tief in ihr Gewissen eingegraben. Manchmal dachte sie, daß sie sich deswegen von der körperlichen Schwächung nicht erholen konnte. Wie sie es selbst vorausgesehen hatte, saß ihr die Trennung von Walter wie ein immerzu schmerzender Stachel im Fleisch. Ihre Seele lag bloß, ihr Körper hielt nur durch ein Wunder den schweren operativen Eingriffen stand. Wenn sie nicht im bleiernen Morphiumschlaf dämmerte und ganze Tage und Nächte verpaßte, lag sie still da, klammerte sich mit den Augen an die vertrauten Muster, die durch Unebenheiten und Flecken an der Zimmerdecke entstanden waren, und stellte sich vor, wie schön es mit Walter hätte sein können. Sie träumte sich zurück in das Gefühl des Behütetseins, als sie noch wußte, wohin sie gehörte. In solchen Momenten vergaß sie ganz, wie unglücklich sie in Hamburg gewesen war, wie eng und bieder ihr alles vorgekommen war. Aus der Erinnerung konnte sie vieles hinausschmeißen, Gedanken, die sie jetzt nicht denken wollte; etwa, wie sie damals darauf brannte, jenem maßvollen, gleichmäßigen Leben zu entkommen und sich ein Leben nach ihrer Fasson, nach ihrem Geschmack und ihrer Lust einzurichten. In solchen Momenten wollte sie sich auch nicht daran erinnern, wie weit sie sich von Walter und seiner betulichen Fürsorge bereits entfernt hatte, wie tief der Graben zwischen ihnen schon geworden war, wie er ihr mit seiner Disziplin auf die Nerven ging und wie sie, sobald sie mit ihm zusammen war, an andere Männer und ein anderes Leben dachte. Aber wenn sie so schwach und jammervoll im Bett lag und die Schmerzen ihr keine Ruhe ließen, sah sie in Walter nur den einen: den schützenden Ehemann, der hinter ihr stand und ihr den Rücken freihielt, der ihr alles nachsah, alles verzieh. Alles?

Nein, alles hatte Walter ihr sicher nicht verziehen. Die

Trennung nicht, die würde er ihr nie verzeihen können. Das Schlimmste war, daß er bis zum Schluß nichts geahnt hatte, vielleicht auch nichts hatte ahnen wollen. War es Mangel an Feingefühl und innerer Zuwendung, oder war es zu seinem eigenen Schutz, daß er die leisen Klopfzeichen nicht wahrgenommen hatte, mit denen Franziska ihm zu verstehen geben wollte, was sich in ihrem Kopf schon seit langem festgesetzt hatte und schließlich zum unumstößlichen Entschluß geworden war. Hatte sie nicht immer wieder versucht, ihn in ihren Briefen, durch gelegentliche Bemerkungen, darauf aufmerksam zu machen, daß sie anders war, als er sie wollte, daß sie ein Leben ansteuerte, das mit dem seinen nicht vereinbar war? Und er? War er wirklich völlig ahnungslos gewesen, oder versteckte er sich hinter dieser Ahnungslosigkeit – vielleicht sogar aus Bequemlichkeit? Oft fragte sich Franziska, ob diese Ehe denn überhaupt zu retten gewesen sei und ob sie sie wirklich hätte retten wollen.

Für Walter bedeutete die Trennung den endgültigen Bruch. Er wollte keine Briefe, keine Erklärungen, kein Zusammentreffen. Franziska hatte nicht damit gerechnet, daß er mit dieser eisenharten Konsequenz jegliches Wiedersehen ablehnte. Walter war verwundet, tief ins Herz getroffen und klammerte sich an das, was ihm zur Verfügung stand: Er unterwarf seine Verzweiflung seinem juristischen Sachverstand und setzte alles daran, daß die Angelegenheit des Scheidungsverfahrens so schnell, präzise und erbarmungslos wie möglich erledigt wurde. Mit ausgeklügelten juristischen Volten zwang er Franziska in die finanzielle, in die existentielle Misere, bürdete ihr alle Anwalts-, Gerichts- und Verfahrenskosten auf, damit sie sich lange nicht erholte, vielleicht daran zugrunde ging. So sehr sie darunter litt, so wußte sie doch ganz genau, warum er so gnadenlos hart handelte: Was aussah wie Rache, war der hilflose Versuch, wieder festen Boden unter den Füßen zu gewinnen.

Obwohl Franziska die Trennung so energisch betrieben hatte, wuchs in ihr eine Sehnsucht nach Walter, die sie sich nicht erklären konnte. Sie hatte sich das alles leichter vorgestellt, hatte auch nicht damit gerechnet, daß er sich in seinem Kummer so sehr verkapseln, daß er – zu seinem eigenen Schutz – jede Bitte um ein Wiedersehen kategorisch ablehnen würde. Immer wieder mußte sie alles, was sie so sehr an ihm gestört hatte, in ihre Erinnerung hineinzwingen; und dennoch – sie wollte Walter unbedingt wiedersehen. Sie war bereit, alle Schuld auf sich zu nehmen, war bereit, sich bei allen Freunden und Bekannten Geld zu leihen, um die teuren Gerichtskosten zu bezahlen. Sie war sogar dazu bereit, sich wohlhabenden Männern hinzugeben, um ihr monatliches Salär aufzustocken. Alles war ihr egal, wenn sie nur Walter wiedersehen konnte, nichts wünschte sie sich mehr.

Sie schrieb ihm Briefe, sie schickte Telegramme, sie erfand Vorwände, die ein Wiedersehen unumgänglich machen sollten – umsonst. Nachts träumte sie, daß sie ihn zwischen dichten Buchsbaumsträuchern suchte und nicht fand. Im Halbschlaf wünschte sie sich, noch ein letztes Mal im Schutze seiner geöffneten Hand zu liegen und dann zu sterben. Tagsüber hörte sie seine Stimme neben sich, sah ihm in die ernsten dunklen Augen. Warum dieser brennende Wunsch, Walter wiederzusehen? Warum diese Tag- und Nachtträume? Franziska wollte nicht ernsthaft zu Walter zurück. Sie war bereit, für das, was sie Walter angetan hatte, zu büßen, aber unbewußt hoffte sie immer noch, daß Walter ihr vergeben könnte. Manchmal schien es ihr sogar, als hinge all ihr Lebensglück davon ab, daß Walter ihr verziehe oder ihr zumindest zu verstehen gäbe, daß nicht alle Fäden zwischen ihnen zerrissen wären. Bereits einmal hatte sie in ihrem Leben erfahren müssen, wie schwer das Endgültige zu ertragen ist und wie weh es tut, ohnmächtig zu sein. Auch nach dem Tod ihres Vaters wollte sie lange nicht – und dann nur unter quälenden Schmerzen – akzeptieren, daß er nicht mehr da war, daß sie ihm nichts mehr sagen, nichts mehr richtigstellen könnte.

Dann kam der Winter. Ganz allmählich erholte sich Franziska von ihrer letzten, der schwersten Operation. Durchsichtig und matt lag sie da, an ihr strahlendes Lächeln konnte sich schon fast keiner mehr erinnern, auch sie selbst nicht.

»Fenster auf! Hier riecht es nach Selbstmitleid!«

Der »Onkel« stürmte herein, hatte einen Veilchenstrauß in der Hand und eine Flasche Rotwein. Er holte zwei Gläser aus der Manteltasche, stellte sie auf den Nachttisch. »Schluß jetzt, Fanny. Ich will nicht mehr, daß du krank bist! Weg mit den Tränen, weg mit dem Siechtum, wir entscheiden jetzt, daß du gesund bist.« Er goß ein und reichte ihr ein volles Glas, trank seines – wie immer – in einem Zuge aus und prostete ihr mit dem leeren zu.

Von da ab ging es ihr besser. Der »Onkel« hatte Franziska an diesem Nachmittag in seiner rabiat liebevollen Art wieder ins Leben zurückgeführt. Allerdings war ihr Schuldenhaufen so sehr angewachsen, daß auch die gelegentlichen Schecks ihres Bruders Ludwig und ihrer Mutter nur ein Tropfen auf den heißen Stein waren. Die Operations- und Krankenhauskosten mußten bezahlt werden, die einzigen Lebenszeichen, die sie von Walter erhielt, waren die Rechnungen seines Anwalts und die sachlich distanzierten Schreiben des Landgerichts Hamburg. Franziska hatte so wenig Geld, daß sie bei jedem Brikett, das sie in den Ofen legte, zögerte, ob sich der Moment des Nachlegens nicht noch etwas hinausschieben ließe. Hatte sie noch zwei Jahre zuvor dem bescheidenen, bohèmehaft heruntergekommenen Leben einen gewissen Zauber und die Lust am Abenteuer abgewinnen können, so hatte sie jetzt alle Hände voll zu tun, sich mit kleinen Übersetzungen für den bekannten Verleger Albert Langen oder kurzen satirischen Texten und flott auffrisierten Witzen für den »Simplizissimus« einigermaßen über Wasser zu halten. Der Charme der Armut, die pittoreske Anspruchslosigkeit mochten zwar die Tagträume junger adliger Mädchen aus begütertem Hause beleben, für Franziska hatte dieses Leben ganz und gar nichts von dem vermeintlichen Zauber. In dieser Zeit zog sie mehrmals um. Manchmal mußte sie aus ihrem Zimmer, ihrem Atelier ausziehen, weil sie die Miete nicht bezahlen konnte. Dann ertrank sie in Selbstmitleid und verkroch sich tagelang in ihrem Bett. Oder aber sie reagierte genau umgekehrt, empfand den Geldmangel als Lebenselexier, das sie davor bewahrte, in selbstzufriedener Spießbürgerlichkeit abzusaufen, wie sie es bei manchen ihrer Freunde feststellen mußte.

Einmal kam sie spät abends nach Hause und fand ihren Diwan auf dem Trottoir. Da stand er, aufrecht, fast stolz, unter dem trüben Licht der Straßenlaterne in ungewohnter Umgebung, daneben die Stehlampe mit dem schmiedeeisernen Fuß, deren Schirm im Wind schaukelte, und der ramponierte Weidenkorb mit der schmutzigen Wäsche. Auch der zerkratzte lederne Koffer und die Staffelei standen dabei, alles ordentlich zusammengestellt und aneinander gelehnt mitten auf dem Trottoir, so daß die Passanten am nächsten Morgen einen Bogen hätten gehen müssen. Franziska war außer sich. Obwohl sie totmüde war und sich am liebsten gleich unten auf ihren Diwan gelegt hätte, sperrte sie wutschäumend die Haustür auf und stieg mit Riesenschritten – immer gleich zwei Stufen auf einmal – hinauf in den vierten Stock zur Wohnung des Hausmeisters. Sie klingelte Sturm. Nichts. Nochmal, länger, wieder nichts. Als sie schon wieder auf dem Weg nach unten war und überlegte, bei wem sie nun die Nacht verbringen sollte, hörte sie die schlurfenden Schritte des Hausmeisters.

»Wer ist da?« Er drehte von innen den Schlüssel im Schloß.

»Machen Sie auf, was fällt Ihnen eigentlich ein ...« Franziska wollte gerade loslegen mit ihrer Kanonade, aber als sie ihn da so stehen sah, mußte sie sich zusammennehmen, das wütende Gesicht zu wahren und nicht laut loszulachen. Er hatte das Nachthemd eilig in die Hose gestopft, der Hosenlatz stand noch offen, und, was Franziska am komischsten fand, er hatte sogar vergessen, die Bartbinde abzunehmen.

»Wissen Sie, wie spät es ist?« Der Hausmeister versuchte hektisch, die heraushängenden Zipfel des Nachthemds in der Hose unterzubringen.

»Natürlich weiß ich das. Aber wissen Sie vielleicht, wo ich heute die Nacht verbringen soll? Vielleicht da unten?« Franziska war plötzlich gar nicht mehr zum Lachen zumute.

»Gutes Fräulein, Sie wissen ganz gut, was das da unten zu bedeuten hat. Wenns halt ned so stur gewesen wärn und wenigstens die Miete angezahlt hätten ...«

»Stur? Sind sie noch bei Trost?«

»Jamei, so ein adeliges Fräulein kriegt doch immer irgendwo a Geld her!« Bevor der Hausmeister noch dreister werden konnte, hielt Franziska ihm einen Hundertmarkschein unter die Nase.

»So. Und was ist das? Nicht wahr, jetzt leuchten die Äuglein! Plötzlich wird das Hausmeisterlein wach! Und jetzt mal ein bißchen hoppla, sehen Sie zu, daß Sie meine Möbel wieder nach oben tragen. Ich bin nämlich müde!« Dabei stieß sie ihren Schirm auf den Boden, was ihrem Befehl Nachdruck verlieh und ihre Ungeduld in eine Drohung verwandelte.

»Ja, das hättens doch glei sagen müssen, so vui glei auf einmal, entschuldigens bitte ... Frau Gräfin ... des hob i ned wissen kenna ...«

Der Hausmeister schnaufte, verbeugte sich ein paarmal

145

beflissen und zwängte sich, so wie er war, an ihr vorbei, flog fast die Stufen hinunter und machte sich an die Arbeit.

Nicht nur ihre gräfliche Kinderstube und der Ärger über die deplacierten Möbel hatten Franziska in jener Nacht so forsch auftreten lassen, es gab noch eine andere Ursache für ihr resolutes Benehmen: Sie hatte endlich Geld in der Tasche, und zwar so viel, daß sie sogar einen Monat Miete im voraus bezahlen konnte. Franziska hatte den ganzen Tag im berüchtigten Etablissement der Madame X verbracht. Bei Madame X verkehrten Offiziere, Leutnants und andere wohlhabende Herren, denen das Geld locker in der Tasche saß, die sich bei kleinen Galanterien, munterem Wortgeplänkel mit geschickt eingebauten Zweideutigkeiten und der ein oder anderen Flasche Champagner von ihrem anstrengenden Tag erholten. Wenn dann zu fortgeschrittener Stunde die Stimmung lockerer wurde, die Damen vielleicht in aufreizender Pose, mit geöffneter Bluse und gelockertem Haar auf dem Schoß der Herren saßen, sich katzenhaft anschmiegten und wohlig gurrten, dann sorgte Madame X auch dafür, daß das betreffende Paar im Salon mit dem dunkelrotsamtenen Himmelbett allein blieb, oder, je nach Wunsch, nicht allein blieb; zu dritt, zu viert – *comme vous désirez.*

Franziska hatte durch das Malweib Louise vom Salon der Madame X erzählt bekommen, und zwar in den schillerndsten Farben: vom Spitzenkorsett bis zum seidenen Strumpfband, von Ekelgefühlen hin und wieder und auch von Gesprächen bis zum frühen Morgen.

»Man muß doch schauen, wo man sein Geld herbekommt, dort geht es ziemlich leicht«, sagte ihr Louise. »Man kann auch inkognito bleiben, so daß du den Namen deiner Väter nicht beschmutzen mußt. Oft sind die Herren schon glücklich, nur jemanden zu haben, mit dem sie sich gepflegt und geistreich unterhalten können – das wär doch was für dich, Fanny!«

»Spotte nicht, du schlimme Louise! Ja, ja, du hast recht, das wäre vielleicht etwas für mich! Schon allein deswegen ...« – und jetzt machte Franziska ein spitzes Mündchen und stellte eine gepflegte Unterhaltung nach – »... weil ich meine moralischen Bedenken bei dieser Art Beruf auf ein auch mit dem Mikroskop nicht mehr zu erkennendes Minimum zu reduzieren vermag!« Franziska sah sich schon umringt von mehreren soignierten Herren, von denen einer aus ihrem Stiefel, der zum Besohlen dringend zum Schuster gemußt hätte, Champagner trank. Die beiden Frauen verabredeten sich auf zwei Tage später, damit Franziska Madame X vorgestellt würde. Louise kam beim Abschied noch richtig ins Schwärmen: »Man gerät in die merkwürdigsten Situationen, das ist oft sehr amüsant und lustig, und manchmal wird es sogar gemütlich. Es gibt Abende, da ist es richtig heimelig, fast so, wie es zu Hause sein könnte, wäre da nicht die eigene Familie. Und dort ist eben nicht die eigene Familie! Stell dir bloß mal vor, du hast eine Mutter, die nicht deine eigene ist!«

Franziska fand an dieser Idee großen Gefallen. Als sie das erste Mal den großen, blau und gold ausgeschlagenen Salon des Etablissements von Madame X betrat, hatte sie gute Laune und fühlte sich kräftig und sicher. Neugierde und Abenteuerlust mischten sich, als sie an Louises Arm durch das schmiedeeiserne Portal und den rot-golden tapezierten Flur ging, in dem kleine weiße Marmorputten Spalier standen. Sie wunderte sich selbst, daß sie weder aufgeregt noch ängstlich war, sondern sich auf diese heimlichen und – zumindest an bürgerlich-moralischen Maßstäben gemessen – höchst anstößigen Rencontres im Salon freute. Louise hatte sich stark parfürmiert, und Franziska bat sie, sich eng an sie zu drücken, damit ein Hauch des wertvoll schweren Duftes auch an ihr selbst haften bliebe. Als sie mit ihren abgelaufenen Absätzen den kornblumenblauen chinesischen Teppich im Eingang betrat und Madame X die Hand gab, wußte sie bereits, daß sie das Richtige tat. Ganz im Gegensatz zu den anderen Debütantinnen, denen Madame X hier auf dem wertvollen Teppich schon entgegengegangen war, hatte Franziska gar nichts von einem unsicheren, verschüchterten Mädchen, das am Rande des moralischen Abgrunds steht und sich, in ständiger Angst davor, entdeckt zu werden, mit vor Aufregung hektischen roten Flecken am Hals nervös umblickt. Nein, ganz im Gegenteil, sie machte Eindruck auf Madame X, weil sie selbstsicher war und mit allem Frivolen vertraut und auf bestem Fuße schien.

»Also Sie sind die Gräfin Reventlow, von der Louise mir erzählte?« sagte sie und legte ihre Hand auf Franziskas Schulter, als wolle sie die körperliche Distanz oder Nähe für dieses Gespräch gleich zu Beginn festlegen. Madame X war eine große, hagere Dame, elegant gekleidet und sehr zurückhaltend in ihren Gesten. Ihr Haar trug sie hochgesteckt, zwei kleine gelockte Strähnen, die den Anschein erwecken sollten, sich nicht bändigen zu lassen, verliehen der Frisur etwas angedeutet Unordentliches, Zufälliges. Ihr Gesicht war hell gepudert, der Mund glänzte zartrosa, in ihren Augen offenbarte sich die Tragik, die es für sie bedeutete, daß ihre Schönheit an der Schwelle des Verblühens stand.

»Mein Name tut nichts zur Sache, er geht niemanden etwas an«, antwortete Franziska sehr bestimmt.

»Nur keine Angst, hier bekommt jeder einen neuen Namen, auch für Sie werden wir noch einen finden, der schön klingt und zu Ihnen paßt.« Sie nahm jetzt die Hand von Franziskas Schulter, ging einen winzigen Schritt zurück und sagte: »Was Sie für schöne, traurige Augen haben, mein Kind. Nichts lieben die Herren, die zu mir kommen, um sich zu amüsieren, mehr als traurige Augen.« Sie lächelte, ihre Stimme klang sanft, und trotzdem merkte man sofort, daß sie es gewohnt war, daß sich niemand ihren Anordnungen

148

widersetzte. Mit ihrem Gespür für Qualität, mit ihrer untrüglichen Menschenkenntnis hatte sie gleich begriffen, daß Franziska eine außerordentliche Bereicherung für ihren Salon sein würde.

»Die traurigen Augen liegen bei uns in der Familie, alle meine Vorfahren waren berühmt für ihre traurigen Augen! Aber amüsiert haben sie sich trotzdem, vor allem, wenn sie andere für sich einspannen konnten. Wenn andere für sie arbeiteten, dann kannte ihr Amüsement keine Grenzen!« Franziska freute sich über ihre kleine Expertise.

»Nun, hier bei mir können Sie sich beim Arbeiten amüsieren! Allerdings sollten Sie ein anderes Kleid tragen.« Und dann wandte sie sich Louise zu: »Louise, Sie kennen sich ja aus, gehen Sie bitte mit ihr ins Ankleidezimmer und suchen Sie zusammen etwas Passendes aus – ihr beiden werdet ein ganz reizendes Kleid finden!«

Bald konnte sich Franziska ein eigenes neues Kleid leisten, die Miete im voraus bezahlen und gelegentlich einen Kollegen, dem es noch schlechter ging, zu einer warmen Mahlzeit in der Gastwirtschaft einladen. Aber die Schulden wurden nicht weniger, denn es kamen immer neue Forderungen aus Hamburg. Von Walter allerdings kein einziges Wort. Nur ein Paket mit Franziskas persönlichen Sachen: ein paar Bücher, die Hochzeitsphotos, zwei Spitzentaschentücher, die wohl zwischen der Bettwäsche liegengeblieben waren, fünf Haarnadeln und ein Kamm, eine Gürtelschnalle, nach der sie beide einmal den ganzen Abend, bäuchlings auf dem Boden liegend, unter den Betten gesucht hatten, was dann in einer scheuen, ehelichen Umarmung geendet hatte – alles hatte Walter, oder die Reinmachefrau, in einen Karton geworfen, kein Gruß, kein Zeichen, nicht einmal ein vorwurfsvolles Wort. Ein fahler, grauer Pappkarton und ein paar leblose Gegenstände, die ihre Zeit, in der sie noch nützlich waren, bereits lange hinter sich hatten.

An jenem Abend, als sie die Bücher gerade ins Regal gestellt, die Photos und Briefe in die Blechschachtel unter ihr Bett gelegt und alles andere in ihre Nachttischschublade geräumt hatte, kam Monsieur. Sie freute sich, als sie seinen Schlüssel in der Tür hörte, sie freute sich, weil er einfach kam und blieb. Franziska fragte nie, woher er kam und wohin er ging, wenn er sie wieder verließ. Auch er stellte keine Fragen, verlangte nicht, daß Franziska ihm ihre Seele offenbarte. Franziska war ihm vor einigen Tagen auf dem Odeonsplatz begegnet, als sie auf die einzige Droschke, die dort wartete, zustürzte. Erst als sie auf die harte Lederbank rutschte, bemerkte sie, daß die Droschke offenbar schon besetzt war. Sie murmelte eine Entschuldigung, wollte schon wieder aussteigen, aber der elegante Herr in Zylinder, Gamaschen und dem pelzbesetzten Umhang forderte sie auf zu bleiben.

»Ich fahre Sie, wohin Sie wollen, meine Dame«, sagte er, schob mit Daumen und Zeigefinger den Rand seines Zylinders ein wenig hoch und blickte sie mit blitzenden Augen an, ohne zu lächeln.

»Also, wohin möchten Sie?« fragte er, und als sie es ihm sagte, rief er dem Kutscher vorne zu: »Das junge Fräulein bitte zuerst nach Schwabing ...«

Er stellte sich vor: Dr. Alfred Friess, Rechtsanwalt. Er wirkte höflich, zurückhaltend, fast etwas spröde und förmlich, sehr wohlerzogen. Er war groß, dunkelhaarig, konventionell gekleidet. Um das allzu energische Kinn zu neutralisieren, hatte er seinen Bart bis hinunter zum Adamsapfel auf eine gepflegte Länge von einem guten Zentimeter gestutzt. Auf der Oberlippe hingegen war der Bart für Franziskas Geschmack rechts und links etwas zu modisch hochgezwirbelt. Trotz dieser äußeren, eher großbürgerlichen Eigenschaften, die Franziska seit ihrer Ehe eigentlich mißtrauisch stimmten, faszinierte er sie auf Anhieb. Er war der Typ Mann, der kaum redet, der sich darauf verlassen kann, daß er auch verstanden wird, wenn er wenig oder gar nichts sagt. Wenn er aber sprach, dann wählte er die Worte sehr genau und mischte seiner Tonlage fast genüßlich eine gewisse Förmlichkeit bei, besonders in jenen Momenten – das stellte Franziska allerdings erst später fest –, in denen Förmlichkeit ziemlich unpassend war. Das Merkwürdige war, daß sie diesem Fremden gegenüber, den sie noch nie vorher gesehen hatte, sofort eine geheime Seelenverwandtschaft empfand.

»Mögen Sie Männer mit Monokel?« fragte er, sah sie intensiv an und ließ sein Monokel aus dem Auge kippen.

»Ich wüßte nicht, was ich mit einem Mann *ohne* Monokel anfangen sollte.«

»Das trifft sich gut.«

»Nun, wenn Männer Monokel tragen, dazu noch einen weißen Tennisanzug und den Jagdhund an der Leine, dann ist es jedesmal ganz um mich geschehen.« Franziska sah ihren Weggefährten nicht an, sondern blickte, scheinbar unbeteiligt, aus dem Fenster der Droschke, denn sie wollte nicht, daß er gleich bemerkte, wie sehr sie sich über eine Unterhaltung wie diese freute.

Er kam dann mit zu ihr nach oben und blieb. Von da an besuchte er sie regelmäßig. Manchmal saß er in ihrem Korbsessel und schlief ein wenig, während Franziska am Tisch saß und schrieb. Dann war es ganz still im Zimmer, man hörte nur das Ächzen des Korbgeflechts, wenn er beim Einschlafen in sich zusammensackte und sich wieder ein wenig aufrichtete. Es kam vor, daß er nicht einmal seinen Umhang abnahm, nur den Zylinder, den hängte er an den Haken neben der Tür. Manchmal kam er nachts, blieb bis morgens, stellte keine Fragen und ließ sich ebenfalls keine stellen. Er war dann ganz einfach da, so selbstverständlich, als wäre er nie woanders gewesen, als gehöre er zu Franziskas Leben, als hätte er immer zu ihr gehört, und Franziska war selig. Manchmal kündigte er seinen Besuch durch ein kurzes Telegramm, ein winziges Billett oder seine Visitenkarte im Briefkasten an. Oder er warf Steinchen an ihr Fenster und verschwand schweigend mit ihr unter der Bettdecke.

Wie ein Kater kam Monsieur, wann er wollte, oft schlief sie schon. Er ließ sich nicht reglementieren, tauchte auf und verschwand ganz wie es ihm beliebte, und Franziska ließ es geschehen, gab ihm sogar den Schlüssel, damit er den Tag, die Stunde seines Kommens ganz frei wählen konnte. Er trug ein Geheimnis mit sich herum, Franziska ahnte, daß es eine schwere, vielleicht unerwiderte, glücklose Liebe war, wagte aber nicht, danach zu fragen. Monsieur oder Bel ami, wie sie ihn nach Maupassants Romanhelden manchmal nannte, war ein Meister darin, sich zu entziehen, dann wieder ein bißchen von sich zu geben, um sich wiederum zu entziehen. Wie elektrisiert reagierte Franziska auf seine aufgenötigte Distanz: Je mehr er sich entzog, desto brennender wurde ihr Verlangen nach seiner Nähe. So hielt er Franziska in nervöser Atemlosigkeit, ständiger Anspannung, ganz tief in ihrem Herzen machte sich eine schmerzende Sehnsucht breit. Sie waren beide Vagabunden, sie trugen beide eine schwere Wehmut in sich nach etwas Vergangenem; jeder ganz für sich, aber sie sprachen nicht darüber.

Kurz bevor Franziska das erste Mal zu Monsieur in die Kutsche gestiegen war, hatte sie sich drei Tage ins Bett legen müssen, denn sie fühlte sich krank. Die Symptome ihres Unwohlseins waren zwar eindeutig, aber sie wollte sie nicht wahrhaben: Übelkeit am Morgen, Ziehen in den Brüsten und im Kreuzbein, Müdigkeit, Abgeschlagenheit, Lustlosigkeit. Als dann auch noch zweimal hintereinander die Periode ausblieb, konnte sie den schon lange in ihr keimenden Verdacht nicht länger verleugnen. Sie ging zu Dr. von

Noorden, der beruhigte sie, wollte von einer Schwanger-schaft nichts wissen. Ihr Darm sei nun mal ein komplizier-tes Organ und müsse wieder einmal auf sich aufmerksam machen, ansonsten sei sie nervös und überreizt. Als dann das dritte Mal die Periode ausblieb und sie wieder Dr. von Noorden aufsuchte, sah die Sache für ihn schon anders aus. Nein, an Darmverschlingung habe er nie geglaubt, er habe gleich geahnt, daß sie schwanger sei, jetzt sei er sicher, er gratuliere!

»Sie müssen jetzt sehr vorsichtig sein, nicht so eilig die Treppen hinauf- und hinunterspringen und nicht so viel an der Staffelei stehen.« Er war ein selbstbewußter Mann, der nicht einen Augenblick lang daran dachte, seine Fehldia-gnosen bei den letzten beiden Konsultationen ins Gespräch zu bringen oder gar zu entschuldigen.

»Ja, freuen Sie sich denn nicht, Gräfin?« fragte er und blickte sie über den Brillenrand hinweg mit azurblauen, un-ruhigen Augen an.

»Kann schon sein, daß ich mich freue. Da muß ich erst einmal nach Haus und mich entscheiden. Beim nächsten Mal sage ich es Ihnen.«

Auf Franziskas Frage hin, wann denn das Kind etwa kom-men würde, wenn alles normal verliefe, holte er sein Hör-rohr aus dem Schrank und hieß sie, sich niederlegen und den Rockbund ein wenig zu öffnen. Er preßte den hölzer-nen Wulst auf ihren Bauch, und dann horchte er. Lange und bedächtig. Horchte ganz hinein, nahm Verbindung auf mit dem, was da in Franziskas Leib wuchs. Ab und zu nickte er zufrieden, als gelange durch den mattglänzenden Schall-trichter aus hellem Birnbaumholz eine beruhigende Nach-richt an sein Ohr. »Fabelhaft. Fabelhaft. Na, ich denke Juli ... oder August, kann auch September werden. So ganz ge-nau kann man das nie sagen.«

Auf dem Rückweg zu ihrer Wohnung ging Franziska ganz

langsam. Sie setzte einen Fuß vorsichtig vor den anderen, so daß ihr Unterleib keinen abrupten Stößen ausgesetzt war.

»Ich kriege ein Kind, ich kriege mein Kind! Meins! Ganz meines, ganz ganz allein mein eigenes!« sprach sie vor sich hin.

Plötzlich liefen ihr Tränen übers Gesicht vor Rührung. Franziska war plötzlich wegen allem gerührt: weil sie so glücklich die Straße entlang ging, weil sie so allein in der Welt war und bald nicht mehr allein auf der Welt sein sollte, weil ihr eine alte Frau freundlich zunickte, weil ein Hündchen seinen Haufen vor eine Bäckerei setzte und der Bäcker es mit dem Besenstiel verjagte. Der Vogel auf dem Ast rührte sie und der Kinderwagen, der an ihr vorbeigeschoben wurde, sogar ihr abgetragener brauner Mantel rührte sie, alles rührte sie auf einmal, und sie konnte nichts dagegen machen, die Tränen liefen.

Sie ging nicht nach Hause. Sie ging ins Café Luitpold. Sie war jetzt häufig im Café Luitpold, denn dort waren auch die anderen alle, und es war warm und laut und verraucht, das liebte sie. Sie nahm eine Zeitung vom Ständer, denn ausgerechnet heute war niemand da, den sie kannte. Sie wollte unbedingt wissen, was an diesem großen, größten aller Tage in der Zeitung stand, wollte es später ihrem Kind erzählen, was an jenem Tag, da sie sozusagen von amtlicher Seite erfahren hatte, daß sie ein Kind haben würde, in der Zeitung stand. Es war der 22. April 1897, und Franziska war im vierten Monat schwanger. In der Zeitung stand nichts Besonderes, eigentlich nichts, was dem Tag, dem Ereignis angemessen schien. Das Übliche über den Prinzregenten:

»Se. Kgl. Hoheit der Prinz-Regent besuchte heute Vormittag den Münchener Pferdemarkt und empfing, kurz vor 12 Uhr in die Residenz zurückgekehrt, den Chef der Geheimkanzlei zum Vortrag.«

»Der Kaiser in Wien:
Kaiser Wilhelm ist heute Vormittag um 11 Uhr auf dem
Nordbahnhof eingetroffen. Die beiden Kaiser küßten
sich mehrmals.«

Das Übliche über das Wetter:

»Fortdauer der unbest. Witterung.«

Als sie spät an diesem Abend nach Hause zurückkehrte,
fand sie, wie schon an manchem Tag der vorausgegangenen
Wochen, wieder ein Gedicht von einem Poeten in ihrem
Briefkasten, den sie vor ein paar Wochen kennengelernt
hatte. Er machte keinen Hehl daraus, daß er für sie
schwärmte, näherte sich ihr allerdings nicht – außer mit Gedichten. Er hieß Rilke, hatte immer wenig Zeit, war aber
doch ständig – wenn auch nur in der zweiten Reihe – um
Franziska herum. An jenem 22. April hatte er sein Gedicht
in ganz kleinen Buchstaben auf die Mitte des Briefbogens
geschrieben, mit ein paar Schnörkeln umrahmt und einem
Gruß. Franziska schnitt das Gedicht aus der Seite heraus,
faltete es ganz klein zusammen und preßte es in das mit Ru-
binen besetzte goldene Medaillon, das ihr die Mutter – wohl
in einer schwachen Stunde – einmal geschenkt hatte. Auch
das Gedicht wollte sie für ihr Kind aufheben, es sollte ihm
gehören. Ihr Kind sollte wissen, wie glücklich seine Mutter
an diesem Tage gewesen war.

Oben in ihrem Zimmer war es kalt und dunkel. Franziska
heizte den Ofen ein, später kam noch Besuch. Es wurde eine
wunderbare Nacht mit Monsieur. Sie verriet ihm nichts von
ihrem Glück, sie wußte nicht einmal, ob ein Mann wie er
überhaupt in der Lage war, eine Nachricht wie diese aufzunehmen und darauf zu reagieren. Franziska befürchtete
auch, ihm mit einer solchen Botschaft zu nahe zu treten, ihn

damit zu bedrängen, die Distanz zwischen ihnen zunichte zu machen – außerdem hatte er doch mit all dem gar nichts zu tun. Sie mußte an den Rat vom Baschl denken, daß sich vieles von selbst regelte, wenn man sich einfach treiben ließ. Jene Liebesnacht mit Monsieur war vielleicht die schönste, die sie je erlebt hatte. Beruhigt, zufrieden, eins mit sich, ihrem Kind, ihrem Liebhaber, und voller Lebenskraft schlief sie gegen Morgen in seinen Armen ein.

Franziska saß allein an ihrem Tisch, die Flamme auf der Kerze stand ganz still. Obwohl der Zigarettenrauch und die einbrechende Dunkelheit die Konturen in ihrem Zimmer verwischten, waren die Umrisse des Schattens an der hellgetünchten Wand ganz scharf. Auf dem Fenster im Haus gegenüber spiegelte sich ein schmaler, gelber Sonnenstreifen, den der Föhn in den fast schon nachtschwarzen Himmel geschoben hatte.

»Und wer ist der Vater?«

»Wieso Vater? Ich bin die Mutter, reicht das nicht? Ich werde Mutter sein und Vater und Onkel, Tante, Großmutter. Alles werde ich meinem Kind sein. Wozu braucht es einen Vater?«

»Aber das geht doch nicht ... das ist ja ... es gibt doch bestimmt jemanden, der dir den Vater macht!«

»Ich will keinen Vater!«

»Aber denk doch an das Kind!«

»Mein Kind will keinen Vater!«

Es wurde heiß, es wurde Sommer. Franziska ertrug die Hitze schlecht. Die Nachbarin hatte ihr zwei helle weite Leinenkleider geschenkt, damit sie es zu Hause am Schreibtisch so kühl, so bequem wie nur möglich hätte. Sie saß jetzt manchmal den ganzen Tag an ihrem Tisch, und wenn es heiß war, hatte sie neben sich eine Schüssel mit Eiswasser, in der sie ihre Hände kühlte und ihr Gesicht. Albert Langen schickte

Franziska seinen Lektor Korfiz Holm immer häufiger vorbei. Aus seiner ledernen Tasche holte er dünne, manchmal auch dicke Bücher, lose Seiten oder gebündelte Manuskriptblätter, die übersetzt werden mußten. Zumeist übersetzte Franziska aus dem Französischen, der Sprache, die sie von Kindheit an fast perfekt beherrschte. Einige Romane von Maupassant, Texte von Marcel Prévost, später dann auch Emile Zola, Anatole France, Abel Hermant, Jeanne Marni. Immer mußte es ganz schnell gehen, die Manuskripte mit der ersten Fassung sollten schon nach wenigen Tagen abgegeben werden, manchmal saß sie den ganzen Tag und fast die ganze Nacht. Wenn es ganz schlimm war und sie den Abgabetermin nur einhalten konnte, wenn sie Tag und Nacht durcharbeitete, dann rieb sie sich ein weißes Pulver auf ihr Zahnfleisch, oder sie drehte sich ein dünnes Röhrchen aus Papier und zog das Pulver durch die Nasenlöcher ein. Die Wirkung war erstaunlich: Hell und klar war es in ihrem Kopf, alle Müdigkeit verflogen, Kraft und Lust für drei weitere Stunden Arbeit. Ihre Übersetzungsaufträge erledigte sie zuverlässig und gut, Langen war zufrieden, und bald mußte Korfiz Holm immer öfter kommen. Die zu übersetzenden Bücher wurden dicker, ebenso die Stapel der Blätter: 350 Druckseiten, das waren 500 handgeschriebene Seiten. Erste Fassung, zweite Fassung. Dann die Reinschrift. Sechs, manchmal acht Wochen hatte sie für so einen Auftrag Zeit.

Das war schwer, aber seriös verdientes Geld! Franziska hatte eines Nachts, als sie von einem reichlich obszönen und sehr ausgelassenen Rencontre mit zwei Herren schwarzer Hautfarbe nach Hause kam, den Entschluß gefaßt, sich nun endlich in eine seriöse Frau zu verwandeln, die sich mit seriösen Menschen umgibt und auf seriöse Weise ihr Geld verdient. Sie meinte es wirklich ernst damit und gab die Malerei fast ganz auf, denn sie hatte längst begriffen, daß es für sie

157

unmöglich sein würde, mit Staffelei und Pinsel ihren Lebensunterhalt zu verdienen. Ihr Talent – da machte sie sich nichts mehr vor – reichte dafür bei weitem nicht aus. Vor einigen Monaten hatte Franziska damit begonnen, die Redaktion des »Simplizissimus«, der Zeitschrift, die Albert Langen ein Jahr zuvor gegründet hatte, regelmäßig mit flott nacherzählten und luftig formulierten Witzen zu beliefern, wofür sie in der Regel pro Witz fünf Mark erhielt. Beim Witzedichten konnte sie erst einmal ausprobieren, ob sie mit ihren schriftstellerischen Talenten nicht auf ernsthafte Weise für sich und ihr Kind den Lebensunterhalt verdienen könnte.

Dabei mußte sie feststellen, daß sie, je deprimierter, je hoffnungsloser, je verzweifelter sie war, um so leichter und witziger schrieb. Erklären konnte sie sich diesen Umstand nicht. Sie saß allein zu Haus, redete mit sich selbst, um die Einsamkeit zu verscheuchen, machte sich Sorgen, ob sie je ein gesundes Kind zur Welt bringen und großziehen könnte, ob sie trotz ihrer labilen Gesundheit eine Geburt würde überleben können – und dann setzte sie sich an den Tisch, zündete sich eine Zigarette an und arbeitete mit leichter Hand Auftragswitze aus. Auch kleine satirische Texte entstanden in dieser Zeit, in der sie in einem Meer von hoffnungsfrohem Glück und verzweifeltem Leid hin- und hergetrieben wurde. Wenn sie viel geschrieben hatte und ihr der Rücken vom vielen Sitzen schon ganz krumm war, stand sie oft lange am geöffneten Fenster und sah hinaus. Sie stellte sich vor, wie sie den ganzen Tag ihr Kind betrachten, wie sie es immer ganz nah bei sich haben würde. Bilder schossen ihr durch den Kopf, zum Beispiel wie Monsieur oder auch Walter oder der »Onkel« mit dem Kind auf dem Schoße scherzten und sie selbst am Ofen stand und Griesbrei kochte. Sie malte sich aus, daß ihr ganzes Leben im hellen, warmen Sonnenlicht liegen würde, wenn nur ihr Kind und sie selbst die Geburt heil überstehen würden. Häufiger allerdings sah sie die Zukunft schwarz, hatte Angst, daß nur einer, sie oder ihr Kind, überleben könnte. Und was dann? »Wenn ich ohne mein Kind weiterleben muß, werde ich verrückt.«

Franziska stellt sich ein kleines, zartes Mädchen vor, mit ernsten Augen und blonden Zöpfen, ein Mädchen mit Namen Helene oder Louise oder, nach der Tante, Agnes? Franziska stellt sich einen Knaben vor, mit dunklen Haaren und schweren Lidern, er ist ohne Namen, denn es fallen ihr immerzu nur Mädchennamen ein: Hedwig, Marianne oder Christine. Franziska stellt sich vor, wie sie über Gräben springt und Pfützen: Engelein, Engelein flieg.

Als es gegen elf Uhr an der Tür klopfte und die helle Mittagssommersonne auf dem Fußende ihres Bettes bereits bis zu ihren Knien hinaufgekrochen war, erwachte sie aus tiefstem Schlaf. Sie wollte jetzt niemanden sehen, morgens war sie am liebsten allein, sie konnte jetzt nicht reden und ein aufgeräumtes Gesicht machen, nein, zurück in die Kissen und ganz langsam, ohne Gegenüber, ohne Gespräch aufwachen!

Das Klopfen wurde lauter und ungeduldiger: »Fanny, mach auf!«

»Wer ist da?«

»Mach auf, ich bin es, Ludwig!«

»Ludwig ... du?«

Franziska war verblüfft, verwirrt. Wieso Ludwig? Was mochte ihren Bruder veranlassen, sie zu besuchen? Wie hatte er sie überhaupt ausfindig gemacht?

Bevor sie zur Tür ging, öffnete sie das Fenster. Sie hatte bis morgens, bis es dämmerte, am Schreibtisch gesessen und die Reinschrift für die Maupassant-Übersetzung fertiggemacht – mit vielen Zigaretten. Sie schloß und öffnete die beiden Fensterflügel, hin und her, so daß ein kleiner Luftzug entstand, mit dem sie den kalten Rauchgestank aus ihrem Zimmer zu vertreiben hoffte, bevor Ludwig eintrat. Es blieb ihr nicht einmal Zeit, sich über ihr fast reflexhaftes Schuldgefühl wegen der Zigaretten zu ärgern.

»Gleich! Sofort! Ich muß mir noch etwas anziehen, ich komme schon!«

Franziska ging zum Schrank, holte ihr Wolltuch heraus und legte es sich um die Schultern. Dann schlüpfte sie mit nackten Füßen in ihre Stiefel, fädelte die langen Schuhbänder, als ginge es darum, Zeit zu gewinnen, ordentlich überkreuz durch die Ösen, ging zum Spiegel und bürstete hastig das Haar. Dann öffnete sie die Tür.

Ludwig stand da, blaß, ernst, streckte ihr die Hand hin. Einen Moment zögerte sie, wußte nicht, ob der Händedruck die angemessene Begrüßung sei. Nach so langer Zeit! Nach allem, was vorgefallen war. Nach so viel Haß und Verachtung, nach diesen entsetzlichen Demütigungen. Hatten sie nicht abgemacht, daß sie sich nie wieder sehen wollten, daß die Feindschaft zwischen ihnen endgültig sei? Wie lang und peinigend waren die Nächte, in denen Franziska versucht hatte, die Anfälle von Sehnsucht nach ihrem Bruder zu vertreiben, indem sie den gemeinen Brief, den er ihr nach dem Tod des Vaters geschrieben hatte, wieder und wieder las. Und jetzt stand Ludwig einfach vor ihr, und Franziska wußte nicht, wie sie sich zwischen dem spontanen Wunsch, ihm um den Hals zu fallen, und dem Impuls, ihm sogar den Händedruck zu verweigern, entscheiden sollte.

»Wie hast du mich gefunden, Ludwig?«

»Ich habe deine Adresse von Eduard Fuchs.«

»Du meinst doch nicht den Eduard Fuchs vom ›Süddeutschen Postillon‹?«

»Genau den.«

»Was hast denn du als Gutsbesitzer mit dem zu tun? Der ist doch Sozialist!«

»Ja, ich weiß«, sagte Ludwig und schmunzelte. »Er interessiert sich für die sozialen Neuerungen, die wir auf Gut Wulfshagen eingeführt haben.«

Soziale Neuerungen auf Wulfshagen? Ganz mechanisch spülte Franziska die beiden Kaffeetassen unter dem Wasserhahn. Ihr wurde plötzlich klar, daß sie nichts mehr von Ludwig wußte, daß sie keine Ahnung hatte, wie er lebte und was in seinem Kopf vor sich ging. Als er damals eine um einige Jahre ältere Cousine geheiratet hatte und zum Gutsbesitzer geworden war, hatte sie ihm einfach unterstellt, daß er nun auch all den Ideen abgeschworen habe, die sie einst mit ihm verbunden hatten. Aber vielleicht war das doch etwas vorschnell gewesen.

Sie brühte Kaffee auf. Ludwig sah sich währenddessen im Zimmer um, ging dann zum Fenster und schaute auf den Hinterhof hinunter, wo zwei Mädchen an den Teppichstangen turnten.

»Komisch«, sagte er schließlich. »Irgendwie hatte ich mir deine Wohnung in München ganz anders vorgestellt.«

»Wie hattest du sie dir denn vorgestellt?«

Ludwig drehte sich um. Franziska hatte das Geschirrtuch noch in der Hand und sah ihm zum ersten Mal gerade in die Augen. Ihre Frage und ihr offener Blick machten Ludwig verlegen.

»Ich weiß auch nicht«, murmelte er. »Irgendwie anders.«

Franziska ging zum Fenster, machte es zu, stellte die Kanne mit Kaffee und die beiden Tassen auf den Tisch: »Trotzdem, schön, daß du da bist.«

Sie saßen sich stumm gegenüber und rührten in ihren Kaffeetassen. Es war nicht einfach, die richtigen Worte zu finden. Viele unerfreuliche Briefe waren in den letzten Jahren zwischen den beiden Geschwistern hin- und hergegangen. Mißverständnisse, Sturheit, verletzter Stolz auf beiden Seiten. Auch Ludwig hatte, wie die ganze Reventlowfamilie,

Franziska im Grunde für den Tod des Vaters verantwortlich gemacht. Nie würde sie vergessen können, was er ihr damals schrieb: »Und denke ja nicht, daß du jetzt frei bist. Wirst du zu schamlos, so werde ich, wenn Papa es nicht mehr kann, den Antrag auf Entmündigung wegen Geisteskrankheit gegen dich stellen. *Moral insanity* wird sich erweisen lassen, das Material liegt bereit. Und komm mir nie wieder unter die Augen ...«

Viele Nächte hatte Franziska damals nicht geschlafen, hatte versucht, sich zu erklären, woher dies böse Blut, diese Eiseskälte in ihrer Familie kamen, ob nicht alles leichter wäre, wenn man nicht mehr leben müßte. Nach außen jedoch tat sie damals so, als müßte sie sich darüber totlachen, daß ihr Bruder sie nun zur Geistesgestörten erklären wollte. Sie machte sich über ihre Familie lustig, indem sie einen durch willkürliche Aneinanderreihung zum Teil obszöner Worte und Phrasen unverständlichen Brief schrieb, um ihren »Wahnsinn« unter Beweis zu stellen. Abends, im Café Luitpold, gab sie damals in fröhlicher Runde die Formulierungen zum besten, die sie morgens noch so tief verletzt hatten, sie mimte die Debile, und die Runde amüsierte sich köstlich.

»Ich will, daß du weißt, daß ich dich sehr lieb habe, Fanny«, sagte Ludwig plötzlich in die Stille hinein. Seine Stimme war rauh und brüchig, er war sehr erregt. Er räusperte sich, setzte noch einmal an: »Wirklich, Fanny ...« Aber er konnte den Satz nicht zu Ende bringen, weil sie beide plötzlich lachen mußten und gar nicht wieder aufhören konnten. Es war, als hätte sich mit einem Mal die ganze krampfhafte Anspannung gelöst. Sie saßen sich gegenüber, Ludwig hatte seine große Hand auf ihren Unterarm gelegt. Endlich konnten sie sich in die Augen sehen, ihre Blicke brauchten sich nicht mehr auszuweichen. Auf einmal stand Franziska auf, trat zwei Schritte zurück, strich mit beiden Handflächen ihr Nachthemd glatt, so daß es sich über ihrem

Bauch spannte, und blickte Ludwig erwartungsvoll an. Ludwig war irritiert, er begriff nicht, was Franziskas Geste zu bedeuten hatte. Aber dann fiel sein Blick auf ihren Bauch, der sich unter dem straffgespannten Nachthemd mächtig wölbte.

»Du kannst den Mund ruhig wieder zumachen!« sagte Franziska und lächelte. Es amüsierte sie zu sehen, wie begriffsstutzig ihr Bruder war.

»Was? Du kriegst ein Kind?« Ludwig konnte offenbar immer noch nicht fassen, was eigentlich gar nicht mehr zu übersehen war. Als er es endlich begriffen hatte, war sein erster Impuls zu fragen: »Und wer ist der Vater?« Er spürte aber sofort, daß er besser daran täte, diese Frage nicht zu stellen, zumindest jetzt nicht, da sie gerade dabei waren, zueinander zurückzufinden.

Statt dessen stand er auf, ging auf sie zu und nahm sie in die Arme.

»Ich gratuliere!« flüsterte er ihr ins Ohr und drückte sie vorsichtig an sich.

Zum Mittagessen gingen sie in den Ratskeller. Ludwig erzählte Franziska vom Gut Wulfshagen, von seiner Idee, die Gutsarbeiter durch jährliche Ausschüttungen am Gewinn zu beteiligen, von seinem Plan, eine eigene Kranken- und Rentenversicherung für seine Arbeiter einzurichten, und wie sich dies alles positiv auf die Zufriedenheit der Leute und die Ertragslage des Gutes auswirken würde.

»Ich habe einfach keine Lust, die Leute ständig zu überwachen und zur Arbeit anzutreiben. Außerdem sät das nur Zwietracht und schürt soziale Konflikte. Ich möchte, daß die Leute von sich aus ein Interesse daran entwickeln, daß Gut Wulfshagen floriert.«

Franziska hörte ihm gebannt zu. »Ludwig, das ist rasend interessant! Und ich dachte, du wärest nach deiner Heirat ein richtiger reaktionärer Junker geworden. Also, erklär mir das noch einmal genauer, mit wieviel Prozent willst du deine Leute am Gewinn beteiligen, und wieviel Geld zweigst du jährlich für die verschiedenen Versicherungen ab?«

Franziska war Feuer und Flamme, suchte in ihrer Tasche nach Papier und Bleistift, wollte alles ganz genau wissen. Lange saßen sie über ihre Zettel gebeugt, ließen die gefüllte Kalbsbrust und Rindsroulade kalt werden, schrieben und rechneten und vergaßen dabei alles um sich herum. Verschwunden war alles, was sie getrennt hatte, der Streit, der Haß, die bösen Worte. Es war wieder wie früher, als die beiden Geschwister sich gemeinsam für sozialrevolutionäre Ideen begeisterten und später dann, als Franziska schon von zu Hause weggegangen war, darüber korrespondierten.

Franziska begriff, daß Ludwig, obwohl er sich, anders als sie selbst, nie ganz von den Zwängen und Konventionen seiner Herkunft hatte lösen können, doch auf seine Weise den Ideen seiner Jugend treu geblieben war. Es stimmte, als die Familie sie verstieß, hatte auch er sich zunächst gegen sie gestellt. Das hatte sie verletzt und empört, war immer noch nicht ganz verwunden. Aber Franziska verstand jetzt, daß Ludwig nicht der hartherzige, phantasielose Spießer war, für den sie ihn damals in ihrem ohnmächtigen Zorn gehalten hatte. Er, der um acht Jahre ältere, hatte schon sehr früh Verantwortung übernehmen und nach dem Tod des Vaters nolens volens die Rolle des Familienoberhauptes spielen müssen. Immer hatte er sich für alles verantwortlich gefühlt, zuerst für die jüngeren Geschwister, dann für die ganze Familie und jetzt für seine Leute auf Gut Wulfshagen. Sicher hatte er dann und wann Franziska um ihre Freiheit und Ungebundenheit beneidet, aber er selbst wäre gar nicht in der Lage gewesen, sich den Ansprüchen, die von allen Seiten an ihn gestellt wurden, zu entziehen. Als Rechtsanwalt in Kiel setzte er sich für Werftarbeiter und einfache Landarbeiter ein und verzichtete nicht selten auf das ihm zustehende Honorar, wenn er sah, daß einer das Geld nicht aufbringen konnte. Auch in seinem Privatleben hatte Ludwig zurückgesteckt: Nach langen, quälenden Gesprächen mit den Eltern verzichtete er aus »Verantwortungsgefühl« auf seine große Liebe, eine bürgerliche Jüdin aus Lübeck, und tat, was familienpolitisch vernünftig war: Er heiratete die zehn Jahre ältere Cousine Benedikte, die Alleinerbin des großen landwirtschaftlichen Gutes Wulfshagen. Durch diese Heirat waren Mutter und Agnes bis zu ihrem Lebensende versorgt. Seine Trauer betäubte er, indem er sich mit großer Vehemenz seinen agrar- und sozialpolitischen Ideen widmete.

Lieber, alter Ludwig! dachte Franziska. Du hast dich immer in die Pflicht nehmen lassen und dabei versäumt, dein eigenes Glück zu finden. Mit einer Mischung aus Zärtlichkeit und Mitleid betrachtete sie seine Hände, seine zugleich jungenhaften und müden Gesichtszüge. Es lag Trauer in diesem Gesicht und Zuversicht, Enttäuschung über versäumte Glücksmomente, aber auch Zufriedenheit und Stolz über das Erreichte. Nein, so einfach war es wohl doch nicht. Vielleicht gab es für Ludwig gar keinen anderen Weg, als sich in die Pflicht nehmen zu lassen, und vielleicht war er auch auf seine Weise sogar glücklich dabei. Und Catty? Er war schon seit langem weit, weit weg, lebte ein anderes Leben, hatte sich verändert und entfernt. Mit Walter hat sich Catty früher manchmal getroffen, die beiden mochten sich, waren wie Brüder, aber seitdem sie sich von Walter getrennt hatte, war auch der Kontakt zu Catty ganz abgebrochen.

»Apfelstrudel mit Vanillesoße, Fanny, das wär doch jetzt was für euch zwei!« Ludwig hatte die Bedienung herangewinkt und bestellte, ohne Franziskas Zustimmung abzuwarten, zwei Portionen.

»Bitte Fräulein, und dazu Kaffee und Cognac ... und eine Havanna!«

Franziska hatte plötzlich das Gefühl, wieder die kleine

Schwester zu sein, die von ihrem großen Bruder ausgeführt wird.

»Ach, Ludwig, es ist schön mit dir. Ich habe nicht mehr daran geglaubt, daß wir uns wiederfinden. Du hast mir gefehlt!«

Sie aßen den Nachtisch, tranken Kaffee und Cognac, Ludwig rauchte seine Havanna. Dann wurde es Zeit, sich zu trennen. Ludwig mußte den Zug nach Freiburg erreichen, wollte partout nicht, daß Franziska ihn zum Bahnhof begleitete.

»Nicht in deinem Zustand, Fanny! Du fährst jetzt mit der Droschke nach Haus, und ich geh zu Fuß, es ist ja nicht weit zum Bahnhof.«

Als sich die Droschke in Bewegung setzte, ergriff Ludwig noch einmal ihre Hand und legte zwei Hundertmarkscheine hinein.

»Für dich, Fanny«, sagte er, »und für dein Kind!«

7. Kapitel

Am 1. September 1897 kam das Kind zur Welt. Als Franziska nach der schweren Geburt wieder zu sich gekommen war, als alles Getöse in ihrem Leib mit einem Mal stillgestanden hatte und sie das weiße Paket mit ihrem Kind im Arm hielt und aus dem Fenster in den Himmel sah, freute sie sich an dem milden, vorherbstlichen Sonnenschein, an den glitzernden Silberfäden des Altweibersommers, die draußen vorbeiflogen. Und sie freute sich auf das neue Leben mit ihrem Kind. Sie konnte gar nicht genug bekommen, an seinem Bett zu sitzen und das kleine runde Gesicht zu betrachten, die winzigen Handgelenke, die Finger mit den ausgeprägten, merkwürdig langen Nägeln, das schwungvolle Profil, die rosige Ohrmuschel und das plötzliche, unvermittelte Grimassieren – oder lächelte er schon? Dieser kräftige kleine Knabe würde sie in ihrem Leben beschützen, er würde sie auf andere Gedanken bringen und ihr Leben glücklich machen, er würde sie davor bewahren, den Halt zu verlieren und abzustürzen. Das wußte Franziska, und wenn sie ihn wusch und wickelte, ihn zum Säugen an ihre warme Brust legte und er gierig den Kopf hin- und herbewegte, weil er nicht warten konnte, wenn sie seine weichen Fußsohlen an ihre Wangen drückte und ihm prustend den Bauch küßte, dann war sie eins mit sich und der Welt und froh, daß alles so gekommen war. Manchmal ließ sie ihn ein paar Sekunden lang schreien und sah zu, wie er rot anlief und mit der kleinen, vibrierenden Stimme all seinen Kummer, all ihren Kummer, aus dem kleinen Körper herauszupressen schien. Wenn dann das Schreien zu einem zittrigen

Meckern wurde, bevor er wieder Luft schöpfte, nahm sie ihn nicht sofort auf, sondern kostete die Vorfreude auf den Moment ganz aus, in dem ihr Sohn, sobald sie ihn an ihre Schulter legen würde, mit einem kleinen Nachschluchzer wieder zur Ruhe kommen würde. Diese Abhängigkeit, dieses direkte Auf-sie-angewiesen-sein, löste in ihr ein Glücksgefühl aus, von dem sie vorher nichts geahnt hatte.

An einem müden Nachmittag im Oktober, die Sonne hatte schon fast alle Kraft verloren, bettete Franziska ihr Kind in den Kinderwagen und fuhr es zum erstenmal aus. Bereits vor der Haustür, als sie den Wagen noch recht unbeholfen und wenig sanft über die Schwelle stieß und auf das Trottoir der Hohenzollernstraße trat, blickte sie sich um, ob da auch keiner sei, der sie so sähe und bei diesem Anblick gar zu lachen begänne. Sie überquerte die Leopoldstraße, wo sie den Hut tiefer in die Stirn zog, denn hier war es kein Zufall, sondern die Regel, daß sie Freunde traf. Dann endlich tauchte sie hinein in das schützende Grün des Englischen Gartens.

»Zuerst einmal sollen sich die Vögel daran gewöhnen, daß ich jetzt mit dem Kinderwagen und meinem Bubi unterwegs bin«, dachte sie und war froh, daß ihr noch keiner begegnet war, der sich über den Anblick hätte wundern können. Im Gegenteil, sie war erstaunt, daß kein Mensch besondere Notiz nahm von der Mutter, die da ihren Kinderwagen vor sich herschob. Nur ein altes Weiblein am Stock blieb stehen und blickte ihr hinterher. Franziska ging langsamer, sah sich um, da kam die Alte heran und fragte, ob sie einen Blick auf das Kind werfen dürfe.

»Bitte sehr, es ist noch ganz neu!« sagte Franziska und klappte stolz das Dach herunter.

»Ein Mäderl«, sagte die Alte, »das sieht man gleich!«

»Ein Buberl! Ich weiß ziemlich genau, daß es ein Buberl ist!« antwortete Franziska etwas spitz.

Sie reagierte gekränkt und ärgerte sich später darüber, denn eigentlich hätte sie von sich erwartet, so eine Situation souveräner zu meistern, nicht spitz, sondern humorvoll, mit einem Augenzwinkern. Außerdem ärgerte sie sich, daß sie sich benommen hatte, wie es die typische Mutterrolle vorschrieb, wie das Klischee es befahl: Also hören Sie mal, das ist ein Sohn, das sieht man doch! Verletzter Stolz, weil die Alte das ausgeprägt Männliche an ihrem Bubi nicht sofort erkannt hatte.

Als am nächsten Tag morgens die Zugeherin kam, stellte Franziska einen Wandschirm vor die Wiege. Sie wollte nicht, daß die Frau ohne ihr Beisein ihr Kind betrachtete. Nicht etwa, weil sie befürchtete, die Frau könne ihm etwas zuleide tun, sondern weil sie ihr nicht gönnte, einen schönen Augenblick mit dem Bubi zu haben, an dem sie selbst nicht teilhatte. Nein, ohne ihr Beisein durfte niemand das wunderbare, göttliche, herrliche Kind betrachten oder gar versuchen, es mit dem Zeigefinger in der Speckfalte unter dem Kinn zu kitzeln. Das gönnte Franziska vorerst noch niemandem.

Nachts wachte sie häufig auf und ging zur Wiege, um zu horchen, um zu fühlen, ob das Kind noch lebte. Sie stand im Dunkeln ganz still vor ihm, manchmal hörte sie seinen Atem nicht, dann legte sie ihr Ohr an seine Brust. Bei der geringsten Beschleunigung geriet sie in Panik, glaubte, daß er krank sei, daß sie ihn verlieren könnte, daß alles zu Ende sei. Wenn aber morgens nach dem Baden die Sonne auf seine rührenden weißen Schultern schien und er so wunderbar nach Milch und Honig duftete, war sie sich wieder ganz sicher, daß ihm nichts geschehen könnte. Da glaubte sie plötzlich wieder an den großen und gütigen Gott, der seine Arme über ihrem Bubi ausbreiten und ihn vor allem Übel in der Welt beschützen würde.

Bald kamen alle Freunde, um das Kind zu betrachten,

knieten nieder vor seinem Bett wie die Hirten in Bethlehem, betrachteten es ausführlich, stellten Ähnlichkeiten fest, zogen witzelnd ihre Schlüsse über die Vaterschaft. Oder sie gingen ehrfürchtig um die Wiege herum, hatten ein kleines Geschenk in der Hand – einen silbernen Trinkbecher, einen Moccalöffel mit Gravur, eine hölzerne Lokomotive, ein Windelhöschen mit Spitzenbesatz, Myrrhe, Weihrauch – und ehrten und adorierten Franziska wegen des schönen Sohnes, dem sie das Leben geschenkt hatte. Der Privatgelehrte und Philosoph Paul Stern, Franziskas väterlicher Freund, brachte ein erstes Lesebuch für den Bubi, weil man mit dem Lesen gar nicht früh genug anfangen konnte. Das Baschl bekam vor lauter Ehrfurcht angesichts des Bubi in der Wiege zuerst einmal keinen Ton heraus. Mindestens fünfmal ging sie um ihn herum und betrachtete ihn von allen Seiten.

»Das ist ein Wunder! Großartig! Zuerst neun Monate in deinem Bauch, und jetzt liegt er hier, als wäre es das Normalste von der Welt!«

»Ist es ja auch«, sagte Franziska betont trocken. »Ein Kind kriegen ist so ziemlich das Normalste von der Welt.« Dabei sah sie ihre Freundin an, strahlte und war froh, daß sie diesen Satz wie eine kleine Nebensächlichkeit herausgebracht hatte, was wiederum das Baschl zu noch größerer Bewunderung veranlaßte.

»Du bist phantastisch, Franziska, und das Heroische dabei ist, daß du auf den Vater pfeifst!«

In solchen Augenblicken konnte Franziska kurz vergessen, in welcher Misere sie in Wirklichkeit lebte: Ständig mußte sie sich Geld beschaffen, und es reichte doch nie. Im Leihhaus war sie Stammkunde, all ihren Silberschmuck hatte sie bereits versetzt. In ihrer Wohnung war es immer kalt und klamm, ihr Kind mußte sie in viel zu dicke, harte und häßliche Decken hüllen, und wenn es schneite und der

Frost durch alle Fensterritzen drang, stülpte sie ihm wollene Socken über die eiskalten Fäustchen. Nachts saß sie an der Nähmaschine und nähte für ihren Bubi Jacken und Mäntelchen aus alten Wolldecken. Ihre Not war größer als je zuvor, aber Franziska war nicht mehr allein. Das Leben konnte ihr jetzt nichts mehr anhaben, denn sie würde nie mehr einsam sein.

Wenigstens war es am Tag der Taufe nicht so schrecklich kalt. Franziska hatte ihrem Glückskind noch in der Nacht zuvor ein langes weißes Taufkleid genäht, aus einem aufgetrennten Leinenkleid, das ihr die Nachbarin für die Schwangerschaft geschenkt hatte. Das Baschl trieb ein wenig crèmefarbene Spitzenbordüre auf, die sogar noch für ein Häubchen reichte. Kurz bevor sie zur Kirche aufbrachen, brachte der Postbote einen Brief des alten Freundes und berühmten Gotteslästerers Oskar Panizza, in dem sich zwanzig Mark – »ich kenne Ihre Misere« – befanden. Franziska deutete dies als Zeichen des Himmels.

»Der Herr dort oben«, und sie deutete mit dem Daumen in Richtung Himmel, »läßt ausrichten, daß es ihm wohlgefällt, wenn ich meinen Bubi der Christengemeinde zuführe!«

Das Baschl versuchte gerade, dem Bubi die Haube unter dem Kinn zuzubinden, während Franziska noch das Taufkleid zurechtzupfte.

»Hoffentlich wird er auch weiterhin so schön belohnt von seinem Herrn!«

Die beiden Frauen kicherten albern wie die Backfische und stimmten sich schon auf die Zeremonie in der Kirche ein, die sie selbstverständlich – die antiklerikale Einstellung gehörte in ihren Kreisen zum guten Ton – nicht ernst nahmen. Sie setzten ihre großen Hüte auf und machten sich auf den Weg. Der Bubi lag, spitzenumrahmt und rosig, in seinem Steckkissen und schlief. Selbst als ihn sein Pate, Fran-

171

ziskas Vetter Rolf Brockdorff, für das Taufgelübde herausnehmen mußte, schlief der kleine Rolf weiter. Er verschlief die Predigt, verschlief selbst die Wassertropfen auf seinem kahlen Kopf und Gottes Segen, verschlief die vorwurfsvollen Blicke des Küsters, als Franziska richtigstellte, daß Rolf zwar der Pate und auch ihr Vetter, aber nicht der Vater sei. Der sei ihr nämlich abhanden gekommen, und sie habe mit der Taufe nicht länger warten wollen, bis er wieder auftauchen würde. All das verschlief der kleine Bubi. Auch die überheblich gelangweilten Blicke der kleinen Taufgemeinde zum Kirchengewölbe hinauf und das leise Gekicher beim Sprechen des Vaterunser, das sich dann unter den rauschenden Orgelklängen beim Hinausgehen in schallendes Gelächter entlud, verschlief der unschuldige Täufling.

Draußen standen sie noch einen Moment auf den steinernen Stufen vor dem Portal und besprachen, was sie nun zur Feier des Tages noch unternehmen könnten. Da, ganz plötzlich, kam er aus der Bäckerei: ein junger Mann, aufrechter Gang, korrekte Haltung, vornehme Kleidung, und warf Franziska einen Blick zu, der sie erstarren ließ. Sie blickte ihm nach, er drehte sich, ging weiter, noch einmal ein Blick. Franziska, regungslos, fassungslos, wartete, ob er sich noch einmal umdrehte; er aber ging mit eiligen Schritten seines Weges. Einen Moment lang blieb Franziska starr, wie vom Blitz getroffen, vom Schlage gerührt, dann faßte sie sich und flüsterte dem großen Rolf zu: »Lauf schnell in den Bäckerladen und frag nach seinem Namen!«

Das Baschl verstand gar nichts. Sie hatte zwar gesehen, was sich da abspielte, auch den Blick bemerkte sie, aber verstanden hatte sie trotzdem nichts.

»Wer war das?«

»Das soll Rolf ja gerade herausfinden.«

»Was, du kennst ihn gar nicht?«

»Doch, doch schon ...«

172

Das Baschl wollte sich mit dieser Antwort nicht zufriedengeben und bekam aus Franziska heraus, daß dieser Mann häufig den Salon X frequentiert hatte und sie dort im letzten Jahr regelmäßig mit ihm verkehrte. Dieser brennende Blick habe in ihr das Feuer entfacht, das sie so lange bei sich vermißt habe.

»Es scheint, die Bestie in mir erwacht wieder nach langem Schlummer.« Franziska drehte sich einmal um sich selbst und stampfte wie Rumpelstilzchen mit dem Fuß auf den Boden.

»Aber doch nicht ausgerechnet heute«, das Baschl drohte kokett mit dem Zeigefinger, »wo du dein vaterloses Kind der Christengemeinde zugeführt hast!«

»Daß ich diesen Mann ausgerechnet am heutigen Tag wiedersehe, hat eine Bedeutung. Das hat der da oben ...« und sie zeichnete in theatralischer Pose mit dem ausgestreckten Arm einen Halbkreis in den Himmel »... inszeniert!«

Der Tag endete noch recht fröhlich im Café Größenwahn, wo die liebevolle Geldspende des gottlosen Panizza sogleich in Champagner und Würstl umgesetzt wurde. Bubi hatte inzwischen ausgeschlafen und war außerordentlich munter. Er wurde von Schoß zu Schoß, von Arm zu Arm gereicht, allerlei Ratschläge für seinen Lebensweg wurden über ihm ausgeschüttet, die Freunde ließen ihn und Franziska hochleben, alle waren vergnügt. Franziska tauchte ihren kleinen Finger in das Champagnerglas und steckte ihn dann ihrem kleinen Rolf in den Mund: »Damit du dein Leben lang die wichtigen Dinge von den unwichtigen unterscheiden lernst!«

Um sich selbst und ihr Kind am Leben zu erhalten, mußte Franziska von nun an noch mehr arbeiten. Alles, was der Verleger Albert Langen und sein Lektor Korfiz Holm ihr an Übersetzungsaufträgen anboten, mußte sie annehmen. Die

Zeit, die man ihr für die Fertigstellung der Manuskripte ließ, wurde immer kürzer. Sie arbeitete tags, sie arbeitete nachts, schlief fast gar nicht mehr, und wenn, dann war es ein flacher Schlaf, der durch das geringste Geräusch schon gestört wurde. Oft war sie nervös und unruhig, rauchte zu viel, brach ein Gelübde auf das andere, daß sie in Zukunft weniger rauchen würde, und wurde immer dünner und zarter. Der kleine Rolf entwickelte sich prächtig, wurde wacher und lachte aus vollem Halse, wenn Franziska sich die Hände vors Gesicht hielt und eine Grimasse schneidend wieder zum Vorschein kam. Tagsüber lag er oft stundenlang in seinem Bett und spielte mit dem hellblauen Holzring, den Monsieur ihm nachts einmal heimlich zugesteckt hatte. Als er Zähne bekam, schrie er so viel, daß Franziska manchmal ihren Block nahm und sich ins Treppenhaus auf die Stufen setzte, denn die vierhundert Seiten Maupassant konnten nicht warten, bis sich der Zahn endlich ganz durch das zarte Fleisch gebohrt hatte.

»Ich muß mir ein anderes Leben machen«, sagte sie zum Baschl, »so geht's nicht weiter, so halt ich's nicht mehr aus!« Franziskas Freundeskreis hatte sich inzwischen verändert; sie kannte jetzt viele, die mit dem Theater zu tun hatten, Schriftsteller, Schauspieler, Regisseure. Die trafen sich am Spätnachmittag im Café Luitpold, wo sie von Tisch zu Tisch die Runde machten, planlos suchten, ohne eigentlich zu wissen, was sie finden wollten, oft nur ein Gespräch, vielleicht eine Einladung für den Abend, eine Gesellschaft oder einen Jour fixe. Mit diesen Runden hielt man sich auf dem laufenden, erfuhr, was in keiner Zeitung stand, auf keiner Plakatsäule zu lesen war: Ratsch und Tratsch, wer mit wem und wer gerade nicht mit wem, kleine Intrigen, lächerliche Eifersüchteleien, Eitelkeiten und Geprahle. Je mehr Franziska sich in diesem Kreis installierte, desto öfter kam ihr der Gedanke, daß sie es als Schauspielerin im Theater sicherlich leichter haben würde, daß sie schneller und vor allem freudvoller ihr Geld verdienen könnte, das sie für sich und ihren Bubi brauchte. Sie stellte sich vor, wie sie reich und berühmt würde, vom Luxus umgeben, von Männern verwöhnt und bewundert, träumte von aufregenden Reisen, Gastspielen an den großen Bühnen Europas, brausendem Beifall, Schmuck, Pelzen, Grandhotels.

Ihre Wirklichkeit sah anders aus: Um fünf Uhr früh aufstehen; Hausarbeit, Bubi versorgen, üben und Rollen lernen, übersetzen, Bubi versorgen, abends wieder Rollen üben, schreiben, übersetzen. Um sich den teuren Schauspielunterricht leisten zu können, mußte sie noch mehr, noch schneller übersetzen. Obwohl sie schon bald durch die Fürsprache des großen Otto Falckenberg eine kleine Rolle erhielt, obwohl sie mit den Schauspielkollegen auch viel Spaß hatte und sich alles gar nicht so schlecht anließ, merkte sie sehr bald, daß sie sich schwertat mit dem Spielen, daß sie, trotz hie und da aufblitzender Begabung, auch mit diesem Beruf weder reich noch berühmt werden würde.

Gerade in dieser Zeit machte Franziska häufig Gebrauch von einer Eigenschaft, mit der sie sich auch in schwierigen Situationen immer wieder das Leben erleichtern konnte. Sie nahm sich, was sie brauchte; amüsierte sich, wenn sie sich amüsieren wollte; sie holte sich ihr Vergnügen, wenn es nicht von alleine kam. Auf ein inneres Kommando hin konnte sie sich vorsätzlich verlustieren, ohne daß es künstlich oder verkrampft wirkte. Sie forderte einfach ihren Anspruch auf Lebensfreude bei sich ein. Dann ging sie ins Café oder auf Faschingsbälle, sprach jeden an, der ihr gefiel, tanzte bis zur Erschöpfung oder ging auch mit Männern, die sie nicht kannte, von denen sie sich aber eine erotische Raserei versprach, nach Hause. Sie gönnte es sich, ihre Utopien von hemmungsloser Freiheit, von sexueller Ungebundenheit auszuprobieren, ihren Sehnsüchten nach pikanten

175

erotischen Erlebnissen nachzujagen und sich ohne Rücksicht auf bürgerliche Benimmregeln von sinnlicher Begierde treiben zu lassen. Da konnte sie sich freuen wie ein Kind, das sich versteckt hält und zusieht, wie die anderen suchen, da war sie vergnügt und fand, daß das Leben ihr so viele Chancen bot, die sie zumindest nicht alle ungenutzt verstreichen lassen dürfe.

Der Theaterunterricht fand immer dienstags und donnerstags statt, in einem Saal mit Probebühne und einer Galerie, auf der die Schauspielschüler, die gerade eine Pause hatten, zusehen konnten oder sich flüsternd unterhielten und kritisierten, was gerade auf der Bühne geschah. »Kommst du heute mit zum Souper?« flüsterte ihr einer der drei Mitschüler zu, die ihr alle gleichzeitig den Hof machten. »Um acht in der Goldenen Gans. Georg hat Geburtstag.«

Die drei *étudiants* strichen schon seit einigen Tagen um Franziska herum. Sie behaupteten alle drei, daß sie schrecklich in sie verliebt seien und es nur an ihr läge, sich zu entscheiden. Dabei kündeten sie gleichzeitig an, daß die beiden Übriggebliebenen ihre Entscheidung niemals akzeptieren würden.

Franziska fand jeden der drei auf seine Weise amüsant: Der eine hieß Gustav und war ein Schönling mit dunklem Haar und blauen Augen – allerdings nur wenn der Mund geschlossen war. Beim Sprechen oder gar wenn er lachte, blickte man in einen Mund, wo sich die Zähne kreuz und quer im Wege standen, was alle anderen Vorzüge sogleich in den Hintergrund treten ließ. Der zweite hieß Hans und trug eine Brille mit sehr dicken Gläsern. In den raren Momenten, in denen er sie von der Nase nahm, etwa beim Lesen einer Speisekarte, verwandelte er sich von einem Frosch in einen Prinzen, denn dann konnte man seine samtschwarzen, großen, dichtbewimperten Augen sehen, die hinter den Brillengläsern wieder zum Format gerösteter Kaffeebohnen zurückschrumpften. Der dritte hieß Georg und hatte Pickel. Er, oder seine Eltern, schienen reich zu sein, denn sein Mantel und sein Rock waren aus vornehmstem englischen Tuch, die Hemdkragen immer weiß und frisch gestärkt, und wenn sie ausgingen, dann bezahlte er in der Regel die Zeche. Die drei Männer kannten sich schon aus der Schulzeit und pflegten einen ganz besonderen Ton, fast eine eigene Sprache untereinander. Am meisten gefiel Franziska, daß sie sich alle drei darauf geeinigt hatten, daß sie in sie verliebt waren.

Am späten Abend, nach dem Geburtstagssouper – Gänseleber, Fasanenbrüstchen, Erdbeeren mit Sahnebaiser –, als die Cognacgläser leer und die Kellner unduldsam waren, lud Georg alle vier zu sich nach Hause ein. Sie bestiegen eine Droschke und fuhren durch die weiche Nachtluft über die Tivoli-Brücke ans andere Ufer der Isar nach Bogenhausen, wo die feinen Leute wohnten. Die Droschke hielt, und Georg bezahlte. Hans zog seinen Rock aus und legte ihn vor Franziska auf die Straße, damit sie weich treten könne. Gustav tat sofort das gleiche, um nicht ins Hintertreffen zu geraten. Auf diese Weise betrat Franziska mit den drei *étudiants* den Vorgarten zu einer großen, dunkelgrauen Villa irgendwo im Herzogpark. Georg schloß das schwere Portal auf und machte Licht.

»Nett hast du es hier – ärmlich, aber reinlich«, sagte Franziska angesichts der prunkvollen Lüster, der seidigen Louis-Seize-Möbel vor den schweren Brokatvorhängen und der ausladenden Marmortreppe in der Eingangshalle.

»Meine Eltern wohnen nicht hier, sie haben mir dieses Haus fürs Studium zur Verfügung gestellt – ich finde es auch schrecklich«, entschuldigte sich Georg und war mit einem Mal ganz unsicher, ob es wohl eine gute Idee gewesen war, Franziska mit nach Haus zu nehmen.

»Es wird immer so gemütlich, wie man es sich macht«,

177

sagte Hans und nahm die Brille ab. Gustav verschwand im Salon und machte sich am Kamin zu schaffen, Georg holte Gläser und kalten Champagner. Franziska war die Königin, die Hofschranzen huldigten der Göttlichen – jeder kam auf seine Kosten, alle waren zufrieden.

Das Leben konnte so schön sein! Wenigstens manchmal, und wenn auch nur für ein paar Stunden! Einmal dem ständig bohrenden Pflichtgefühl entfliehen, einmal der Verantwortung entwischen, einmal an nichts denken! Die Nacht verflog viel zu schnell. Als es dämmerte und die Vögel vorsichtig und noch etwas schleppend mit ihrem Gezwitscher begannen, erwachte Franziska in einem gigantischen Himmelbett. Sie stieg ganz leise aus dem Bett, ohne Hans, Georg oder Gustav zu berühren, und zog sich an. Friedlich, mit Engelsgesichtern, lagen die drei da: Georg hatte schmale Schultern und eine blasse, fast bläulich schimmernde Haut. Hans war ganz unbehaart, fast kindlich fest und glatt. Gustav war der männlichste; breite Schultern, muskulöse Brust, schwarzer Flaum auf den Unterarmen – das alles nahm sie erst jetzt, im Licht des jungen Tages, wahr.

»Es war so wunderbar, ihr Süßen. Ich muß jetzt gehen«, flüsterte sie und ging die große Marmortreppe hinunter, hinaus durch das große Portal und das schwere eiserne Gartentor. Die Luft war köstlich frisch, die Tautropfen funkelten im Licht der roten Morgensonne, und Franziska ging durch den Englischen Garten zurück nach Schwabing.

Als sie die Tür ihrer Wohnung aufschloß, hörte sie ihren Bubi aus vollstem Halse lachen. Sie hatte ihn für diese Nacht der Zugeherin anvertraut. Franziska zog die Jacke aus, setzte den Hut ab und hörte zu, wie Marie mit ihrem Bubi schäkerte, zärtlich mit ihm schmuste, ihn neckte und immer wieder zum Lachen brachte, indem sie ihn zwischen Kinn und Hals prustend küßte. So sehr war Marie mit dem Bubi beschäftigt, daß sie nicht bemerkte, wie Franziska das Zimmer betrat. Franziska stand steif und kerzengerade hinter ihr und schob Marie mit hartem und strengem Gesicht unsanft zur Seite. »Übertreib es nicht, Marie! Er wird ja ganz verrückt!« sagte sie mit schneidender Stimme.

Marie erschrak, zog sich sofort zurück, machte Platz, und Franziska beugte sich lächelnd ihrem Kind entgegen: »Mein Bubiherz, mein Göttertier, jetzt ist die Mama wieder da!«

Noch ein paarmal verbrachte Franziska mit den drei jungen Freunden fröhliche Nächte in der Villa. Zusammenlegen wollten sie, damit aus ihrer Göttin ein Star würde – einhundertfünfzig Mark hatten sie nach einer weiteren Nacht auf den Tisch gelegt. »Damit wird man zwar noch kein Star, aber trotzdem, lieb von euch«, sagte Franziska und steckte das Geld unter ihr Strumpfband. Die drei jungen Männer waren fasziniert von dieser Frau, die für sie Mutter, Hure, Künstlerin und Geliebte in einer Person verkörperte. Sie war ihre Göttin, die Gewalt über sie hatte und alle drei gleichermaßen zufriedenstellte. Franziska erzählte ihnen von den feuchten Wänden in der Atelierwohnung, von eingefrorenen Waschlappen im Winter, von Schuhen, die nicht zum Schuster gebracht werden konnten, und vom Gerichtsvollzieher, der immer wieder feststellen mußte, daß es nichts mehr zu pfänden gab. Die drei Burschen hingen an ihren Lippen. Von dieser schäbigen Seite der faszinierenden Welt der Bohème hatten die drei keine Ahnung. Von ihrer zerbrochenen Ehe, von ihrem Kind, ihrer adeligen Familie erzählte Franziska nichts. Sie wußte um die Macht des Geheimnisvollen und wollte das Bild, das die drei von ihr hatten, nicht zerstören.

Manchmal saß Monsieur schon im Stuhl, wenn sie abends vom Theaterunterricht nach Haus kam. Dann zogen düstere Wolken durchs Zimmer, das Licht wurde grau, die Luft schwer. Dann wurde sie in Gespräche hineingezogen, die ihre Stimmung düster machten, oft sogar mit Vorwürfen überhäuft: Wo warst du gestern nacht? Du kümmerst dich nicht um dein Kind! Du verschwendest deine Zeit! Du lebst über deine Verhältnisse. Dann war sie nicht mehr die Königin, sondern saß klein und schwach auf ihrem Diwan und fand, daß sie alles falsch machte, ihr Leben verpfuschte, zu viel rauchte und zu wenig aß. Sogar die Liebesnächte mit Monsieur, so triebhaft, rauschhaft und brennend sie auch sein mochten, endeten oft in tiefer Depression. Er ging und ließ sie zurück mit dem Gefühl, daß sie allein, ohne ihn, ohne seinen Rat und ohne seinen Beistand nicht durchs Leben käme – aber er war nicht da. In solchen Stunden sehnte sie sich nach ihren drei Luftikussen und deren Leichtigkeit, nach den Stunden, wo sie überhaupt nicht mehr über das Leben nachdachte, Stunden im luftleeren Raum, einem Dahingleiten ohne Widerstand.

Irgendwann ging Franziska nicht mehr zu den Theaterstunden. Sie fand, daß der Erfolg zu lange auf sich warten ließ, der Aufwand zu groß, der Preis zu hoch sei. Auch ihre drei Knaben sah sie nicht mehr. Sie war froh, ihr Inkognito gewahrt zu haben, denn sie war auch gesundheitlich nicht länger in der Verfassung, sich mit ihnen zu amüsieren. Es ging Franziska nicht dramatisch schlecht, aber auch nicht gut; sie spürte, wie die Zeit an ihr vorbeiflog, ohne daß sie wirklich Tritt faßte. Sie versuchte, diszipliniert zu leben, schaffte es auch, arbeitete viel und regelmäßig – und dennoch meinte sie, daß alles, was sie tat, irgendwie im Sande verlief, keine Konturen hatte. Nichts errungen, nichts erreicht. Nur Bubi half ihr über die ganz große Depression hinweg. Er konnte sie mit dem Leben versöhnen; wie niemand sonst konnte er sie trösten, obwohl er doch noch gar nicht wußte, was der Anlaß ihrer Traurigkeit war. Wie ein Spürhund folgte Bubi ihren Fährten bis hinunter in den tiefsten Gram, und dann rettete er seine Mutter mit einer Geste oder ein paar verrutschten Silben, die nichts und alles bedeuteten. Sogleich zauberte er wieder ihr fröhliches Lachen, ihre vergnügte Unbeschwertheit herbei.

Im Frühling kaufte sich Franziska ein Fahrrad. Sie belohnte sich damit für eine lange Übersetzung, bei der sie sich ganz besonders geschunden hatte. Die Vorstellung, als eine der ersten Frauen auf einem Fahrrad durch die Straßen Schwabings zu fahren, es vor dem Café Stephanie abzustellen, umringt von Neugierigen, die ihr neidvoll zusahen, wie sie es mit einem Strick am Baum festband, bereitete ihr Vergnügen. Wenn sie auf ihrem neuen Rad durch die Straßen fuhr, mit langem Hals und geradem Rücken auf ihrem Sattel saß, die morgens sorgsam hochgesteckte Frisur in Auflösung begriffen, den Rock mit Wäscheklammern zur Seite drapiert, um ihn von Kette und Speichen fernzuhalten, war sie glücklich. Egal wie finster ihr zumute war, auf dem Fahrrad konnte sie sich nicht dagegen wehren, über das ganze Gesicht zu lachen. Sie mußte einfach lachen, der Fahrtwind strich ihr die Gesichtszüge zurück, glättete alle Kummerfalten. Sie fuhr Kurven, bremste, um dann wieder zu beschleunigen, einhändig, fast freihändig fuhr sie aus Lust, oft ohne Ziel. Die Leute auf dem Trottoir blickten ihr mit sehnsuchtsvoller Neugierde nach, oder sie schüttelten mißmutig den Kopf über solchen Übermut.

Abends dann wieder Monsieur. Anders als sonst, saß er nicht in seinem Sessel und schwieg oder schlief, sondern war ganz offensichtlich gereizt, hatte schlechte Laune. Er ging ruhelos im Zimmer auf und ab und warf ihr Verschwendungssucht vor, konnte nicht verstehen, daß sie sich den kleinen Vorschuß, den sie von Langen bekommen hatte, nicht für die Miete im nächsten Monat zurückgelegt hatte, sondern sofort in den nächsten Laden gegangen war und sich solch ein unvernünftiges und dazu auch noch höchst gefährliches Gerät gekauft hatte. Undamenhaft fand er das, lächerlich frauenrechtlerisch und geschmacklos.

Franziska sackte in sich zusammen. Alle Freude über das neue Fahrrad und das Glücksgefühl, das es ihr bereitete, hatte der Monsieur mit seinen griesgrämigen Vorhaltungen zerstört.

»Geh jetzt und komm nicht wieder!« sagte sie, äußerlich vollkommen ruhig und bestimmt. Sie hatte jetzt keine Lust, sich zu rechtfertigen, sie hatte nur plötzlich das Gefühl, daß es ihr nicht guttat, mit ihm zusammen zu sein, daß er sie hinunter zog, ihr alle Kraft, allen Mut nahm. Wortlos legte er den Schlüssel, den er immer bei sich trug, auf den Tisch und ging hinaus, ohne sich noch einmal umzudrehen. Franziska weinte die ganze Nacht.

In den ganzen ersten Bubijahren übersetzte Franziska, was sie in die Finger bekam, am Montag dreiunddreißig Seiten, am Dienstag achtunddreißig, am Mittwoch zweiundvierzig. Dann hundert Seiten Abschrift, die noch nachts begonnen werden mußten. Oft übersetzte sie ein ganzes Buch innerhalb einer Woche, wurde morgens um vier damit fertig, fuhr mit dem Rad zum Verlag, kassierte und nahm den neuen Auftrag gleich wieder mit. Meistens mußte sie sofort ihre Gläubiger aufsuchen und ihre Schulden bezahlen oder das, was im zerschlissenen Büchlein des Kellners Arthur angeschrieben stand. So ging es Monat um Monat, ihre finanzielle Misere schien ausweglos. Bubi begann zu laufen, zu sprechen, auf den Topf zu gehen. Man konnte ihn jetzt keine Sekunde mehr allein lassen, seine Neugier kannte keine Grenzen: Blumenerde oder Scheuersand, hohe Stühle, Fensterbrett, Stecknadeln und Tintenglas – alles mußte ausprobiert und auf seinen Geschmack hin untersucht werden. Das Leben war anstrengend, und Franziska hatte lernen müssen, sich aufzuteilen zwischen ihrem Kind und ihrer Arbeit.

Ihre drei lustigen Kompagnons hatte Franziska lange nicht mehr gesehen. Eines Tages stieß sie zufällig auf ein kleines Inserat in der Zeitung: »Luise, wo bist du? Kleeblatt.«

Luise, das war sie selbst. In den Theaterstunden damals hatten sie sich Spitznamen verpaßt, aus den Stücken, die sie gerade probierten. Sie schrieb sofort zurück, traf sich auch mit den dreien. Dann aber mußte sie die Erfahrung machen, daß Luise nicht mehr ganz so viel Spaß an der Sache hatte wie zu Beginn. Das Abenteuerliche fehlte, das Neue, Aufregende. Auch die Kollekte fiel an jenem Abend mit hundert Mark etwas magerer aus als in früheren Zeiten, die Herren hatten nicht mehr Geld bei sich.

An den Wochenenden zog es Franziska jetzt immer häufiger aufs Land. Mit dem Bubi an der Hand bestieg sie die Eisenbahn und fuhr in Richtung Süden, entweder nach Starnberg an den schönen See oder nach Schäftlarn im Isartal oder auch etwas weiter weg, nach Holzkirchen. Sie mußte sich auslüften, die Stadt war ihr oft über, die Sehnsucht nach Natur, frischer Luft und dem weiten Himmel war groß. Auch der Bubi liebte das Land: Kühe und Schafe auf der Weide, Pferde mit Reitersmann oder ohne, Mooskissen und Wurzelwerk, Schmetterling und Bienlein – alles erfreute Bubis Herz. Er juchzte und sauste los, entwand sich Franziskas Hand, auf die er in der Stadt so ungern verzichtete, ließ sich ins taunasse Gras fallen und sah den Wolken nach. Franziska breitete eine Decke aus, legte sich neben ihn und mußte ihm die Welt erklären: Woher kommt die Sonne, und wohin geht sie? Wo sitzt der Gott, und warum kann man ihn nicht sehen? Ist den Kühen nicht langweilig, den ganzen Tag auf der Wiese? Warum lachen Tiere nicht?

Manchmal hatte Franziska Kopfschmerzen, wenn sie sich in der Nacht vorher zu sehr verausgabt, zu viel durcheinander getrunken, zu viel geraucht, zu viel getanzt und getobt hatte und erst gegen Morgen wieder nach Haus gekommen war. Dann lag sie matt neben ihrem Sohn auf der Decke und wußte auf seine vielen Fragen keine Antwort. Bubi war dann sehr besorgt, brachte Zweige und Blätter, die er für sie zu einem Kopfkissen kunstvoll übereinander schichtete, schleifte Tannenzweige heran, mit denen er sie zudeckte, kochte ein Süpplein aus Pfützenwasser, Löwenzahnmilch und Gänseblümchen. Das bekümmerte Bübchen legte die Hand auf ihre Stirn und machte ein ganz trauriges Gesicht. »Mamai soll nicht krank sein!«

Wenn er so voller Sorge war, sich alle Mühe gab, es ihr so bequem und recht zu machen wie möglich, dann ging es Franziska schon gleich viel besser. Diese kleinen, immer klebrigen Kinderhände auf ihrer Stirn waren besser als jede Medizin, ersetzten sogar das schlimme, seligmachende Morphiumpulver, das sie hin und wieder, bei ganz schlimmen Migräneanfällen oder auch mal sonst, nahm. Franziska genoß es, wenn er so beunruhigt war, sie mit ernsten Augen ansah und sagte: »Mausi hat die Mamai lieb. Aber die soll lustig sein!« Dann hielt sie es nicht mehr aus auf ihrem pieksenden Kopfkissen und unter ihrer stacheligen Decke, dann sprang sie auf und kugelte mit ihrem Bubi den Abhang hinunter, hielt ihn ganz fest, drückte ihn an sich, daß ihnen beiden die Luft wegblieb. Wonne, Glück und Seligkeit!

An solch einem Tag, Franziskas Migräne hatte sich unter Bubis Zauberhänden gerade verzogen, begegneten sie auf einem Waldweg irgendwo zwischen Hohenschäftlarn und Grünwald einem Mann, der Franziska schon in München einmal über den Weg gelaufen war: Ludwig Klages.

Franziska kannte ihn vom Sehen, er war ihr aufgefallen, als sie ein paar Tage zuvor im Café Luitpold war. Da saß er am Tisch zusammen mit fünf Männern, die ihn bewunderten und an seinen Lippen hingen. Sie hatte allein am Tisch in der Ecke gesessen und die Männerrunde in aller Ruhe betrachten können: Alle waren jung und sahen gut aus. Franziska sah die Männer gestikulieren und mit Vehemenz aufeinander einreden. Klages war der Mittelpunkt, und die anderen buhlten um seine Gunst, das konnte man sehen, auch wenn man nicht verstand, was gesprochen wurde. Hin und wieder steckten sie die Köpfe zusammen, flüsterten, tuschelten, gingen dann wieder auseinander und lachten aus vollem Halse, klopften sich auf die Schenkel, laut und dröhnend.

Dieser Ludwig Klages also kam gerade des Wegs, mitten im Wald, wo man ihn eigentlich nicht vermutete, denn er hatte – jedenfalls äußerlich – etwas ausgesprochen städtisches, kosmopolitisches, weltmännisches in seinem Gehabe. Kleider und Haarschnitt waren äußerst gepflegt, das Gesicht glatt rasiert, die Zigarette manieriert zwischen Ring- und Mittelfinger geklemmt, nicht wie bei jedem normalen Raucher zwischen Zeige- und Mittelfinger. Er inhalierte den Rauch lange und tief, entließ ihn mit einem kleinen Stöhnen und einem Gesichtsausdruck, der nicht etwa Genuß, sondern Abscheu, fast Ekel signalisierte. Manch einer interpretierte diese Geste als Ekel vor der Welt, Ekel vor den Menschen. Klages war ein Mann, der es sich herausnehmen konnte, leise und undeutlich zu sprechen, denn er ging zurecht davon aus, daß jedermann konzentriert lauschte, sobald er das Wort ergriff.

Viel wußte Franziska nicht über Ludwig Klages. In gewissen Zirkeln wurde sein Name häufig im Zusammenhang mit dem Kreis der Kosmiker erwähnt, mit Alfred Schuler, Stefan George oder Karl Wolfskehl. Es wurde gemunkelt, daß er die Juden nicht mochte, die Rassen einteilte in wertvolle und minderwertige. Er widmete sich, wie es hieß, voller Inbrunst und Emphase den Mysterien des Blutes und, wie es sich für einen wahren Philosophen geziemt, den letzten Gründen des Seins. Dafür war er in Schwabing bekannt. Bekannt war er auch für seine schwärmerisch-okkulte Sprache, seine pathetischen Formulierungen. Franziska hatte zwar noch keine seiner Schriften gelesen, hatte sich aber immer wieder fest vorgenommen, in Klages mystisches Gedankengebäude einzutauchen, sobald ihr die täglichen Pflichten ein wenig Zeit und Muße ließen.

Klages war nicht allein. Er wurde von zwei Freunden eskortiert, von denen Franziska den einen, Roderich Huch, bei dem Klages sich eingehakt hatte, kannte. Die beiden stützten sich gegenseitig, versuchten sich Halt zu geben auf den feuchten, glitschigen Wurzeln, die sich wie schwarzglänzende Adern über den dunklen Waldweg zogen. Hinter ihnen, beide Arme rechts und links von sich weggestreckt wie ein Seiltänzer, dem die Balancestange fehlte, ging Hans Hinrich Busse. Die drei Männer kamen Franziska entgegen, die einen kleinen Rucksack auf dem Rücken hatte und den Bubi an der Hand. Sie waren schon mit verlangsamtem Schritt und vorsichtigem Gruß aneinander vorbeigegangen, da spürte Franziska, wie Klages stehenblieb und sich umdrehte.

»Haben Sie keine Angst so allein im dunklen Wald?«

Franziska legte ihrem Sohn den Arm um die Schultern. »Wieso allein? Ich bin doch nicht allein!«

Huch und Busse kamen nun auch langsam etwas näher. Roderich Huch, der von einigen begeisterten Anhängern seiner Schönheit auch »der Sonnenknabe« genannt wurde, löste sich rasch von Klages' Arm, als sei er inflagranti bei einer Unschicklichkeit ertappt worden.

Klages stand nun ganz frei, stemmte die Arme in die Seiten, blickte nach oben und sagte: »Es naht ein Gewitter von Süden her. Dort hinten ist der Himmel schon bedrohlich schwarz!« Er deutete dorthin, wo er Süden vermutete. Franziska wußte zwar genau, daß er nach Osten zeigte, wollte aber nicht rechthaberisch sein.

»Das kommt mir gerade recht, wenn es richtig braust und knallt! Ich liebe Unwetter!« Sie atmete tief ein, als versetze sie die gewitterschwangere Luft in einen rauschhaften Zustand. Klages sah sie fasziniert an. Dann trat er ganz nah an sie heran und faßte sie mit festem Griff an der Schulter.

»Das Weib im Bunde mit den Urgewalten! Phantastisch!« Franziska erschauderte unter seinem Griff, Gänsehaut am ganzen Körper, ihr Herz schlug hoch. Noch immer ließ er nicht los, umfaßte ihre Schulter, wandte sich seinen Freunden zu: »Das Weib ist ganz es selbst erst in den dunklen Tagen sprengender Schauer, den großen Tagen des flammenden Alls. Wenn uns das Weibliche lockt, so zieht es uns jedenfalls nicht hinan, wie Goethe meinte, sondern hinab ins untergründige Chaos, aus dem alles Lebendige stammt und in das es zurückkehren muß.«

Ohne Franziskas Schulter loszulassen und als wolle er das ganze Universum umgreifen, machte Klages mit dem freien Arm eine weit ausholende Bewegung, die er auslaufen ließ, indem er auf Franziska deutete. Franziska kam sich vor wie angepriesen auf einer Jahrmarktbude auf dem Oktoberfest. Weich ließ sie sich gegen Klages Brust fallen und lachte. Aber so viel weibliche Nähe schien ihm nun doch ein wenig zu viel zu sein. Er wich zurück.

»Sehen Sie, nicht ich, sondern Sie haben Angst, Klages!«

Sofort ließ Klages Franziskas Schulter los. Dann wandte er sich an seine beiden Begleiter und sagte in seinem gewohnten, leicht mokanten Ton: »Wenn man sich mit ihr gutstellt, kann einem nichts passieren. Nicht das Brausen des Sturms, nicht das Rauschen des Regens, noch des Donners Grollen wird uns etwas anhaben, wenn es von dem Weib in seine Schranken gewiesen wird!«

»Hier im Isartal können die Gewitter wirklich sehr plötzlich kommen«, sagte Busse nun etwas kleinlaut, »und dann wird man manchmal ganz schnell naß« Er hob seinen rechten Fuß, so daß man seine Schuhsohle von unten sehen konnte: »Das sind ganz, ganz dünne Ledersohlen!«

»Ja, ekelhaft, so ganz durchnäßt bis auf die Haut! Wir sollten umdrehen und uns ein Dach über dem Kopf suchen!« stimmte auch Roderich Huch ein und beugte sich hinunter zu Bubi, dankbar, so tun zu können, als ob er der Grund seiner Sorge sei. Mit einer schützenden Handbewegung strich er dem kleinen Rolf übers Haar und unterschob ihm mit der Frage sogleich die Antwort. »Nicht wahr, wir wollen uns unterstellen?«

Gemeinsam gingen sie zur nahe gelegenen Klosterschenke in Schäftlarn. Klages ließ Franziska nicht aus den Augen.

Bald darauf kam Klages sie besuchen. Diesmal war er allein. Es war elf Uhr morgens, Franziska saß über ihrer Übersetzung, und der Bubi spielte in der Küche am vergitterten Fenster und warf Spielsachen auf die Straße. Jedesmal, wenn es ihm gelungen war, etwas durch das Gitter zu stopfen, quietschte er vor Vergnügen. Klages gab Franziska einen Veilchenstrauß.

»Zum Dank, weil Sie uns neulich vor der ungestümen Natur beschützt haben.«

»Veilchen, die hab' ich gern, das ist lieb!« Franziska wollte sich mit einem kleinen Kuß bei ihm bedanken, war schon mit ihrem Gesicht auf dem Weg zu seinem, brach dann aber ab, entfernte sich wieder, blickte zu Boden. Er stand so seltsam abweisend da, und sie verstand, daß er ihre spontane Zuwendung nicht wollte. Sie konnte seinem Blick kaum standhalten, die Situation hatte für sie ganz plötzlich etwas Bedrohliches, und sie war sich trotzdem klar darüber, daß sie gerade deshalb drauf und dran war, sich diesem Mann zu ergeben, ihm restlos zu verfallen.

»Sie werden oft Gelegenheit haben, sich zu revanchieren, *mich* könnte man doch täglich vor dem Untergang retten!« sagte Franziska und wußte eigentlich selbst nicht, was sie damit meinte, nur, daß der Satz irgendwie schicksalhaft klang. Klages stand am Tisch, seine Augen schweiften über die aufgeschlagenen Bücher, Zettel, Notizen, und blieben auf einem karierten Schulheft hängen, auf dem »Biographisches – Steinbruch« stand. Keinem anderen hätte Franziska verziehen, was jetzt geschah: Klages nahm das Heft und begann, gänzlich ungeniert darin herumzublättern. Franziska sagte nichts. Sie sagte nichts, weil sie nichts zu sagen wagte, aber auch weil sie stolz war, daß er sich dafür interessierte.

In diesem Moment beschloß sie, ihn von jetzt an in ihr Leben hineinzuziehen. Sie empfand sofort eine eigentümliche Nähe und Vertrautheit zu diesem Mann, den sie kaum kannte. In den Cafés erzählte man sich, daß er der Schönheit des Roderich Huch verfallen sei und daß er ein mürrischer Eigenbrötler mit einer profunden philosophischen Bildung war. Aber er zog die Leute an, vor allem die jungen Männer drängten sich um ihn und waren dankbar für ein Augenmerk. Franziska wollte ihn für sich haben, sich von ihm beherrschen lassen und ihn beherrschen, mit eben jenen weiblichen Kräften, von denen er immer so hochtrabend redete. Sie nahm sich vor, Klages zu ihrem Geliebten zu machen, ihn zu umgarnen, zu fesseln, vielleicht sogar zu quälen. All das entschied Franziska in dieser einen Sekunde, als sie sah, wie Klages in ihren Aufzeichnungen blätterte.

»Kaffee?« Franziska stellte die Veilchen in ein Trinkglas, denn sie hatte keine Vase.

»Nein, Tee, ich bin Teetrinker.« Klages setzte sich auf den harten Holzstuhl, nicht in Monsieurs Sessel. Franziska machte in der Küche Tee und beobachtete ihn durch den offenen Türspalt. Er saß an ihrem Tisch, überflog die übersetzte Maupassantseite, die auf dem Stoß ganz oben lag, griff dann wieder zum karierten Heft, zündete sich eine Zigarette an, setzte sich bequem zurück und las. Es gefiel ihr, wie er alles anektierte, wie er Neugierde und Interesse überhaupt nicht zu vertuschen versuchte, nur weil es sich nicht gehörte und als indiskret galt, in anderer Leute Papieren zu lesen. Auch als sie mit dem Teetablett aus der Küche zurückkam, las er weiter, als säße er an seinem eigenen Schreibtisch.

»Da ist eine Menge Stoff, den Sie verarbeiten müssen. Das wird nicht einfach sein.« Er reichte ihr das Heft. »Im Augenblick«, sagte Franziska, »komme ich sowieso kaum dazu. Die ewige Übersetzerei ...«

»... ist eine gute Vorübung zum Schreiben«, sagte er. »So sollten Sie das sehen!«

Franziska stellte das Tablett auf dem Tisch ab und trat von hinten an ihren Gast heran. Sie legte ihre beiden Unterarme gekreuzt auf seine Brust und zog seinen Kopf ganz leicht gegen ihren Busen. Sofort spürte sie, wie er verkrampfte, den Hals steif machte und nur darauf wartete, daß sie von ihm abließ. Kaum gab sie mit den Armen etwas nach, kaum verminderte sie den Druck ihrer Brust gegen seinen Rücken, sprang er wie erlöst auf und blätterte in ihrem karierten Heft, als suchte er verzweifelt nach einer Stelle, zu der er unbedingt einen Kommentar abgeben mußte. Franziska verstand, daß dieser Mann mehr an ihr als Schriftstellerin und literarischer Figur interessiert war denn als Frau aus Fleisch und Blut.

Plötzlich aus der Küche ein gellender Schrei, dann Husten, ein Röcheln, dann Stille. Franziska stürzt herbei: Bubi auf dem Tisch mit der Petroleumflasche in der Hand. Ohne zu überlegen packt Franziska ihren Sohn, brüllt Klages an, ihr zu helfen, das Kind zu halten! Kopfüber! Beine hoch! Schütteln! Sie steckt ihm entschlossen, energisch, brutal den Finger in den Mund, er ist schon ganz blau, bohrt ihn bis nach ganz hinten in den Hals, das Kind würgt, erbricht. Tränen, Japsen, Prusten, pfeifendes Luftholen, dann wieder ein Moment Ruhe. Bubi, den Kopf wieder oben, bei Franziska auf dem Arm, zittert am ganzen Körper, wimmert und röchelt jetzt leise. Franziska sitzt breitbeinig auf der Tischplatte. Tassen, Teller, Brösel, die Veilchen im Wasserglas, Bubis Flasche und ein angebissenes Marmeladenbrot – alles liegt verstreut um sie herum. Das gerettete, schluchzende Kind an ihrem Hals, ihrer Brust, verschwindet unter ihrer Achsel. Klages ist ganz blaß geworden. Wartet, kann nicht abschätzen, ob er noch gebraucht wird, erhält keine Anweisungen mehr, steht da und ist überflüssig. Franziska verschmilzt mit ihrem Kind, flüstert zärtlich beruhigende Worte in sein Ohr, vergräbt ihr Gesicht in seinen Nacken. Klages geht zur Tür. Im Hinausgehen dreht er sich noch einmal um.

»Das ist ja enorm! Ganz enorm ist das!«

Franziska taucht kurz auf aus Bubis Nacken, ein dankbarer Blick zum Himmel, dann wieder Bubi, nur Bubi.

Klages kam auf dieses Ereignis noch oft zu sprechen. Alles hatte ihn tief beeindruckt, Leben und Tod am seidenen Faden, der beherzte Griff der Mutter in den Rachen des Kindes, ohne Überlegung, einfach aus einem Urgefühl heraus, danach die Innigkeit von Mutter und Kind, die nichts anderes zwischen sich duldet. Klages sagte Franziska, er fürchte sich vor ihr, weil sie so stark sei, weil sie in direkter Verbindung mit den Urgewalten stünde; er sprach von der Urseele in ihr, der opfernden Bereitschaft zum Mystischen, von der drehenden Swastika, der Blutleuchte, den kosmischen Kräften. Franziska hatte manchmal das Gefühl, daß sie nicht alles, was er da so schwärmerisch erleuchtet hervorbrachte, ernst nehmen mußte, allerdings wagte sie nicht zu lachen, wenn er sich in schwülen Formulierungen und hochtrabenden Umschreibungen von ganz natürlichen, simplen Alltäglichkeiten erging. Dann aber konnte es passieren, daß ihr im nächsten Moment ein Schauer über den

Rücken lief, wenn Klages sprach und sich sein Gesicht verdüsterte. Dann spürte sie, daß er es ernst meinte, daß jede Anspielung von ihr, jede witzig gemeinte, salopp dahingesprochene Marginalie verkehrt war und schlecht ankam. Wenn er so ernst und konzentriert redete, aus den Tiefen seiner Weisheit und Philosophie schöpfte, war sie ihm irgendwie ausgeliefert, auch wenn sie manchmal ein diffuses Gefühl hatte bei den Theorien, die er da vor ihr ausbreitete. Wenn er ihr seine Ansichten erklärte und sie nicht sofort folgte und ihn fragend oder skeptisch ansah, ließ er nicht locker, beharrte, setzte alles daran, ihre Zweifel auszuräumen, sie zu überzeugen. Franziska fühlte, daß Klages eine hohe Meinung von ihr hatte, vor allem war es ihre Existenz als Frau und Mutter, die ihn beeindruckte. Nach dieser Anerkennung wurde sie allmählich süchtig.

Klages kam jetzt fast täglich. Franziska hatte ihm anvertraut, daß die Aufzeichnungen und Notizen, in die er neulich etwas indiskret Einblick genommen hatte, die Vorarbeit zu einem biographischen Roman, nämlich, in verschlüsselter Form, ihrer eigenen Biographie seien. Das interessierte ihn, da wurde er hellhörig, tauchte ein mit ihr in die Welt des Husumer Schloßes, ließ sich von der Mutter, den Geschwistern, den früheren Liebhabern, von Herstein, dem verlorenen Kind, ihrer verzweifelten Ehe erzählen. Sogar von Monsieur sprach Franziska, daß sie von ihm nicht loskam, nachts noch immer auf ihn wartete, auf diese wortkargen, rauschhaften Liebesnächte, für die sie bereit war, alles Negative zu ertragen und die oft folgende wochenlange Einsamkeit auf sich zu nehmen.

Klages fand alles »enorm«, bewunderte Franziska noch mehr als zuvor. Einmal, als sie wieder lange über ihr bisheriges Leben erzählt hatte, kniete er plötzlich vor ihr nieder: »Was für ein Leben! Was für ein Durcheinander! Und bei allem erhalten Sie sich diese unvermischte Reinheit! Mutter und Hetäre, alle Elemente nordischen Heidentums sind in Ihnen vereint, strahlend, unbesiegbar, metaphysisch!«

»Ach, Klages, übertreiben Sie nicht. Oder machen Sie sich lustig?« Er stand auf, ging einmal im Zimmer auf und ab, blieb wieder vor Franziska stehen, kniete erneut nieder.

»Ich traf nie ein Weib wie Sie! Unvergleichlich! Eines, eines, Franziska, müssen Sie mir versprechen«, und dann warf er mit theatralischer Geste den Kopf in den Nacken, »entwerten Sie sich nicht durch den Umgang mit Minderwertigen!«

Klages hatte seine Stimme erhoben, sie klang jetzt künstlich, fast schneidend, ein wenig unangenehm: »Sie sollten nur noch mit Menschen von wirklicher Bedeutung verkehren! Schützen Sie sich!« Im Nebenzimmer fing Bubi an, leise zu weinen.

»Wenn mich einer um den Verstand bringt, ist mir egal, ob er bedeutend ist oder nicht. Da geht es mit mir durch!« antwortete Franziska lachend und war froh, daß der Bubi dieses Gespräch erst einmal beendet hatte.

Klages kam zumeist gegen Abend. Als erstes ging er zum Tisch, nahm das karierte Heft und sah nach, ob etwas Neues darinstand. Franziska ließ sich von ihm beim Schreiben anleiten, wollte das Handwerk erlernen, wie man dramatisch zuspitzte, dann wieder retardierende Passagen folgen ließ, wie man Zeitsprünge einsetzte, worauf man bei Dialogen achten mußte. Sie verbesserte, was Klages kritisierte, überarbeitete die Stellen, auf die er sie aufmerksam machte. Der Lehrer und seine wißbegierige Schülerin kamen sich geistig sehr nah. Manchmal, so fand Franziska, zu nah. Wenn er so ganz tief in sie gedrungen war, sie ausgehorcht hatte, ihr Innerstes hervorgeholt und überprüft hatte, wünschte sie sich hie und da, alles widerrufen, die Preisgabe ungeschehen machen zu können. Sie wurde aggressiv, spröde und unnahbar und wollte plötzlich, daß er verschwand. Klages verstand, wußte, daß sie Distanz brauchte, ließ sie zwei Tage in Ruhe und kam erst einmal nicht mehr darauf zu sprechen.

Fast gleichzeitig mit Klages lernte Franziska einen anderen Mann kennen, der ihr, auf ganz andere Weise, sehr nahe stand. Er hieß Albrecht Hentschel, war groß, blond, stark und schön und sagte ihr ganz offen, daß er sie haben wollte. Das gefiel ihr, sie nannte ihn Adam, denn er machte in erotischen Dingen keine großen Umwege, sondern kam bald zur Sache, verlangte Liebesbeweise, die über Gespräche hinausgingen, und beschenkte Franziska mit ebensolchen Liebesbeweisen verschwenderisch. Er war Paläontologe und Geologe und erzählte von Griechenland, von der Insel Samos und ihren aufschlußreichen Gesteinsschichten, die er bald erforschen wollte. Franziska sollte mit ihm auf die Insel kommen. Er wollte sie zu der Reise einladen, sie sollte die Sonne genießen und an ihrer Biographie schreiben, und das Bübchen sollte auch dabeisein.

Adam war sehr lieb mit Franziska, fürsorglich und zartfühlend, er kümmerte sich um den tropfenden Wasserhahn und um die Schranktür, wenn sie klemmte. Auch er kam fast täglich. Er setzte sich zu Bubi in die gepolsterte Spielkiste und unterhielt sich mit ihm. Wenn er da war, schien die Sonne, und es wurde mild und warm, auch wenn es draußen regnete und stürmte.

Einmal kam Adam, entgegen seiner Gewohnheit, abends um zehn, nicht vormittags. Klages saß im Sessel und rauchte, und als Adam eintrat, waren alle drei etwas befangen. »Jetzt fehlt nur noch Monsieur«, sagte Franziska, und alle drei mußten lachen, »dann wären wir vollzählig.« Klages und Adam verstanden sich auf Anhieb. Beide bemerkten schnell, daß sie keine wirkliche Konkurrenz füreinander bedeuteten, weil Franziska an ihnen beiden jeweils völlig verschiedene Eigenschaften schätzte. Dabei waren sich beide in weltanschaulichen Dingen schnell einig; etwa darüber, daß nur die Auferstehung des Heldentums die Welt noch retten könne. Und als Adam dann noch eine Flasche Tiroler Roten aus der Manteltasche holte und ein paar Zigaretten, wurde es ein lebhafter Abend. Die beiden Männer wurden Freunde, und Franziska fühlte sich zwischen ihnen reich und geborgen. Sie genoß es, wenn die beiden in gespieltem Wetteifer um sie warben und in witzigen Tiraden die Mängel des jeweils anderen oder die eigenen Qualitäten herausstellten.

Im Café Größenwahn hatte Franziska schon viel über die wöchentlichen Jours bei dem Dichter Karl Wolfskehl gehört. Die einen redeten über diese Treffen mit anerkennenden Worten. Manche, die schon eingeladen worden waren, gerieten gar ins Schwärmen und berichteten von tiefen Gesprächen in angenehmer Gesellschaft und Atmosphäre. Die anderen – es waren zumeist diejenigen, die niemals mit einer Einladung zu rechnen hatten – zerfetzten sich ihre Schandmäuler und witzelten über die lächerliche Heldenverehrung und die aufgeblasenen Gespräche, die hochgezwirbelten philosophischen oder pseudophilosophischen Ausführungen arroganter Privatgelehrter und über die gesellschaftliche Wichtigtuerei bei diesen Rencontres. Auch über die Rolle des Dichters Stefan George wurde im Café viel gerätselt. Keiner wußte Genaues, aber man munkelte, daß George in einem eigenen Zimmer, das von den Gesellschaftsräumen abgetrennt war, Hof hielt. Es hieß, George ließe die Auserwählten, mit denen er zu reden wünschte, zur Audienz rufen. Man erzählte sich auch, daß einzig die Dichterin Ricarda Huch seinem Ruf nicht gefolgt sei, sondern geäußert habe, George müsse sich schon bequemen, zu ihr zu kommen, wenn er etwas von ihr wolle. Eine zweite Gelegenheit habe sich dann nicht mehr ergeben, war wohl auch von beiden nicht erwünscht, und somit haben sich die beiden niemals getroffen. Diese Geschichte wurde feixend hinter vorgehaltener Hand erzählt.

An einem verregneten Sonntag wurde Franziska von dem Schriftsteller und Philosophen Paul Stern, der ihr ein zuverlässiger Freund geworden war, zu solch einem Jour mitgenommen. Wolfskehl, ein wohlhabender Bankierssohn, hatte ausreichend Geld, Charme und Bildung, um eine Atmosphäre zu schaffen, die eine Teestunde zu einem gesellschaftlichen Ereignis werden ließ, und so lud er, zusammen mit seiner Frau Hanna, gegen sechzehn Uhr zu einer Tasse Tee in die Schwabinger Römerstraße. Ein Mädchen in weißem Schürzchen und Häubchen öffnete die Tür, und da kam auch schon Hanna Wolfskehl, eine elegante, weltoffene und überaus souveräne Dame, auf sie zu und begrüßte die Neuangekommenen. Sie habe, so sagte sie, nachdem ihr Franziska vorgestellt worden war, schon von ihr gehört – nur das Beste, natürlich. Es sei doch bekannt, daß sie der bunteste der Schwabinger Paradiesvögel sei, und sie, Hanna Wolfskehl, würde sich sehr freuen, sie endlich bei sich zu sehen.

In den beiden großen, ineinander übergehenden Räumen standen etwa zehn zierliche Tische mit weißen Spitzentischdecken, weiß-blau gemustertem chinesischen Teegeschirr und einer kleinen Silberschale mit Gebäck in der Mitte. Hanna Wolfskehl hatte Franziska untergehakt und führte sie zu einem der Tische, wo Klages, Schuler und Busse bereits Platz genommen hatten.

»Darf ich vorstellen, das ist die Gräfin Reventlow. Sie ist heute zum erstenmal in unserem Kreis, und ich hoffe, Sie werden sie gut unterhalten!«

Dann drehte sie sich abrupt um und wandte sich Paul Stern zu, den sie an einem anderen Tisch plazierte.

»Was für eine Überraschung! So trifft man sich wieder!« sagte Klages etwas säuerlich und vorwurfsvoll. Schon oft hatte er ihr von den Jours erzählt, hatte auch darüber gesprochen, sie einmal dort einzuführen, und jetzt war sie mit Stern gekommen! Das paßte Klages sichtlich nicht. Die drei Herren erhoben sich ein paar Zentimeter von ihren Stühlen und unterbrachen für etwa zwei Sekunden ihr Gespräch.

Franziska blickte sich nach weiteren bekannten Gesichtern um. Ihr Blick blieb an einer blaugestrichenen Tür hängen. Dahinter mußte das berühmte Séparée sein, in dem Stefan George, abgesondert vom Rest der Gesellschaft, Hof zu halten pflegte. Hanna Wolfskehl kam hinter ihrer Teemaschine, die sie selbst bediente, hervor und setzte sich einen Moment neben Franziska.

»Wem möchten Sie vorgestellt werden?« fragte sie.

Franziska setzte die Teetasse ab und sagte mit einem maliziösen Unterton in der Stimme: »Ich habe gehört, daß auch Stefan George hier verkehrt ...«

Hanna Wolfskehl setzte sich plötzlich ganz gerade hin, ihr Gesicht wurde merkwürdig starr. Dann beugte sie sich zu Franziska hinüber, kam ihr ganz nahe und legte den rechten Zeigefinger an die Lippen: »Pst!« Es war ihr offenbar peinlich, daß Franziska den Namen des großen Dichters so leichtfertig im Munde führte. »Den Meister«, sagte die Gastgeberin streng, »kann man nicht so einfach kennenlernen!«

Dann wechselte sie wieder in ihre normale, freundliche Tonart, winkte ihren Mann heran und sagte: »Das ist Karl Wolfskehl. Karl, das ist ...«

»Die schöne Gräfin«, sagte Wolfskehl, deutete eine Verbeugung an und küßte Franziska die Hand. »Was für eine Freude, Sie hier zu sehen!«

Inzwischen waren einige Gäste aufgestanden und hatten sich im hinteren Teil des Raumes um einen Tisch versammelt, auf dem einige Zeichnungen lagen. Der Künstler, ein bleicher, ausgemergelter Mensch, stand ein wenig abseits und verfolgte gespannt die Reaktionen auf seine Arbeiten.

»Phantastisch, der Goethe!«

»Der junge Schiller ist wirklich gut getroffen!«

»Ein prächtiger Kopf – ist das nicht Luther?« hallte es durch den Raum.

Auch Franziska stand auf und begab sich zu jenem Tisch. Sie kannte den Künstler, hatte nie besonders viel von ihm und seiner Kunst gehalten und war auch jetzt, beim Betrachten der neuen Zeichnungen, nicht gerade begeistert. Auf das Stichwort »Luther« war Manfred Schuler herangekommen, Klages folgte ihm. Schuler, ein kleiner, dicklicher Mann mit herrischen, starren Gesichtszügen, die sich dann und wann für Bruchteile einer Sekunde zu einem konventionellen Lächeln quälten, ging ganz nah an den Tisch, nahm eine der Zeichnungen hoch und sagte: »Nicht übel! Nicht übel. Was mich allerdings stört, ist das Motiv! Wenn ich recht unterrichtet bin, lautet der Titel des Zyklus ›Die großen Deutschen‹. Da wundert es mich doch, daß der Künstler diesen infamen Mönch in eine Reihe stellt mit unserem göttlichen Goethe. War es denn nicht Luther, der das Heidnische aus dem Christentum tilgte und es damit dem jüdischen Geist auslieferte?«

Es war jetzt ganz still im Raum geworden. Keiner sagte einen Ton, alle warteten, was geschehen würde, nicht einmal das leiseste Teetassengeklapper war zu hören. Auf Schulers Stirn standen kleine Schweißperlen, das sonst bleiche Gesicht war zart gerötet. Er hatte sich auf die Zehenspitzen gestellt, damit das, was er zu sagen hatte, auch diejenigen erreichte, die sich etwas weiter hinten im Raum aufhielten. Die anderen Gäste standen mit ihren Teetassen in der Hand verlegen herum, manche ahnten, daß nichts Gutes zu erwarten sei, andere suchten mit ihren Blicken den Gastgeber, dessen jüdische Herkunft fast allen bekannt war.

»Wissen Sie, junger Mann, daß dieser abtrünnige Mönch ein Jude war?« sagte er und sah den Maler durchdringend an, wobei ihm die Lust, seine Ausführungen gleich weiter

198

ins Detail zu führen, aus jeder Pore drang. »Geist ohne Substanz, das ist immer der Weg zum Nichts!«

Und dann kam er vom Geist und der Substanz zu den biotischen Schichten und von diesen wiederum zu Rom und Tiberius. Franziska fühlte sich unwohl und überlegte, ob sie schon gehen oder noch bleiben sollte. Neben ihr stand Klages und begann zu klatschen, einige folgten zögernd, andere schüttelten den Kopf oder tuschelten. Die Gastgeberin hatte noch die Tasse für den Redner in der Hand, wartete den Applaus ganz ab und fragte dann mit schneidender Freundlichkeit in die betretene Stille hinein: »Sagen Sie, Schuler, wie jüdisch wäre Luther, wenn er katholisch geblieben wäre?«

Franziska fand, daß dies die weitaus amüsanteste Bemerkung des Nachmittags war.

Während Schuler sich mit entschlossenen Schritten durch die Umstehenden seinen Weg zur Haustür bahnte, gingen alle wieder zu ihren Tischchen und an ihre Plätze zurück und nahmen vorsichtig ihre Gespräche wieder auf. Klages wirkte unruhig. Er blickte mit flackernden Augen um sich und zog nervös an seiner Zigarette. Als sich ihre Blicke trafen, zuckte Franziska ratlos mit den Schultern. Er beugte sich zu ihr hinüber und flüsterte ihr ins Ohr, daß er ihr zu Hause alles erklären werde und daß er jetzt wegen interner Streitigkeiten im Kosmikerkreis gehen müsse. »Wir treffen uns später in der Jahreszeiten Bar!«

Klages zwängte sich an Franziska vorbei und ging eilig, ohne sich von den Gastgebern zu verabschieden, hinaus. Der Maler legte alle Zeichnungen zu einem kleinen Stapel zusammen und wurde von der Gastgeberin, die drei sehr junge, blonde, hübsche Knaben im Schlepptau führte, durch die blaue Tür in das geheimnisvolle »Hintere Zimmer« geleitet, damit auch der Meister in seinem Allerheiligsten die Köpfe der großen Deutschen begutachten konnte.

Franziska wechselte den Tisch, setzte sich neben ihren lieben, alten, vertrauten Paul Stern. Er war der einzige, den sie fragen konnte, was hier vorgegangen war.

»Wolfskehl ist Jude – und es gibt hier ein paar Gestalten, die die Juden nicht mögen!«

»Aber wieso Luther? Der war doch selbst Antisemit!«

»Versteh doch, Fanny, jüdisch ist alles, was in diesen beschränkten Köpfen keinen Platz hat!«

Ein paar Tage später – es regnete noch immer – ging Franziska mit Adam die Belgradstraße hinunter. Es war schon fast ganz dunkel, die Straße glänzte wie schwarzer Lack, und der Himmel war in giftiggelbe und dunkellila Streifen geteilt. Ein kalter, böiger Wind rüttelte an den Straßenschildern. Adam hatte den Arm um Franziskas Schultern gelegt, um sie vor Wind und Regen in Schutz zu nehmen. Als sie gerade am Kurfürstenplatz in die Hohenzollernstraße einbiegen wollten, hörten sie plötzlich hinter sich ungeduldige Schritte, die auf dem schmalen Bürgersteig an ihnen vorbeidrängen wollten.

Franziska blickte sich kurz um und sah drei dunkle Gestalten mit wehenden, schwarzen Umhängen. Der in der Mitte hatte seinen ebenfalls schwarzen Schlapphut tief ins Gesicht gezogen. Die drei wollten sich nicht aufteilen und benötigten die gesamte Breite des Bürgersteigs. Franziska zog Adam nach links an die Hauswand und bedeutete ihm mit einem kleinen Ruck am Arm, daß sie stehenbleiben und die anderen passieren lassen wollte. Der Mittlere schien über irgend etwas sehr erregt und sprach in einem seltsam singenden, rheinischen Tonfall eindringlich auf seine beiden Begleiter ein. Als die drei an ihnen vorbeigingen, ohne ihre Phalanx zu lösen, hörte Franziska: »... ja, bis vor drei Jahren konnte man sie noch für zwei Mark auf jeder Dult finden, aber jetzt haben die Juden alle aufgekauft, und unter zehn Mark sind gar keine mehr zu haben ...«

Als sie auf einer Höhe mit Franziska und Adam waren, drehte sich der mittlere kurz mit einem dahingeworfenen Gruß um. Franziska sah ganz deutlich das glattrasierte Gesicht, das einer Totenmaske glich, und die auffallenden hellen Augen. Auch die beiden anderen grüßten kurz, und schon waren sie vorbei und bogen um die Ecke. Man sah nur noch die fliegenden Zipfel der Umhänge.

»War das nicht Stefan George«? fragte Franziska und drückte sich, weil sie schauderte, fest an ihren Begleiter. Adam blickte dem entschwindenden Dreigestirn hinterher, als sei der Heilige Geist in ihn gefahren.

»Pst!« machte er und legte Franziska den Zeigefinger auf die Lippen.

8. Kapitel

Kurz nach ihrem 29. Geburtstag reiste Franziska mit Adam und dem Bubi auf die Insel Samos. Nach dreieinhalb Wochen waren sie angekommen, müde und erschöpft von der langen Reise und froh, endlich am Ziel zu sein. Ihr Aufbruch in München war zelebriert worden: Ein wehmütiges Abschiedssouper im Künstlerhaus mit den Freunden, und dann ging es zum Ostbahnhof in den Zug Richtung Wien. Adieu, bleibt gesund, kommt heil wieder, schreibt mal und vergeßt uns nicht! Klages hatte noch am Perron gestanden, bis sein weißes Taschentuch hinter der Kurve verschwunden war. Er hatte Franziska zu der Reise geraten, hatte mit ihr gesprochen, daß solch eine Ortsveränderung ihr gewiß den notwendigen räumlichen Abstand zum Schreiben ihres Romans bieten würde. Außerdem sei Albrecht Hentschel ein liebevoller, unkomplizierter und zuverlässiger Begleiter für eine Reise wie diese. Franziska war froh, der Großstadt zu entfliehen, sie sehnte sich nach weiter Landschaft und blauem Himmel, Wind und Luft und Meer und Ruhe.

Auch zu Klages wollte sie mehr Distanz, damit er sich nicht in alle Kerben und Ritzen ihres Lebens hineindrängte. Sie hatte es satt, ihm als Symbol für menschliches Leben zu dienen und als wandelndes Mutterrecht den farbigen Hintergrund für seine Theorien abzugeben. Mit der Zeit waren ihr seine intellektuellen Überhöhungen und die immer wohlbegründeten Eingriffe in ihren Alltag über geworden, außerdem fand sie seine Hilflosigkeit bei der geringsten körperlichen Annäherung nicht mehr amüsant. Franziska hatte sich Klages ausgeliefert, ohne daß sie ihn dafür hätte verantwortlich machen können, darüber ärgerte sie sich noch mehr als über die ewigen »Elementarvergießungen« und das »kosmische, mystische Brennen«. Zu all dem brauchte sie Distanz, mußte neu darüber nachdenken, was sie mit so einem Mann eigentlich anfangen sollte. Manchmal hatte sie sich schon dabei ertappt, nicht mit ihrem eigenen, sondern mit seinem Kopf zu denken, Dinge zu beurteilen, indem sie seine Denkweise zum Maßstab nahm. Was würde Klages dazu sagen, wie würde ihm dies und jenes gefallen, würde er diesen oder jenen Menschen goutieren oder nicht?

Da hatte es sich gut gefügt, daß Adam sie zu der mehrmonatigen Reise nach Griechenland einlud. Er wollte an Gesteinsgrabungen teilnehmen, sich mit anderen Paläontologen austauschen, und Franziska tat es wohl, daß er sich weder um ihren Roman noch um ihr Muttersein oder die »enormen« Abgründigkeiten in ihrem Leben kümmerte. Klages spitzfindige, ewig philosophisch gerechtfertigte, intellektuelle Definitionen lagen ihm fern; er war lebensklug, angenehm schnörkellos und wußte, was er wollte. Und er war körperlich, behandelte Franziska als Frau, schlief nachts in ihrem Bett, in ihrem Schoß und machte keinen Hehl daraus, daß er gleichzeitig mit ihr auch eine andere begehrte. Adam hatte eine ganz wunderbare Eigenschaft, die Franziska lange Zeit vermißt hatte: Er strahlte Wärme, Nähe und Fürsorglichkeit aus. Wenn sie mit ihm zusammen war, konnte ihr nichts passieren. Auch der Bubi mochte Adam. Manchmal bekam er von ihm ein schönes Stück Schiefer oder Granit mitgebracht, die legte er in eine kleine Holzschachtel, die er mit großen Ahornblättern ausgelegt hatte. Auch ein schwarzgrünschillernder, schon leicht verdorrter Kartoffelkäfer und ein verrostetes Laubsägeblatt befanden sich in dieser Schatzkiste, die Bubi in seinem Reisegepäck ganz oben liegen hatte.

Wien–Bukarest–Constanza–Konstantinopel – dann mit

dem Dampfer nach Vathy auf der Insel Samos. Es war heiß in Griechenland Ende Juni! Franziska hatte Bauchweh, hatte schon während der Reise immer wieder einmal einen Tag mit dumpfen Schmerzen im Hotelzimmer im Bett liegen müssen. Sie hoffte, daß sich nicht ihr altes, ewiges Darmleiden auf diese Weise wieder bemerkbar machte, sondern daß die Ursachen für diese Schmerzen einfach zu diagnostizieren und ebenso leicht zu beseitigen waren: die Unbequemlichkeiten und Strapazen einer so langen Reise; das ungewohnte, oft öltriefende Essen und die vielen schlaflosen Nächte in immer wieder neuen Betten, auf harten Matratzen, zwischen Kakerlaken und Stechmücken.

Der Bubi trug alle Beschwerlichkeiten mit der Gleichmut eines Lastentieres. Wenn Franziska im heißen, abgedunkelten Zimmer lag, schnell atmete und manchmal vor Schmerzen stöhnte, saß er neben ihr auf dem Boden und spielte, wartete geduldig, bis sie sich im Bett aufsetzen und mit ihm sprechen konnte oder ihn darum bat, ein Glas Trinkwasser aus der Gastwirtschaft zu holen. Adam war viel unterwegs, und der kleine Rolf hatte schnell begriffen, daß er einen Anteil der Pflichten übernehmen mußte, die seiner gesundheitlich angegriffenen Mutter das Nomandenleben in der Fremde erleichterten.

In den ersten Tagen auf Samos ging Franziskas Erholung rasch voran. Sie schonte sich noch, legte sich nach dem Mittagessen für ein paar Stunden ins Bett, nahm sich – wieder einmal – vor, nicht soviel zu rauchen und alles dafür zu tun, daß ihre Nerven zur Ruhe kamen und sich ihre innere Aufgeregtheit legte. Wenn es am Abend etwas kühler wurde und die brennende Sonne endlich im Meer verschwunden war, ging sie Hand in Hand mit ihrem Sohn unten am Quai entlang. Sie gingen an den Männern vorbei, die am Strand über ihre Netze oder im Café über die Dominosteine gebeugt, neugierig und zugleich scheu hinter ihnen herblickten, und den schwarz gekleideten Frauen, die gemeinsam am Brunnen ihre Wäsche wuschen. »Was für ein wunderbar geordnetes, einfaches Leben«, dachte Franziska dann manchmal, »jeder weiß, was er tun muß, welche Rolle er im Leben spielen muß! Alles ist vorsortiert!«

Bubi hatte schon ein paar Freunde, die sich diesen kleinen Wanderungen oft anschlossen und ihm mit Händen und Füßen wichtige Dinge mitzuteilen hatten. Franziska freute sich sehr an ihrem Bubi, an seinen kräftigen Beinen, mit denen er tapfer durch den heißen Sand stapfte und die schon nach wenigen Tagen dunkelbraun waren. Sie freute sich an den Sommersprossen, die ganz plötzlich auf seiner Nase aufgetaucht waren, und ganz besonders freute sie sich an seinen klugen Bemerkungen über Adam.

Diese kostbaren Minuten, wenn sie gegen Abend mit dem kleinen Rolf am Strand entlangging, halfen Franziska über ihre oftmals traurige, manchmal verzweifelte Stimmung hinweg. Es hatte Spannungen zwischen ihr und Adam gegeben, immer öfter, immer mehr. Die Stimmung war gereizt, sie warf ihm vor, daß er mit Bubi zu streng sei, er warf ihr vor, daß sie den Jungen daran hindere, selbständig und unabhängig zu werden, und ihn zu sehr verzärtele. Adam gegenüber konnte sie sich nicht in dem Maße öffnen, wie sie es wollte. Jetzt sehnte sie sich manchmal nach Klages, nach seiner fast schon penetranten Art, alles, auch das Innerste, Privateste aus ihr herauszuholen und zu bewerten, aber gleichzeitig war ihr wohl bewußt, wie sehr sie genau darunter gelitten hatte. Adam traute sie nicht zu, daß er sie wirklich verstünde. Oft hatte sie das Gefühl, daß ihm die Ebene, auf der sie sich mit anderen verstand, vollkommen fehlte. Sie fand es absurd, daß er den ganzen Tag in der Erde wühlte, um Gesteinsschichten und Erdzeitalter zu erforschen und – wie sie fand – dabei seine eigenen, inneren Schichten so sehr vernachlässigte. Es gab zwischen ihnen viele Mißverständnisse, gewollte und provozierte, aber auch versehentliche, aus Unachtsamkeit entstandene. Außerdem plagte sie die finanzielle Abhängigkeit von Adam. Sie hatte kein eigenes Geld in der Tasche und niemanden in der Nähe, den sie anpumpen konnte, dadurch fühlte sie sich angebunden und unfrei wie ein Hund an der Leine.

Franziskas innere Angespanntheit, ihre Launenhaftigkeit und Unausgeglichenheit wurden immer unerträglicher – für sie selbst und auch für Adam und Bubi. Sie litt an permanenter Schlaflosigkeit, beklagte sich über die Matratzen am Boden, die es dem Ungeziefer leichter als nötig machten, sie nachts zu peinigen. Sie wachte auf von echten, manchmal auch geträumten großen Käfern, die klatschend von der Zimmerdecke auf den Steinboden fielen, meinte gar zu hören, wie die Krabbeltiere mit ihren vielen Beinen in der Luft ruderten, um sich aus der hilflosen Rückenlage zu befreien. Nachts kühlte es kaum ab, aber um sich vor den sirrenden Mücken zu schützen, zog Franziska die Decke bis über beide Ohren, bekam keine Luft mehr und war nach wenigen Minuten schweißgebadet. Manchmal trank sie abends zu viel Retsina, um sich zu betäuben für die Nacht, um im dumpfen Schlaf nichts mehr zu spüren. Aber auf den Wein hin dröhnte dann gegen Morgen der Kopf, stechende, oft einseitige Schmerzen, die sie mit dem gütigen Morphium bekämpfte. Nach einer solchen Nacht stand Franziska dann morgens um vier auf dem kleinen Balkon vor ihrem Zimmer, rauchte eine Zigarette, wartete auf die Wirkung des weißen Wunderpulvers und blickte hinaus auf das schwarze Meer. Sie stellte sich einen grauen, regnerischen Tag in München vor, Klages im Sessel, das karierte Heft mit den Aufzeichnungen in seiner Hand, auf dem Tisch die dampfende Kanne Tee. Klages! Er war wieder ganz präsent in Franziskas Kopf. Und mit ihm kam die Sehnsucht nach München, nach der dünnen Eisschicht auf dem Kleinhesseloher See im Englischen Garten, nach den ausgelassenen Nächten mit den Freunden im »Stephanie«, den wunderbar aufreibenden Gesprächen mit Wolfskehl. Franziska hatte Sehnsucht nach Baschls sanftem Verständnis und dem treuen, weichen, gemütlichen Diwan in ihrer Wohnung, Sehnsucht nach Bratwürstln mit Sauerkraut und Kartoffelbrei!

Am Morgen des 1. September, seinem dritten Geburtstag, stand der Bubi an ihrem Bett und pustete zart in ihr Ohr, damit sie endlich aufwachte. Er hatte sich schon die Badehose angezogen und spuckte einen Pfirsichkern in seine kleine Handfläche.

»Mamai geht jetzt mit dem Bubi baden!«

Sie gingen hinunter, über den Quai hinaus zu den Felsen, wo das Wasser so klar und leuchtend war. Franziska legte sich hin, streckte sich, machte sich ganz lang, küßte dem Bubi die duftende, klebrige Pfirsichhand und fand es plötzlich wieder köstlich im warmen Süden, in der milden, ruhigen Luft, unter dem silbrigen Blätterhimmel der Olivenbäume.

»Warum kann ich nicht wenigstens hier einfach alles so genießen, wie es ist«, dachte sie, »warum will ich immer das, was ich gerade nicht haben kann, warum ist in meinem Leben immer alles so zerrissen, zerstückelt, zerfetzt?«

Sie holte ihr kariertes Heft und den Bleistift aus der Basttasche, setzte sich auf den warmen Stein und schrieb das erste Kapitel zu ihrem Roman »Ellen Olestjerne« zu Ende.

Am Abend zuvor hatte sie sich lange mit Adam ausgesprochen. Sie hatten sich in den Armen gelegen, ihr Liebesverhältnis beendet und sich ewige Freundschaft geschworen. Franziska war zumute, als hätten sich tausend gordische Knoten auf einmal gelöst. Diese in Griechenland besiegelte Freundschaft sollte dann auch wirklich sehr lange halten, sie überdauerte viele Lieben Franziskas, auch die zu Klages. Zum ersten Mal in ihrem Leben hatte Franziska es erreicht, eine Liebschaft in eine Freundschaft umzuwandeln. Sie mußte in dieser Zeit häufig an Walter Lübke denken. Adam hatte ihr das gegeben, was sie sich von Walter so sehr gewünscht hatte, den festen Boden unter den Füßen, Distanz und Zärtlichkeit zugleich, ohne jede Fessel. Vielleicht aber war sie erst jetzt, mit fast dreißig Jahren, in der Lage, sich in eine solche Liebe hineinfallen zu lassen, nicht immer das zu beschwören, was es nicht gab, und dabei die schönen Seiten zu ignorieren. Sie wußte, daß es in Adams Leben eine andere Frau gab, aber sie spürte auch, daß er ihr Freund war, und zum ersten Mal fand sie das wichtiger als alle Aufregung um ein Liebesabenteuer. Franziska hatte sich verändert, durch die Freundschaft zu Adam war sie reifer, vielleicht sogar auch ein wenig gelassener geworden. Die Gewichte in ihrem Leben hatten sich verschoben.

Zwei Tage vor Weihnachten waren die drei wieder zurück in München. Sie fanden alles so vor, wie sie es vor fast einem dreiviertel Jahr verlassen hatten. Auch Klages war noch vorhanden, stand, als hätte er sich die ganze Zeit nicht von der Stelle gerührt, wieder am Perron, um sie zu empfangen, sie zu feiern. Adam kehrte zurück in seinen Kosmos und Franziska in den ihren. Die Lebensgemeinschaft auf Zeit löste sich auf: Franziska ging zum Kleinhesseloher See Schlittschuhfahren, Adam wanderte im Wettersteingebirge. Sie arbeitete an einer neuen Übersetzung, er verschwand in seiner Institutsbibliothek; sie ging abends ins Café Größenwahn, er ins Luitpold. Vorbei war es mit der Gemeinsamkeit, und Franziska mußte das Alleineleben erst wieder lernen.

In der Neujahrsnacht, pünktlich um ein Uhr, klopfte es an ihr Fenster. Monsieur stand draußen, sagte gar nichts, sah sie nur an, und Franziska wußte, daß er traurig war, wie vertraut war ihr diese wortkarge Verzweiflung! Sie wagte nicht, ihm zu zeigen, wie sehr sie sich freute: Sofort wieder das bekannte Gefühl; Hochspannung, Glückseligkeit. Sie ließ ihn ein. Keine Fragen, keine Antworten, in ihrer Umarmung schliefen sie sanft und demütig ein.

Monsieur kam jetzt wieder öfter. So wie früher schlüpfte er nachts oft ohne ein Wort unter Franziskas Decke und verschwand am frühen Morgen wieder. Die Tage, die den Nächten mit Monsieur folgten, waren immer eine Qual für sie, denn jedesmal breitete sich eine schmerzende, diffuse Sehnsucht in ihr aus. Sie wußte, daß sie von Monsieur niemals würde loskommen können, aber sie wußte gleichwohl, daß sie sich nach einem anderen sehnte, nach einem realen Mann und nicht nach einem Phantom. Sie sehnte sich sogar – und das gestand sie sich nicht einmal selbst ein – nach einer Art Ehemann, jedenfalls nach einem, der treu, liebevoll und fürsorglich wie Adam war und vielleicht noch ein paar Eigenschaften darüber hinaus hatte. Sich anlehnen können, einen um sich haben, der auch an den kleinen Entscheidungen, die montags, dienstags, mittwochs anstehen, teilhat! Franziska fühlte sich erschöpft und einsam, dem Leben nicht gewachsen. Und alt fühlte sie sich auf einmal! Wenn sie in den Spiegel sah, ganz nah heranging, um zu finden, was sie suchte, sich jede Pore einzeln vornahm, das Kinn auf den Hals preßte und die Falten zählte, dann konnte sie zumindest eine Vorstellung davon bekommen, was bisher für sie gar nicht vorstellbar gewesen war, nämlich daß auch an ihr die Jahre nicht ganz ohne Spuren vorübergegangen waren. Ihr Kinn, ihre Augen, ihre Wangen, die Stirn, wiesen kleine Unebenheiten, Kerben und Schatten auf, die bisher noch nicht dagewesen waren.

Franziska fand es erstaunlich, auch ungerecht, daß sich das Alter auch bei ihr bemerkbar machte, schob es auf ihre labile Gesundheit, den Zigarettenmorphinismus und ihr schweres Leben, und wenn der Bubi sie bei ihren Forschungsreisen vor dem Spiegel ertappte, so ließ sie sich schnell von ihm beruhigen: »Du bist die Schönste, meine Mamai!«

Dann fuhr sie sich durchs Haar, reckte den Hals, befeuchtete die Lippen und preßte sie aufeinander, daß sie Farbe zeigten, zupfte die hellblaue Bluse mit dem Matrosenkragen zurecht und war wieder zufrieden.

Im Frühjahr verbrachten Franziska und Bubi viel Zeit in Schäftlarn, wo Freunde ein geräumiges Landhaus hatten. Franziska arbeitete an ihrem Roman weiter, und der Bubi hatte alle Hände voll zu tun, den Geheimnissen des Lebens auf dem Lande auf die Spur zu kommen, seine Widrigkeiten und Köstlichkeiten zu erforschen, den verfallenen Geräteschuppen hinter dem Haus, die hohe Scheune voller Heu und Stroh und dem Gekicher, das manchmal hinter den Strohballen zu hören war, die Schwalbennester im Kuhstall. Sie hatten lange Gespräche geführt über den lieben Gott und die Götter, und Franziska, halb ernst, halb im Spaß, hatte darauf bestanden, daß die Götter doch viel schöner seien als der eine greuliche liebe Gott, zu dem man nur in der dunklen, kalten Kirche und nicht im warmen, hellen Sonnenschein betete.

Eines Abends, als es schon ganz dunkel war, machten sie ein Opferfeuer für die Götter, denn Franziska war an diesem Tag mit einem weiteren Kapitel ihres Romans fertiggeworden.

»Du mußt etwas hineinschmeißen, was dir lieb und teuer ist!« sagte Franziska zum Bubi. »Sonst nützt es nichts!«

Bubi ging nach oben und holte einen kleinen silbernen Moccalöffel mit der Gravur »Rolf, 1. September 1897«. »Den opfere ich, der ist mir lieb und sehr teuer! Und was opferst du?«

Franziska holte aus ihrer Tasche ein kleines goldenes Amulett heraus.

»Das hat mir meine beste Freundin in der Schule einmal geschenkt.«

Sie warfen ihre beiden Opfergaben mutig in die Flammen und tanzten um das Feuer herum.

»Ha hi! Ha hi!« sang der Bubi. »Es gibt keinen Gott! Ha hi! Ha hi!«

Sie mutmaßten, was die Götter wohl mit ihren Gaben anfangen würden. Dabei sprach der Bubi immer von »Gabeln«, und Franziska nahm ihn in den Arm und zerdrückte ihn fast vor lauter Wonne. Den Fehler korrigierte sie nicht.

»Ha hi! Ha hi!« sang der Bubi und war schon ganz schwindelig.

»Es gibt nur Götter!«

Am nächsten Morgen gingen sie gleich nach dem Frühstück hinunter zur Opferstätte. Da lag der Moccalöffel, etwas schwärzlich angelaufen, in der Asche, und daneben blinkte das Amulett in der Sonne.

»Die Götter haben unsere Gabeln nicht haben wollen!« sagte der Bubi und schien darüber nicht besonders traurig zu sein.

»Oder sie trinken keinen Mocca«, orakelte Franziska. Der Bubi pustete die Asche weg, rieb den Löffel mit einem Zipfel seines Nachthemds wieder blank und trug ihn zufrieden ins Haus zurück.

Irgendwann, irgendwo im Fasching – vielleicht war es bei Wolfskehls Antikem Maskenumzug, bei der Elendkirchweih oder bei den Elf Scharfrichtern – im Jahre 1903 hatte Franziska zwei Männer kennengelernt: Der eine wurde auf der Stelle ihr Geliebter, den anderen wählte sie zum Freund. Der eine war ein polnischer Fürst, von Beruf Kunstgewerbler, Puppenspieler und Glasmaler, und hieß Bogdan von Suchocki; ein athletischer, etwas gedrungener, prächtiger Mann mit blondem struppigen Haar und blauen Augen, der manchmal ein wenig laut, plump und ungehobelt auftrat und sich und seine Männlichkeit genoß, was Franziska gut gefiel. Der andere war das Gegenteil, ein feingliedriger, dunkelhaariger, hellhäutiger Mann mit bleichem Mondgesicht, spitzer Nase und hoher Stirn. Mit einem hintergründigen Lächeln, das so gar nicht zu der Direktheit seiner Bitte paßte, fragte er Franziska, ob er ihr bald einmal aus seinem soeben fertiggestellten Gedichtband »Verlorene Gespielen« vorlesen dürfe. Dieses seltsame, rundköpfige Geschöpf, dieses glatte und ziemlich unmännliche Mondgesicht hatte sie schon im Georgekreis irgendwo gesehen. Er hieß Franz Hessel oder Hesselfranz.

Wer als erster die Idee hatte, gemeinsam eine große Wohnung zu mieten und zusammenzuziehen, wußten die drei später nicht mehr. Sie hatten sich kennengelernt und dann eigentlich erst einmal nicht mehr getrennt. Suchocki und Hessel waren Franziskas neue Familie. Der ungehobelte polnische Edelmann und der bläßliche, feinsinnige Ironiker boten ihr Schutz und Wärme. Sie fühlte sich nicht mehr einsam, verlebte mit ihnen nicht nur die Faschingssaison, sondern auch den Frühling und den Sommer.

Hessel wohnte im langweiligen, saturierten Solln, einem stillen Reiche-Alte-Leute-Vorort im Süden Münchens, in einem Haus mit Garten. Fast jedes Wochenende fuhren Franziska und Bubi mit der Straßenbahn hinaus ins Isartal zum Hesselfranz, oder der Franzl kam nach München, und sie fuhren alle vier zum Chiemsee. Dort nisteten sie sich oft wochenlang im Gut Schloß Winkl ein, das einem Freund von Suchocki, dem Grafen von Orlowski, gehörte. Franziska hatte am Chiemsee ihr Paradies gefunden. Hier war die Luft frisch und würzig. Sie liebte die langen Wanderungen über die Felder oder durch den Wald, bei jedem Wetter. Auch für ihre Arbeit boten ihr diese Aufenthalte am Chiemsee die nötige Ruhe und Muße.

Es war Franziska, die das L-förmige Haus in der Kaulbachstraße 63 in Schwabing gefunden hatte, das von allen nur »das Eckhaus« genannt wurde. Über Freundesfreunde hatte sie davon erfahren, hatte den beiden anderen davon erzählt, und dann war alles sehr schnell gegangen. Sie hatten sich ausgerechnet, daß sie, wenn sie einen gemeinsamen Haushalt hätten und die Kosten teilten, jeden Monat viel Geld einsparen, sich sogar zu dritt noch ein Hausmädchen leisten könnten. Das Haus war einstöckig, aber dennoch ziemlich groß, hatte eine geräumige, gut eingerichtete Küche und viele kleinere Zimmer, die man wunderbar auf drei Personen verteilen konnte. Dabei fielen auch noch ein paar Gästezimmer ab, denn man war sich einig, daß man Freunden in Not – und sei es nur die Not, nachts nach langen Gesprächen und viel Wein noch einen langen Heimweg vor sich zu haben – immer ein Dach über dem Kopf bieten wollte.

Am Tag des Umzugs regnete es. Franziska saß auf den gepackten Kisten im Wohnzimmer mit den roten Tapeten in der Dietlindenstraße und weinte. Die novemberliche feuchte Kälte kroch durch alle Ritzen. Franziska weinte vor Wehmut, sie weinte und fand es gleichzeitig kitschig und geschmacklos, in dieser Situation zu weinen. Sie weinte, weil wieder ein Abschnitt ihres Lebens zu Ende war, sie weinte über das Leben im allgemeinen und weil der Bubi den schwärzlich angelaufenen Moccalöffel, den die Götter neulich verweigert hatten, aus seiner Schatzkiste hervorholte und auf das Fensterbrett legte. Sie weinte darüber, daß der Bubi einen ausgeprägten Sinn für große, dramatische Momente im Leben hatte, sie weinte wieder vor Rührung.

»Den Löffel leg' ich denen noch mal hin, daß sie lieb mit uns sind!« sagte Bubi und legte den Arm um Franziskas Hals.

»Ach, mein geliebtes Göttergeschöpf, sie sind doch lieb mit uns, die Götter.«

»Aber warum weinst du dann?«

»Ich weiß auch nicht, es kommt einfach so. Ich bin ja eigentlich froh!«

Wie ein weiser alter Mann schüttelte der Bubi langsam und bedächtig den Kopf.

»Versteh' ich nicht.«

»Ich auch nicht.«

In diesem Moment kam Suchocki. Er sah das bestürzte Bübchen und seine zerflossene Mutter.

»Onkel Such«, sagte der Bubi, »wir müssen etwas für die Götter tun.«

»Nicht für die Götter, sondern für deine Mama!«

Er nahm Franziska wie ein Baby auf den Arm und wiegte sie hin und her, drehte sich mit ihr im leeren roten Zimmer. Er drehte sie, bis sie schwindelig wurde, und sagte ihr, daß er sie jetzt mitnähme in die Kaulbachstraße und sie nie mehr allein ließe, daß er sich um alles kümmern würde und sie von nun an unter seinem Schutz stünde. Er und der Bubi würden sie pflegen, wenn sie krank sei, und für sie kochen, und der Hesselfranz könnte ihr dann aus seinen Gedichten lesen. Franziska schluchzte, es wurde immer schlimmer, nun mußte sie auch noch aus Rührung über Such weinen.

»Komm!« sagte er. »Was der Hesselfranz besitzt und ich verdiene, das reicht für uns alle. Mach dir keine Sorgen!«

Er war mit einem Leiterwagen gekommen, der unten auf der Straße stand. Sie packten Franziskas und Bubis Haushalt darauf und zogen um.

Als sie mit ihrem polternden Leiterwagen in die Kaulbachstraße einbogen und vor dem niedrigen alten Haus mit der grünen Holztür und der altmodischen Glocke standen, war Franziska wieder froh. Die Tränen waren getrocknet, sie blickte nur nach vorn, freute sich auf das Leben mit den anderen, frei von finanziellen Sorgen. Sie zogen den Leiterwagen durch den Laubengang und über den gepflasterten

Hof. Hessel wartete oben in der Küche, hatte die Gläser schon eingeschenkt für die kleine Einzugsfeier. Sie luden die Kisten ab und stellten alles in den großen Atelierraum, den sich Franziska bei der Zimmerverteilung ausgesucht hatte. Hessels Räume waren oben neben der Küche, und im Parterre wohnte Suchocki. Außerdem gab es noch einige kleinere, halbdunkle Räume mit Matratzen und großen Kissen auf dem Boden – für Freunde des Hauses.

Bald war das Haus eingeräumt. Jeder der drei hatte zwei Zimmer für sich, die Küche mit der auf den Innenhof hinauslaufenden Veranda wurde gemeinsam genutzt. Bereits nach wenigen Tagen hatte sich in Schwabing herumgesprochen, daß sich in der Kaulbachstraße 63 etwas Unerhörtes tat, daß man sich dort in bisher nicht gekannter Kühnheit über die Normen bürgerlichen Zusammenlebens hinwegsetzte. Wenn Franziska abends im Café Stephanie die Runde drehte, war die Neugier groß: Wie geht denn das, zwei Männer und eine Frau? Und dazu noch das Kind! Und wer machte den Haushalt? Wer kocht? Wer putzt? Wer macht die Betten? Wer kommt für den Mietzins auf, wer für das Essen? Einerseits waren diese Fragen ernst gemeint, man war wirklich interessiert zu erfahren, wie ein solches Zusammenleben organisiert war. Andererseits ließen sich aber auch gewisse mißgünstige Untertöne nicht leugnen. Franziska meinte sogar, hie und da so etwas wie Neid herauszuhören; Neid darüber, daß sie gewagt hatte zu tun, wovon andere immerzu nur redeten. Und natürlich gab es auch böse Zungen, die behaupteten, sie habe sich auf dieses Experiment nur eingelassen, um sich von den beiden Männern aushalten zu lassen.

»Na und?« sagte Franziska, wenn sie darauf angesprochen wurde. »Was gibt es Schöneres für einen Mann, als ein Talent wie mich zu fördern!«

Dabei trug auch Franziska durchaus ihren Teil dazu bei,

daß der Haushalt funktionierte: Sie kaufte ein, kümmerte sich um eine gewisse Ordnung und Übersichtlichkeit in der Küche, legte fest, zu welcher Tageszeit gemeinsam gegessen wurde, und war zunächst die von allen anerkannte Herrscherin des kleinen Imperiums. Von Suchocki wußte man, daß er ein leidenschaftlicher und genußlüsterner Koch war. Er liebte es, während des Essens ausführlich über das Essen zu reden. Hessel hatte mehr Geld als die beiden anderen, und deshalb war es auch nur gerecht, daß er mehr als die anderen in die gemeinsame Kasse einzahlte. Und da er ein Schöngeist war, der lieber Gedichte schrieb, als sich mit profanen Überlegungen zur Haushaltsführung zu beschäftigen, ließen ihn Franziska und Such damit in Frieden. Hessel veranstaltete Lesungen im Haus. In Georgescher Manier – monoton, ohne Höhen, ohne Tiefen, fast liturgisch, beschwörend – rezitierte er eigene Gedichte und Gedichte anderer Autoren. Das zog sogleich diejenigen an, die sich auch sonntags zum Jour fixe bei Wolfskehls einfanden – so mischten sich die Schwabinger Kreise.

Im Freundeskreis waren die Kommentare zum Experiment Kaulbachstraße sehr unterschiedlich. Manche warnten Franziska, meinten, daß sie sich solche Eskapaden schon wegen ihres Kindes nicht erlauben sollte: Solche »gschlamperten Verhältnisse« seien Gift für den Bubi. Andere prophezeiten, daß die drei sich schon nach kurzer Zeit entsetzlich auf die Nerven gehen und sicherlich bald völlig zerstritten sein würden. Man wisse doch, wie das sei, wenn der eine seine Ruhe haben wolle, während nebenan ein fröhliches Gelage stattfinde. Franziska setzte sich über solche Unkenrufe hartnäckig hinweg.

»In ein paar Jahren macht ihr uns das alles nach«, sagte sie zum Baschl, das voller Bewunderung war, weil Franziska mit leichter Hand tat, was sie sich nur in ihren kühnsten Träumen vorstellen konnte. Viele fanden das Experiment aufregend und revolutionär, vielleicht auch ein wenig anrüchig – auf alle Fälle faszinierend. Egal, wie man in Schwabing das Unternehmen Kaulbachstraße beurteilte, wer dazugehören, wer mitreden wollte, der mußte hier im »Eckhaus« gewesen sein. Manche blieben einen Abend, eine Nacht, andere blieben einige Tage oder sogar ein paar Wochen. Es war ein ständiges Kommen und Gehen, die Gespräche oben in der Küche dauerten oft bis in die tiefe Nacht hinein und wurden am nächsten Nachmittag, nachdem man das von Suchocki zubereitete englische Frühstück eingenommen hatte, weitergeführt. In der Faschingssaison ging es im »Eckhaus« besonders hoch her. Bevor man gemeinsam zu den einschlägigen Bällen und Redouten aufbrach, versammelte man sich oben in Küche und Veranda und kostümierte sich. Es gab drei Kisten und zwei Koffer, in denen sich die ausgefallensten Kostüme befanden. Hier entstanden spanische Königinnen und Hofschranzen, Pierrots und römische Gladiatoren, Faune und Cäsaren, germanische Waldschrate und Rübezahl mit seiner bleichen Tochter. Man ging oft zu zehnt, zu zwölft los und kam nachts spät oder morgens früh, oft noch um ein paar laut singende Trabanten vermehrt, wieder zurück.

Auch Franziskas Männer, die aktuellen, die halbverflossenen, die ewig nicht zum Zuge kommenden und die gelegentlichen, alle waren irgendwann im »Eckhaus« zu Besuch. Monsieur, noch immer in Zylinder und Pelerine, kam nachts und ging frühmorgens. Den ichsüchtigen Klages, grünlich-blaß und wichtigtuerisch, sah man immer am Spätnachmittag, oft mit Adam, der seinen Meister Klages inzwischen so sehr bewunderte, daß er darüber alles zu verlieren drohte, was Franziska immer so an ihm gemocht hatte. Friedrich Huch und sein schöner Vetter Roderich, Otto Falkkenberg und Karl Wolfskehl, mit dem Franziska eine Liebesreise nach Italien unternommen hatte und der ihr noch immer täglich drei Briefe schickte, waren oft im »Eckhaus«. Zu den Gästen zählten auch Wolfskehls schlimmster Feind, der intrigante, rundliche Alfred Schuler, der selbstgefällig jeden, der ihm nicht paßte, als jüdisch und zionistisch brandmarkte; der Philosoph Paul Stern, enger Vertrauter und Vaterersatz für Franziska; und immer wieder der Schriftsteller Oskar Schmitz, der schon seit Jahren unverdrossen um Franziska buhlte. Einmal kam sogar Frank Wedekind vorbei, Franziskas großer Schwarm und einer der wenigen, für den sie wohl bei der kleinsten Avance alles hätte stehen und liegen lassen, der nur eine Augenbraue hochziehen mußte, um alle ihre erotischen Phantasien in Bewegung zu setzen.

Alle diese Männer flogen ein und aus wie die Spatzen, wie die Tauben auf dem Dach. Den Nachbarn paßte das natürlich nicht. Sie holten die Ordnungshüter, wenn sie meinten, daß es dort drüben zu wild zuginge. Hinter Gardinen verborgen, versuchten sie durch ein offenes Fenster, eine halboffene Tür etwas Anzügliches zu erspähen, flüsterten einander hinter vorgehaltener Hand zu, was sie gesehen zu haben glaubten oder gern gesehen hätten. Das Sündenbabel in der Nr. 63 war bald in aller Munde.

Im Winter gingen sie oft Schlittschuhlaufen. Von der Kaulbachstraße war man schnell im Englischen Garten, wo sich der Kleinhesseloher See befand, der schon nach ein paar Nächten Frost eine stabile Eisdecke bot. Ganz besonders an den Wochenenden war hier ganz Schwabing auf den Beinen. Die Damen standen im warmen Kostüm mit langem Rock und dem Fuchs um den Hals, die kalten Hände tief im pelzbesetzten Muff vergraben, in kleinen Grüppchen plaudernd beisammen und scharrten, tief im Gespräch versunken, selbstvergessen mit den Kufen. Oder sie fuhren elegante Bögen, oft paarweise, manchmal allein. Etwa in der Mitte des Sees formte sich, immer an derselben Stelle, ein großer Kreis, denn dort unterwarfen sich alle einem ungeschriebenen Gesetz und fuhren in derselben Richtung hintereinander her, immer im Kreis herum. Nur die Kinder störten die geheimnisvolle Ordnung, sie taumelten, fielen hin, zogen sich gegenseitig mit vergnügtem Gebrüll zu Boden. Auch die Herren, zumeist im langen Mantel, manche mit Hut oder wollener Mütze, andere mit rotgefrorenen Ohren, kurvten auf der Eisfläche herum, zu zweit, zu dritt, im nachdenklichen Gespräch oder einzeln, ganz der Bewegung hingegeben. Die Sportlichen, die Draufgänger, erschreckten manchmal eine umworbene Dame, fuhren, die Hände auf dem Rücken, mit gespielter Verträumtheit auf sie zu, wichen erst in letzter Sekunde aus, entschuldigten sich wortreich und versuchten auf diese Weise ins Gespräch zu kommen. Die Nichtgeübten setzten angestrengt einen Fuß vor den andern, den Blick starr vor sich aufs Eis gerichtet, mit ausgestreckten Armen mühsam die Balance haltend, ängstlich darauf bedacht, jede kleinste Unebenheit im Eis zu umfahren. Man traf sich, man sah sich, grüßte rechts, grüßte links, winkte sich zu, wich sich aus, verbarg sich hinter einem breiten Rücken, um nicht gesehen zu werden, oder fiel einander lachend um den Hals. Wenn man Glück hatte, entdeckte man einen guten Freund, den man lange nicht gesehen hatte, fuhr eine Weile nebeneinander her, hatte sich viel zu erzählen, blieb dann und wann stehen, damit der Redefluß nicht unter der Atemnot, die den Unsportlichen schnell befiel, litt. Manche fuhren zu dritt oder viert, hielten sich an den Händen, und wenn einer stürzte, zog er die anderen zu Boden, so daß alle lachend und johlend übereinanderfielen.

An einem kalten, strahlenden Sonntagvormittag, der Himmel war tiefblau, saßen Franziska, Hessel, Wolfskehl und Suchocki auf einem Baumstamm am Rande des Kleinhesseloher Sees und schnallten sich mit viel Gekicher die Schlittschuhe an. Sie waren erst am frühen Morgen von einem Maskenball bei Heiselers nach Haus gekommen, hatten ein paar Stunden geschlafen und dann, um wieder richtig auf die Beine zu kommen, eine Flasche Sekt geleert und eine mit Kokain präparierte Zigarette geraucht. Anschließend waren sie zum Kleinhesseloher See aufgebrochen. Unterwegs hatte der Hesselfranz, der manchmal überraschend komisch sein konnte, Klages und Schuler in ihren Kostümen nachgeahmt. Den Mantel um die Schultern geworfen wie eine römische Toga, zwei dürre Zweige hinter die Ohren geklemmt, stand er da, reckte den Hals und sah die Freunde mit jenem pathetisch starren Blick an, der so typisch für Klages war. Gleich darauf schrumpfte er auf Schulers gedrungenes Körpermaß, zog den Mantel zu einem germanischen Lendenschurz hoch, ließ den Hals zwischen den Schultern verschwinden und posaunte: »Als die Juden frech geworden, wide wide witt bumm bumm! Wollten sie Germania morden, wide wide witt bumm bumm!«

Die anderen krümmten sich vor Lachen, lachten immer noch, als sie ihr Ziel im Englischen Garten erreicht hatten und sich auf dem Baumstamm die Schlittschuhe anschnallten.

»Schaut doch mal da drüben!«

Suchocki deutete mit dem Kinn auf die Eisfläche, weil er gerade mit beiden Händen Franziskas Kufen an ihren Schuhen festschnallte. Jetzt sahen alle, was Suchocki als erster entdeckt hatte. Das Gelächter brach jäh ab, die vier saßen stumm nebeneinander und betrachteten das Bild, das sich ihnen darbot.

Zwei Gestalten, die eine groß, die andere klein, zuerst nur schemenhaft, aber bereits unverkennbar, kommen näher, werden größer, bahnen sich mit parallelen, weit ausholenden Schritten, anmutigen Schwüngen, jede Bewegung einander angepaßt, Seit an Seit, mal nach rechts, mal nach links ausscherend, einen Weg durch das Getümmel auf dem Eis. Die beiden sind so sehr auf ihren Gleichschritt konzentriert, daß sie nichts um sich herum wahrnehmen, nichts sprechen, nichts hören, nichts sehen – ganz verliebt scheinen sie in ihre aufeinander abgestimmte, elegante Bewegung zu sein. Gebannt verfolgen die vier auf dem Baumstamm das einträchtige Paar, und auf einmal, ohne daß ein Wort gewechselt wurde, haben sie alle vier den gleichen Gedanken. Sie schließen ihre Schnallen, drehen die Schrauben fest, knöpfen Mäntel und Jacken zu, ohne die beiden Tänzer aus den Augen zu lassen. Sie gehen aufs Eis, fassen sich an den Händen, folgen immer noch stumm den beiden anderen, nähern sich, fahren vorbei, kommen wieder heran, bilden eine Mauer, auf die beiden zu, teilen sich, zwei zu zwei, das elegante Paar darf passieren. Dann fassen sie sich wieder bei den Händen, bilden einen Kreis, steuern auf die beiden zu, öffnen den Zirkel, haben sie schon umzingelt, fahren herum, schneller, immer schneller, die Kufen kratzen auf dem Eis, die Gesichter fliegen an den Eingeschlossenen vorbei, keiner sagt ein Wort. Klages und Schuler in der Mitte, irritiert, dann in stiller Panik. Klages steht säulengerade, blickt, die Augen weit aufgerissen, ins Leere; der zu Fettleibigkeit neigende Schuler verliert das Gleichgewicht, die Kufen rutschen nach vorn weg, er landet mit einem schmerzhaften Aufjaulen auf seinem Steiß. Wolfskehl, Hessel, Suchocki und Franziska bleiben stehen, brechen in schallendes Gelächter aus. Klages, selbst unsicher geworden, hilft Schuler auf die Beine, greift ihm unter die Arme, stellt ihn mit Mühe wieder auf seine Kufen und klopft ihm den Schnee vom Hosenboden.

»Nicht einmal hier ist man sicher vor diesem Judenpack!« zischt Schuler und reibt sich sein Hinterteil.

Wolfskehl fährt ganz nah an ihn heran und bremst mit quergestellten Kufen, daß der Schnee staubt: »Einem semitischen Steiß macht so was nichts aus!«

Im späten Frühjahr des Jahres 1904 war Franziska wieder schwanger.

»Wir bekommen ein Kind, Such. Sag sofort, daß du dich freust!«

Suchocki konnte das Glück nicht fassen. Noch am selben Nachmittag ging er zum Viktualienmarkt und kaufte für ein Festmahl ein: Rebhühner und Wacholderbeeren, eingelegten Kürbis und Frühkartoffeln, Forellenfilets und Rumtorte. Dann ging er noch ins Leihhaus und löste Franziskas handgetriebenen silbernen Armreif mit den kleinen Rosenblüten aus.

»Es trifft sich gut«, sagte Franziska, als er nach Hause kam, »daß gerade du der Vater bist, denn ich liebe dich!«

Suchocki trug sie fortan auf Händen. Er gab acht, daß sie sich nicht körperlich verausgabte, nichts Schweres hob, nicht zu schnell die Treppe hinunterlief; er überwachte streng, daß sie genügend aß und nicht zuviel rauchte. Auch der Bubi und Hessel freuten sich sehr. Im »Eckhaus« waren sich alle einig, daß der Bubi recht gut einen Kameraden zum Spielen brauchen könnte.

An Franziskas Schwangerschaft nahmen alle Bewohner des Hauses, die festen, die vorübergehenden, die immerwiederkehrenden, gleichermaßen Anteil: Anfälle von schlechter Laune, Müdigkeit, Mattigkeit, Heißhunger auf saure Gurken und Birnenkompott, abrupt einsetzende Zustände von Depression, in denen sie sich in ihr Zimmer zurückzog und für niemanden zu sprechen war – alles dies wurde ihr verziehen, alle gingen äußerst rücksichtsvoll mit ihr um, jeder verstand, verzieh, vergaß, wenn es sich als nötig erwies. Ihre Seelenverfassung schwankte hin und her, gestern hell und morgen düster, mal sah sie ihre Zukunft rosa, mal verwaschen grau, mal schwarz. Wenn sie allerdings daran dachte, wie schrecklich ihr bei den vergangenen Schwangerschaften zumute gewesen war, wie verzweifelt hoffnungslos, einsam und todesnah sie sich gefühlt hatte, wie sie nachts nicht schlief, weil sie nicht wußte, was werden sollte, dann räkelte sie sich auf ihrem Diwan, rollte sich zusammen wie eine Katze, schnurrte, schloß die Augen und war mit sich, ihrem Leben und dem, was sie erwartete, zufrieden.

Alle wollten mithelfen, einen Namen für das Kind zu finden. Franziska erinnerte sich, wie ihr damals, bei Rolf, nur Mädchennamen eingefallen waren, wie sie überhaupt nicht mit der Möglichkeit des Bubi gerechnet hatte. Jetzt war sie klüger. Also: Theodor, Adolf oder Alfred, auch Gerhard wäre schön, oder Luitpold oder Gert. Auch der Bubi wollte mitmachen bei diesem Spiel. Er ging erst einmal die Namen derer durch, die ihm bekannt und wichtig waren: Ludwig, nach Klages, Paul und Adam oder Monsieur?

»David oder Jakob, das sind auch schöne Namen«, sagte der Hesselfranz, und Such, der sich noch am wenigsten beteiligt hatte, fand, das Kind könne Bogdan heißen. An jenem Abend saßen sie noch lange in der Küche. Es wurde spät, und als sie ins Bett gingen, hatten sie nicht nur fünf Namen zur Auswahl, sondern auch eine Reise nach Italien geplant. In Italien sollte das Kind zur Welt kommen, am liebsten in Florenz oder Rom, und die ganze Familie, bestehend aus Suchocki, Hessel und dem kleinen Rolf, sollte mit, denn alle wollten dabeisein, wenn sie ein Kind kriegten.

Die Familie schlug ihre Zelte in Forte dei Marmi auf, einer kleinen Stadt am Golf von Genua. Im August waren sie angekommen, und es war schrecklich heiß. Sie mieteten eine winzige Wohnung in einem klapprigen Haus nicht weit vom Strand, damit auch der Bubi seinen Spaß haben konnte. Franziska hatte sich reichlich Arbeit mitgenommen, Romane und Essays, deren Erscheinungstermine im Langen-Verlag bereits festlagen, mußten in rasantem Tempo übersetzt werden. Schon am frühen Morgen, wenn die Luft noch diesig und der Himmel milchig, wenn der Sand noch kühl und das Licht silbern war, ging Franziska hinunter und setzte sich in der kleinen Strandhütte an die Arbeit. Mittags war dann Bubizeit. Franziska hatte ihn in Deutschland vom Schulbesuch befreien lassen und mit ihm vereinbart, ihn jeden Tag mindestens zwei Stunden lang zu unterrichten, damit sie dann in einem Jahr den deutschen Behörden beweisen könnten, daß das schulische Pensum mit Leichtigkeit, ohne Zwang, ohne furchteinflößende Autoritäten, ohne seelische Angst und Not im privaten Unterricht zu schaffen sei. Schon lange zuvor hatte Franziska beschlossen, ihr Kind niemals einer öffentlichen Erziehung zu überlassen. Sie hatte Anträge gestellt, ihn von der Schule zu befreien, hatte sich vorgenommen, bis zur höchsten gerichtlichen Instanz zu gehen, um den Bubi vor der Schulpflicht zu bewahren. Zu groß war ihre Angst, man könne ihn verbiegen, verwirren und seine Kindheit stören; es graute ihr davor, ihn aus der Hand zu geben, einem fremden – möglicherweise vom preußischen Erziehungsmodell überzeugten – Lehrer anzuvertrauen, mit anzusehen, wie ihr Bubi, ihre einzige Maus, ihr Göttertier, sich von ihr entfernte, ihr entglitt.

Italien! Hier gehörte der Bubi ganz ihr, hier würde sie ihr Baby kriegen, hier wollte sie konzentriert und ruhig leben, sich besinnen auf die Dinge, die wichtig und wertvoll waren; hier wollte Franziska einige Monate bleiben und ein neues, inneres Leben beginnen. Frei von kleinkarierten, mißgünstigen Gedanken, wollte sie sich von nun an nur noch dem Mann widmen, den sie liebte, und ihren Kindern. Sie wollte ein Leben führen, das rein war und blütenweiß, sanft und weich, großherzig und liebevoll, ein Leben ohne Schmerz und ohne Groll. Vorsätze! Vorsätze! Aber das Leben, die äußeren und inneren Umstände, ihre Gesundheit, ihre Nerven, ihre Gedanken spielten nicht so mit, wie sie es erwartet hatte. Franziska ging es oft nicht gut. Die Hitze setzte ihr zu, sie litt fast täglich unter pochenden schrillen Kopfschmerzen. Wenn sie aus dem Haus ging, fürchtete sie sich davor, ohnmächtig zu werden, hinzufallen, das Kind in ihrem Leib zu gefährden. Ihr Kind! Manchmal glaubte sie gar nicht mehr daran, daß es ein warmes, weiches, lebendiges Kind war, das sie da mit sich herumtrug. Schwer und kalt und hart war es, ließ sie eher an Rotkäppchens Wackersteine denken, jedenfalls an etwas, das weh tat und sie bei jedem Schritt zu Boden zog.

Immer öfter mußte Franziska jetzt Morphiumpulver nehmen, damit das Blei in ihrem Bauch leichter wurde, damit die Kopfschmerzen verschwanden, die vergifteten Gedanken und die düsteren Träume. Was war aus ihren blütenreinen Vorsätzen, ein neues, mildes Leben zu beginnen, geschehen? Oft lag sie tagelang darnieder, geplagt vom schlechten Gewissen, daß die Zeit ihr zwischen den Fingern zerrann, daß der Bubi ohne Unterricht war und die Übersetzung nicht fertig wurde. Such kam und ging, führte sein eigenes Leben, war geduldig und liebevoll – und ausgesprochen unabhängig. Wenn er nicht gerade mit dem Rad – meistens begleitete ihn Hessel – unterwegs war, oft tagelang nicht zurückkam aus Carrara, Massa oder Viareggio, dann hatte er – wie er es nannte – geschäftlich zu tun, verhandelte in Pisa oder in Lucca wegen eventueller Auftritte als Puppenspieler oder über Abnahmezahlen, Stückpreise, Gewinnspannen seiner bemalten Gläser, die er an die Besitzer kleiner Andenkenläden zu verkaufen versuchte.

»Irgendwo muß das Geld doch herkommen«, sagte er, wenn er zurückkam und Franziska die vorwurfsvolle Falte nicht von ihrer Stirn, nicht aus ihrer Stimmung vertreiben konnte. Dann wurde er oft grantig, packte sie an den Handgelenken, schüttelte sie, brüllte sie an, drehte sich auf dem Absatz um und ging wieder weg. Nach solchen Szenen kam er manchmal erst spät nachts zurück, roch nach Zigarettenrauch und Wein, legte sich neben sie und bat sie um Verzeihung. Diese Momente waren die schönsten! Franziska verzieh sofort, nahm seinen Kopf und legte ihn auf ihren harten Bauch.

»Es sind doch nur noch drei Monate, Such, dann löst sich alles, dann haben wir das Kind. Vielleicht sollten wir weg von hier, vielleicht sollten wir alleine nach Rom gehen und den Franzl hier lassen!«

Franziska hatte plötzlich das Gefühl, daß ihr eine Ortsveränderung gut täte, eine neue Wohnung ohne Hessel, das kultivierte Leben in der Großstadt, Theater, Museen, aber sie fühlte sich zu schwach. Zwischen ihr und Franz Hessel wurden die Spannungen immer größer. Sie fand ihn anfallartig geizig, kleinkariert und spießig; ärgerte sich darüber, daß er ihr einen großzügigen Umgang mit seinem, Hessels, Geld und Verschwendungssucht vorwarf und daß er sich nicht dazu bereit erklärte, eine größere Wohnung zu mieten. »Zwei Zimmer für vier, bald fünf Personen! Dem Franz seine Großzügigkeit kennt keine Grenzen«, spottete Franziska. »Der Bankierssohn mit der Krämerseele läßt es sich und seinen Freunden so richtig gutgehen!« Auch ihre guten Vorsätze bewahrten sie nicht davor, daß sie ihn immer häufiger einfach nicht ertragen konnte, seine Anwesenheit machte sie nervös und miserabler Laune. Es waren eigentlich Kleinigkeiten, für die sie ihn haßte, und sie fühlte sich schlecht dabei: Er hielt die Zigarette falsch, bewegte sich affig, redete gestelzt. Es nervte sie, wie er sie bewunderte, wie er auf Provokationen schlaff reagierte, seine Unerwachsenheit, seine Verwöhntheit machte sie aggressiv – und sein Geld! Franziska konnte sich gegen ihre eigene Ungerechtigkeit nicht wehren, im Gegenteil, sie warf dem Hesselfranz auch noch vor, daß er sie zwang, so zu sein, wie sie sich selbst nicht ausstehen konnte.

Franziska war dünnhäutig. Tagsüber hatte sie Angst vor

der Zukunft, nachts fürchtete sie sich vor ihren Träumen. Sie wagte es kaum mehr, sich auf ihrer Matratze umzudrehen, ihrer Nervosität freien Lauf zu lassen und sich zu wälzen. Sie wollte die Schmerzen beim Drehen vermeiden, fürchtete sich jedesmal davor, das Blei hin- und herzuschubsen, den kalten, harten Klotz. Der Arzt kam und verbot ihr, aufzustehen, hinauszugehen, zu arbeiten. Er verbot ihr das Sitzen, das Stehen, das Gehen, er verordnete stilles Liegen. Wie auf dem Totenbett. Such war jetzt nicht mehr unterwegs, irgend etwas hielt ihn, er bewegte sich kaum mehr von ihr fort, höchstens schnell zum Markt, zum Fleischer, zum Käseladen. Manchmal hörte sie aus dem offenen Fenster, wie er unten mit den Leuten auf der Straße redete, den jungen Mädchen etwas Freches hinterherrief, mit den Männern über die Weinernte sprach. Sie hörte, wie der Bubi erzählte, daß seine Mama ein kleines Kind bekäme und er einen Bruder und der Such einen Sohn. Sie hörte, wie die anderen, Nachbarn, der Wirt und der Kellner aus der Trattoria gegenüber und die beiden dicken Wäscherinnen, sich mitfreuten auf das Kind: Es wird sicher so schön wie der Bubi! sagten sie und strichen ihm über sein blondes Haar. All das hörte sie, wenn das Morphiumpulver sie noch nicht ganz und gar mitgenommen hatte auf die leichte Reise.

Am frühen Morgen des 30. September war alles vorbei. Zwei Mädchen hatte Franziska geboren, das eine kam tot zur Welt, das andere, Sybillchen, lebte einen kurzen langen Tag. Franziska konnte an nichts anderes mehr denken als an die kleine Stimme, das dünne Wimmern, das spirgelige Zetern. Aus ihrem rechten Busen drückte sie zwei Tröpfchen Milch in den winzigen Mund, hoffte, dem zarten, schwachen Wesen von der eigenen wenigen Kraft noch etwas abgeben zu können. Aber ihre Kraft reichte nicht aus. Natürlich nicht. Franziska nahm noch wahr, wie der Arzt seine Tasche packte und zur Tür ging, sah, wie Such sein

Töchterchen in Watte einpackte, sich mit ihm auf Bubis Bett legte, die Hände, den Kopf, die Brust anhauchte, als wolle er dem Kind seinen Odem einblasen. Dabei liefen ihm die Tränen herunter, auf Sybillchen in der Watte, auf Bubis Bett. Lauter hilflose Gesten! Der Bubi stand in seinem weißen Nachthemd zitternd an der Tür, die Augen weit aufgerissen.

»Warum sind die jetzt schon rausgekommen, die waren doch noch gar nicht fertig!«

Der Hesselfranz ging mit ihm ins andere Zimmer, versuchte ihn mit ratlosen Antworten, zaghaften Erklärungen zu beruhigen. Auch seine Stimme bebte, er konnte die Tränen nur schwer zurückhalten.

Franziska hat heftige Schmerzen, biegt sich, krümmt sich, will sich strecken, aber sie kann nicht. Sie öffnet den Mund, will schreien, es kommt kein Laut heraus. Monsieur kommt, hat ein dickes, häßliches, etwa einjähriges Mädchen in blauem Kleid und Mützchen auf dem Arm. Sie sagen ihr, daß es ihr Kind ist. Franziska brüllt sie an, daß sie so ein scheußliches Kind nicht will, sie schlägt die Decke zurück, will aufstehen: überall kleine Knochen von den Zwillingen auf dem Laken, dazwischen springen kleine Laubfrösche herum.

Als Franziska aus ihrem schweren, ohnmächtigen Morphiumschlaf erwachte, sah sie gerade noch, wie Such das Wattepaket hinaustrug. Sie hörte ihn auf der Treppe schluchzen, unten hörte sie andere Stimmen. Sie war allein. Sie konnte nicht mehr unterscheiden zwischen wach sein und schlafen, griff nach den überkleinen Händchen, Füßchen, schloß die Augen, war wieder ganz wach.

»Sie haben sie in einen winzigkleinen, weißen Sarg gelegt«, sagte der Bubi. Er war zurückgekommen, um ihr zu erzählen, was draußen geschah, setzte sich auf die Bettkante und biß von seinem Apfel ab. »Sybillchen ist jetzt tot, Ma-

228

mai. Du mußt jetzt ganz brav sein und liegenbleiben, soll ich dir sagen. « Er legte ihr seine klebrige Hand auf die Stirn, und für ein paar Sekunden war alles gut.

9. Kapitel

Die Erschütterung bebte noch lange nach. Eigentlich hatten sie bis zum Frühjahr in Italien bleiben wollen, eigentlich hatte Franziska mit dem Bubi und dem neuen Baby im warmen, linden Süden überwintern wollen – eigentlich hatten sie alles ganz anders geplant. In ihrer stummen Trauer mußten sich Franziska und Suchocki aneinander festhalten. Seitdem Franziska ihren Such, diesen polternden polnischen Haudegen, so zart, so verletzt und bis ins Innerste getroffen, so verzweifelt und verloren erlebt hatte, liebte sie ihn noch mehr, und anders. Jetzt hatte sie kein Bedürfnis mehr, ohne Fesseln, frei und unabhängig zu leben; das, was ihr früher das Wichtigste gewesen war, wich plötzlich zurück. Sie konnte sich ein Leben ohne Such, den Vater ihrer beiden toten Töchter, nicht mehr vorstellen, wollte, daß er immer bei ihr blieb. Suchocki sprach oft davon, daß er das Bild nicht loswerden könne, wie seine beiden kleinen Töchter, durchsichtig wie zwei aus dem Nest gefallene Vögel, nackt, ohne Federn, ohne Kraft, ohne Schutz, in ihren weißen Särgen lagen. Es verfolgte ihn über Wochen, Tag und Nacht. Franziska hatte jede Nacht einen neuen Alptraum, es schien, als hätten sich alle bösen Geister in ihrem Kopf festgefressen. Sie stöhnte im Schlaf, schrie und schluchzte, und manchmal stand der Bubi in seinem weißen Hemd am Bett, legte die Hand auf ihre Stirn und streichelte sie.

Im November waren sie wieder zurück in München, im »Eckhaus« in der Kaulbachstraße. Sie versuchten, wieder ins Schwabinger Leben einzutauchen, in den Alltag zurückzufinden. Aber Franziska hatte sich verändert. Sie ging jetzt wcniger in die Cafés, dafür ging sie fast täglich zu Gruhle in die Mandelstraße. Gruhle war Psychiater, und Franziska hatte sich schon lange vor ihrer Italienreise mit ihm angefreundet. Sie liebte die langen Gespräche mit ihm. Er konnte mit einer ganz direkten, präzisen Frage alle Schleusen in ihr öffnen und Empfindungen, die tief vergraben waren, hervorholen. Bei diesen meist ziemlich einseitigen Gesprächen fühlte sie sich auf eine seltsame Weise gut aufgehoben und beschützt. Sie wußte, daß bei ihm alles, und sei es das Intimste, Innerste, Privateste, unter Verschluß blieb, und ihr tat es wohl, die Dinge, die sie beschäftigten, die sie bedrückten und aufwühlten, zu benennen und mit ihm zu besprechen. Wenn sie darüber reden konnte, wurde ihr manches erst richtig klar.

Was sie besonders bewegte, war das undeutliche Gefühl, daß sie selbst am Tod der Zwillinge schuld sei. In den Gesprächen mit Gruhle gelang es ihr, sich von dieser bedrückenden Vorstellung zu befreien, ohne daß sie genau hätte sagen können, wie das zugegangen war. Gruhle tat eigentlich nichts anderes, als ihr mit großem Ernst und freundschaftlichem Interesse zuzuhören. Gruhle spielte nicht und ließ nicht mit sich spielen. Immer wenn sie von der Mandlstraße den kurzen Weg zurück in die Kaulbachstraße ging, fühlte sie sich ruhig und fest. Die Nervosität, die sie manchmal fast zerriß, war wenigstens für ein paar Stunden gedämpft. Nach solchen Gesprächen waren alle ihre Ängste und Selbstzweifel zerstoben, kein Problem schien unlösbar, kein Hindernis unüberwindlich. Dabei gab Gruhle ihr keineswegs Ratschläge, Verhaltensmaßregeln oder Anleitungen. Er saß ihr nur gegenüber oder ging, wenn sie gemeinsame Spaziergänge im Isartal unternahmen, fast wortlos neben ihr her, stellte hie und da eine vordergründig simple Frage und hörte ansonsten zu. Zu Gruhle hatte Franziska das allergrößte Vertrauen.

Die Gewichte in ihrem Leben hatten sich verschoben. Immer öfter fragte sich Franziska, was sie eigentlich noch machen wollte. Sie mochte nicht mehr so darauf losleben wie früher, die Zeit erschien ihr zu kostbar, als daß man sie gedankenlos verschwenden dürfte. Sie wurde vorsichtiger, abwägend, zögernd, tastete sich manchmal ängstlich nach vorn, bevor sie eine Entscheidung traf. Das, was sie ihre Nervosität nannte, war ihr ärgster Feind. Manchmal hatte sie das Gefühl, daß ihre Haut keine schützende Hülle, sondern ein fadenscheiniges, brüchiges Gewebe sei, daß alle Nerven bloßlagen, wundgescheuert und hyperempfindlich. Wenig war übriggeblieben von ihrer spontanen Lebenslust, ihrer Freude an bedenkenlosen Ausschweifungen, ihrem aggressiven Spott. Das aufgeregte Treiben der Bohème reizte sie immer weniger, oft gingen ihr die alten Freunde mit ihren Allüren auf die Nerven.

Trotz der quälenden Unruhe, die ihr manchmal den Kopf, die Brust zersprengen wollte, wirkte sie nach außen gesetzter, seriöser. Manchmal, wenn sie allzu sehr in Monotonie am Schreibtisch zu versinken drohte, mußte sie sich eigens verordnen, was ihr früher tägliches Glücks- und Lebenselexier gewesen war. Dann tauchte sie für ein paar Stunden irgendwo in Schwabing unter, vergnügte sich mit einem oder mehreren Männern und kehrte erst im Morgengrauen ins »Eckhaus« zurück. Franziska brauchte diese Ausbrüche immer noch, sie merkte aber auch, daß das überschäumende Gefühl von Lebenslust und Liebeslust nicht mehr dieselbe rauschhafte Glückseligkeit in ihr erzeugte. Manchmal stand sie neben sich, betrachtete sich von innen, von außen, von der Seite, schüttelte den Kopf und wußte selbst nicht, wie sie sich finden sollte. Franziska hatte sich verändert, das war nicht zu übersehen. Jetzt mußte sie nur noch lernen, sich auch so, wie sie jetzt war, zu gefallen.

Viel mehr machten ihr die anderen zu schaffen. Hessel

ging Franziska ganz besonders auf die Nerven, sie mußte sich zusammennehmen, um ihn nicht andauernd spüren zu lassen, wie unangenehm sie ihn fand.

»Das Schlimmste ist sein Geiz. Wenigstens könnte er mich in Seide wickeln und mir ein Pferd schenken und dann abwarten, ob ich ihm geneigt sein werde!«

Hessel hatte sich etwas zuschulden kommen lassen, was Franziska nicht nur infam und unverschämt fand, sondern auch als Vertrauensbruch wertete. Als sie für ein paar Wochen in Holland war, hatte er dem Hausmädchen die Schlüssel zu Franziskas Atelier abgeluchst und dort, in ihrem Bett, in ihren Decken, auf ihren Laken – vielleicht sogar auch noch in Bubis unschuldigem Bett –, zwei seiner Geliebten untergebracht. Für so etwas hatte Franziska plötzlich gar kein Verständnis. Zwei wildfremde Frauen in ihrem Bett, womöglich ungewaschen und mit behaarten Beinen – der Gedanke daran war ihr unerträglich. Mit oder ohne Hessel – darauf kam es schon gar nicht mehr an. Als sie Kathi zur Rede stellte, hielt sich Hessel im Nebenzimmer auf, und Franziska wußte, daß er ihr lautes Schimpfen und die Vorwürfe, die sie Kathi machte, weil diese die Schlüssel weitergegeben hatte, mit angehört haben mußte. Was Franziska besonders empörte, war, daß Hessel auch noch zu feige war, Kathi zur Hilfe zu kommen und die Schuld auf sich zu nehmen.

Dieser Vorfall bedeutete für Franziska das eigentliche Ende der Ära Kaulbachstraße. Die Gemeinschaft bestand nicht mehr wirklich, wenn man auch noch eine Zeitlang unter einem Dach lebte. Das Haus war groß genug, um sich aus dem Weg zu gehen. Franziska hatte genug zu tun mit ihrem Bubi und sich selbst. Sie fing wieder an zu malen. Ihr alter Traum, mit der Malerei doch noch einmal ihr Leben bestreiten zu können, war wiedererwacht. Außerdem schrieb und übersetzte sie und dachte ständig darüber nach, wie sie zu Geld kommen könnte, um sich aus den demütigenden Abhängigkeiten zu befreien. Suchocki war häufig weg, und wenn er zurückkam, benahm er sich wie ein eifersüchtiger Ehemann, raste und tobte oder war tagelang beleidigt, witterte hinter jeder Ecke einen Nebenbuhler. Außerdem trank er zu viel, dann wurde er in seinen Eifersuchtsanfällen auch noch gewalttätig, bedrohte Franziska einmal sogar mit dem Messer.

Rabiate Umgangsformen und schlechter Stil waren eingekehrt in »das Eckhaus«, die Wahlfamilie wurde allmählich zur Qual. Bevor sie gemeinsam darüber sprachen, auseinanderzugehen, hatte jeder für sich bereits beschlossen, seine eigene Richtung einzuschlagen. Franziska suchte nach neuen Zielen, nach inneren und äußeren, sie dachte über Möglichkeiten nach, wie sie sich und dem Bubi das Leben schön machen konnte, vielleicht sogar im Ausland, in Griechenland, in Italien, im Tessin. Sie sehnte sich nach Wärme und Freiheit – so wie früher und doch ganz anders.

Einer, der ihr früher hin und wieder beim Träumen geholfen hatte, war Oskar Panizza, der Nervenarzt und Gotteslästerer. Dieser aggressive Eiferer, der sich immer von Feinden umstellt sah, wurde in Franziskas Gegenwart zum phantasievollen Tagträumer, der sie, wenn sie deprimiert war, mit farbigen Visionen arkadischen Lebens aufheitern konnte. Inzwischen war Panizza in die Nervenheilanstalt des Doktor Würzburger in der Nähe von Bayreuth eingeliefert worden. Man hatte ihn entmündigt und im Sinne des bürgerlichen Gesetzbuches für geisteskrank erklärt. Per gerichtlichem Beschluß war er unter Vormundschaft seines Bruders Felix gestellt worden, seine wirren Proteste blieben ohne Wirkung. Panizza litt schon seit Jahren unter Wahnvorstellungen, die sich wie ein Netz, immer dichter, mit immer engeren Maschen, um seine Persönlichkeit legten, ein Netz, in dem er sich verfing und verhedderte, aus dem er sich nicht mehr befreien konnte. Franziska verehrte diesen Mann, verehrte ihn wegen seiner Verletzlichkeit, wegen der maßlosen Wut, mit der er sich gegen die ihn bedrängenden Gewalten zur Wehr setzte, wegen seiner phantastischen Träumereien und seiner gotteslästerlichen Ausfälle, die ihn immer wieder ins Gefängnis gebracht hatten. Mit seinen bitterbösen Angriffen auf die Glaubenslehren und seinen satirischen Attacken gegen einen altersschwachen und rachsüchtigen Gott und alles andere, was den Christen heilig war, hatte er große Aufmerksamkeit erregt. Besonders in der Bohème schmückte man sich gern mit Redewendungen aus Panizzas »Liebeskonzil« oder der »Unbefleckten Empfängnis der Päpste«.

Als Franziska im Zug nach Bayreuth saß, um Panizza in der Nervenheilanstalt zu besuchen, war ihr nicht wohl. Sie hustete wieder schrecklich, wenn sie den Kopf drehte, wurde ihr schwindelig, ihr Magen war verknotet. Franziska hatte sich bei Freunden nach Panizzas Zustand erkundigt, und was ihr berichtet wurde, machte ihr angst. Am Bahnhof kaufte sie noch einen Strauß Veilchen, außerdem hatte sie ein Exemplar ihres Romans für ihn in den Rucksack gesteckt, obwohl sie nicht wußte, ob er noch in der Lage war, sich auf ein Buch zu konzentrieren.

Es war noch ein ganzes Stück zu Fuß bis zur Nervenheilanstalt Herzogshöhe zurückzulegen. Franziska hatte gar nicht bemerkt, daß es wieder zu schneien begonnen hatte. Sie stapfte mit ihren dünnen Stiefeln durch den Schnee. Plötzlich blieb sie stehen, hustete, mußte verschnaufen, sich an einen Baum lehnen. Es war mit einemmal totenstill um sie herum; der Schnee schluckte jedes Geräusch, kein Vogel rief, kein Hund bellte, nichts regte sich, nur die Flocken fielen lautlos aufeinander. Franziska setzte ihren Rucksack ab und sah sich um. Vor ihr, hinter ihr war alles weiß. Oder blau? Oder rosa? Goldene Punkte flimmerten vor ihren Augen, auf den Ohren lagen Wattekissen. Was ist, dachte sie, wenn ich hier ohnmächtig werde? Sie rieb sich die kalten Wangen, die eisigen Ohren, aber die Finger waren wie aus Glas. Sie trampelte mit den Stiefeln auf den Schnee, sie beugte sich nach vorn, zur Seite, zurück, ließ den Oberkörper kreisen, ließ den Kopf nach rechts, nach links fallen. Nichts. Sie spürte sich nicht mehr, sie war dabei, sich im Schnee und der Stille zu verlieren. Sie reckte die Arme in die Luft, hatte auf einmal das unbezwingbare Bedürfnis zu schreien. Sie schrie, lange und laut, setzte dabei einen Schritt vor den anderen. In dem Moment sah sie eine Gestalt auf sich zukommen. Es war eine alte Bäuerin, in dunkle wollene Tücher gehüllt, die ihr entgegenkam. Sie mußte wohl Franziskas Schrei gehört haben, mußte gesehen haben, wie sie die Arme rang. Abscheu, Häme und Angst lagen auf ihrem Gesicht. Obwohl der Weg breit genug für einen Heuwagen war, drückte die Alte sich, als müsse sie Platz machen, am äußersten Rand des Weges an Franziska vorbei. Ein argwöhnischer, furchtsamer Blick, dann, als sie aneinander vorbei waren, drehte sich das verhüllte alte Weib noch einmal um und rief aus sicherer Entfernung: »Zur Nervenanstalt geht's da vorn links, dann übers Feld, dann sans scho do.«

Franziska drehte sich auch noch mal um, wollte der Alten noch etwas hinterherrufen, richtigstellen, daß sie nur zur Nevenanstalt wolle, um einen alten Freund zu besuchen. Aber sie konnte keine Worte finden.

»Die hat bestimmt geglaubt«, dachte Franziska bei sich und ging nun zielstrebig in die angedeutete Richtung, »die warten dort schon auf mich.«

Panizza saß auf seinem Bett, die Füße baumelten wie bei einem Kind, das auf einem Stuhl sitzt, in der Luft, er hatte sich rechts und links mit den Armen abgestützt. Das Bett war akkurat gerichtet, das Kopfkissen unberührt, ohne

Mulde, die Decke, das Leintuch geradegezogen. Panizza war ordentlich angezogen, nicht im Schlafrock; an den Füßen trug er Pantoffeln, das Gesicht war unrasiert. Die Schwester auf dem Flur hatte Franziska zu ihm geführt, ihr gesagt, daß er schon seit dem frühen Morgen auf seinem Bett säße und auf sie warte. Franziska war verlegen, gab ihm die Veilchen und einen angedeuteten Kuß auf die Wange.

»Wie geht es, Panizza?«

Er antwortete nicht, sah sie nur an und grinste.

Franziska hätte ihre überflüssige Frage am liebsten gleich zurückgenommen, denn wie kann es einem, der stundenlang auf seinem Bett sitzt und auf Besuch wartet, schon gehen. Sie setzte nochmals an. Nur um irgend etwas zu sagen, log sie: »Panizza, ich bin aus München gekommen, um Sie zu besuchen, und ich soll Grüße ausrichten von Wolfskehl und Wedekind.«

Aber Panizza schüttelte den Kopf und sagte mit einer Stimme, die klang, als sei sie jahrelang nicht benutzt worden. »Grüße, Grüße. Sie lassen mich also grüßen ...«

Franziska räusperte sich unwillkürlich, als hätte sie selbst den Belag auf den Stimmbändern. Sie wußte immer noch nicht, wie sie mit ihm sprechen sollte, sie konnte noch nicht einschätzen, ob er sie verstand oder ob er schon so krank war, daß er ihr nicht mehr folgen konnte.

»Was tun Sie hier den Tag über? Gehen Sie spazieren? Lesen Sie? Mit wem können Sie hier reden?«

Panizza sah ihr ganz gerade in die Augen. Sein Ausdruck wechselte von einer Sekunde zur nächsten. Mal war es ein dumpfes Starren, mal klappten die Augenlider halb herunter, als wolle er schlafen, dann wieder riß er die Lider hoch, machte die Augen frei und sah Franziska mit einem flackernden, lebhaften, manchmal fast spitzbübisch zwinkernden Blick an. Er beugte sich weit nach vorn, so daß Franziska dachte, daß er von der Bettkante herunterrutschen würde, und flüsterte mit rauher Stimme: »Sie schikanieren mich, die Detektive! Überall sitzen sie, hinter den Bäumen und Büschen im Park, nachts gießen sie mir das Türschloß mit Gips zu! Heute morgen hatte ich kein Wasser im Waschbecken, jetzt schneiden sie mir das Wasser ab! Ausländische Detektive sind das, die mit Pfeifen und Trillern in meine Ohren kriechen und mich kleinkriegen wollen. Überall klingelt und pfeift es. Alles die Detektive, sag ich Ihnen.« Dann rutschte er von der Bettkante herunter und schlurfte zum Fenster. »Kommen Sie, sehen Sie, wenn Sie genau gucken, können Sie ihre Rockzipfel hinter den Bäumen erkennen!«

Franziska ging zum Fenster und hielt mit ihm Ausschau nach den Detektiven. Es fiel ihr jetzt leichter, mit ihm zu reden, jetzt wußte sie, wie einsam und verloren er war und daß jede Hilfe vergeblich sein würde.

Sie blieb noch bis zum Abend, ließ sich ganz auf Panizza ein, bestätigte die Rockzipfel hinter den Bäumen und die Trillerpfeifen, denn sie wußte, daß Widerrede oder Richtigstellung keinen Sinn hatte. Er lebte in einem anderen Land, dort zählten andere Wahrnehmungen, dort träumte man andere Träume, dort fürchtete man andere Gespenster. Franziska war traurig, denn früher hatten sie gemeinsam geträumt, das war jetzt nicht mehr möglich. Ihr Buch, das sie ihm hatte geben wollen, ließ sie in ihrem Rucksack.

»Kommen Sie bald wieder«, hatte Panizza ihr beim Abschied mit seiner ungeschmeidigen Stimme gesagt und sich zu ihrem linken Ohr hinaufgestreckt, »und hüten Sie sich vor vergifteten Speisen!«

Als Franziska am späten Abend erschöpft und deprimiert nach Hause zurückkehrte, war keiner im »Eckhaus« mehr wach. Sie setzte den Rucksack ab, ließ sich, ohne den Mantel und die nassen Stiefel auszuziehen, auf den Diwan fallen und zündete sich eine Zigarette an. Da sah sie einen Brief auf dem Tisch liegen, auf dem Kuvert Agnes' Handschrift.

»Liebe Schwester«, stand da, »ich will dir nur mitteilen, daß Mama gestern gestorben ist. Deine Agnes.« Franziska sah, daß der Brief bereits eine Woche zuvor aus Preetz aus dem »Adeligen Kloster« abgeschickt worden war, ihre Mutter also schon neun Tage tot war. In jener Nacht schlief Franziska nicht in ihrem eigenen Bett, sondern sie legte sich zu Bubi auf die schmale Matratze. Schlafen konnte sie dort nicht, aber es war warm, und sein gleichmäßiges Ein- und Ausatmen verscheuchte die Einsamkeit.

Im Halbschlaf sah sie Mama. Kleingeschrumpft auf Zwergengröße stand sie vor ihr, versuchte ihr mit der Hand übers Haar zu streichen, aber sie kam nicht hinauf. Franziska jedoch konnte sich nicht bücken, ihr Rücken fühlte sich an wie ein Stück altes Holz. So sehr sie sich auch bemühte, sich zu Mama herunterzubeugen – es ging nicht. Sie sah ihr in die kalten, alten Augen, die voller Tränen waren, aber nicht überlaufen konnten, sie wollte sie bei der Hand nehmen, aber die Finger brachen ab, sie waren aus Glas und Eis.

Am anderen Morgen hatte Franziska Zahnschmerzen. Ihre Wange, die rechte Kopfhälfte, das Ohr bis hinunter zum Hals, alles tobte. Sie nahm ein bißchen Morphium, legte sich wieder ins Bett und dachte an ihre tote Mutter. Die knappen Worte, der schroffe Ton in Agnes' Brief holten vieles von dem wieder hervor, das Franziska längst vergessen und besiegt glaubte: das alte Gefühl des Ausgeschlossenseins; draußen stehen und nicht hineindürfen, an die Tür klopfen und keinen Einlaß finden. Mit ihrer Mutter hatte sie in den letzten Jahren immer wieder korrespondiert, manchmal war sogar eine kleine Geldsendung aus Preetz gekommen, zu einem Besuch hatte sich Franziska allerdings nicht entschließen können. Jetzt war es endgültig, Mama war tot, Franziska konnte sie nicht mehr sehen, nicht mehr mit ihr sprechen. Trotz solcher Gedanken war Franziska erstaunt, wie distanziert sie die Nachricht von Agnes aufgenommen hatte, vermißte die Trauer in sich. Heimweh und Wehmut, Gedenken und Erinnern, aber keine Trauer. Ein ganzes Leben verpaßter Gelegenheiten.

Ein halbes Jahr später, im Mai 1906, starb Franziskas Bruder Ludwig an Nierenkrebs. Das war für sie viel schlimmer als der Tod der Mutter. Gerade mit Ludwig war sie in den letzten Jahren geistig so eng zusammengerückt, mit ihm konnte sie Gespräche über die Welt und die großen Fragen der Politik führen: Wie kann die Politik die Welt verändern? Wie kommt man durch politisches Handeln zu mehr Gerechtigkeit? Wie könnte eine Gesellschaft aussehen, in der es allen bessergeht? Ludwig hatte in den letzten Jahren als Reichstagsabgeordneter der »Deutschsozialen Partei« mehr in Berlin als auf Gut Wulfshagen gelebt. Seine Ehe mit der Cousine Benedikte, zu der er sich seinerzeit aus Familienraison bereitgefunden hatte, war über ein konventionelles Arrangement der Vernunft nicht hinausgekommen. So konnte sich Ludwig mit Haut und Haaren in die Politik stürzen, wo er vor allem die Interessen der Landwirte vertrat. In sozialpolitischen Fragen stand er den Sozialdemokraten nah, in weltanschaulichen Fragen war er aber im Laufe der Zeit nach rechts gerückt, ohne freilich bei den Konservativen eine Heimat finden zu können. Weithin bekannt wurde er, als er sich gleich am Anfang seiner Karriere als Abgeordneter mit dem Reichskanzler von Bülow ein Rededuell über die »Marokko-Frage« lieferte.

Und nun lag Ludwig im Sterben. Augerechnet Ludwig! Die Geschwister hatten ihm seinen letzten Wunsch erfüllt und sich alle um sein Sterbebett in einem Krankenhaus in Wiesbaden versammelt. Sogar Catty, der jahrelang jeglichen Kontakt gemieden hatte, der mit Franziska nichts mehr zu tun haben wollte, hatte sich diesem Wunsch gebeugt und war gekommen. Als sie sich um Ludwigs Bett versammelten, hatte er nur noch zwei Tage zu leben. Schwach und bleich und meistens ohne Bewußtsein lag er in den Kissen. Die Arme waren so dünn, die Haut über den hervorstehenden Wangenknochen gelblichgrün, die blutig aufgesprungenen Lippen leicht geöffnet. Franziska schossen auf der Stelle die Tränen in die Augen, als sie vor ihm stand, sie mußte sich abwenden, ertrug den Anblick nicht. Und trotzdem war sie dankbar. Einmal gehörte sie dazu, einmal wurde sie von einem familiären Ereignis nicht ausgeschlossen!

Ludwigs Sterben war eine Qual. Er atmete nicht, er stöhnte. Für jeden der vielen bitteren Momente in seinem lieblosen Leben gab er ein abgehacktes, verkrampftes Stöhnen von sich, mit dem er sich befreien wollte von dieser Welt und das ihm die Last des hier Ertragenen von der Seele räumen sollte, um unbeschwert in die andere Welt zu gleiten. Irgendwann, ganz plötzlich, spürte Franziska, daß er schon woanders war, daß er zwar noch in seinem Bett lag und das Stöhnen immer zaghafter wurde, daß auch noch das Blut in seinen Adern floß und sein Herz schlug, daß Ludwig aber seinen Körper schon verlassen hatte.

Abends ließen die Geschwister die Cousine Benedikte noch eine Stunde allein mit ihrem Ehemann. Stumm gingen sie in ein Weinlokal in der Wiesbadener Innenstadt, tranken gierig das erste Glas Rotwein, darauf sofort das nächste. Als die Anspannung nachließ, sprachen sie ein wenig miteinander, kamen aber über ein paar flüchtige Freundlichkeiten nicht hinaus. Das einzige, was die vier Geschwister, Agnes, Ernst, Catty und Franziska, noch verband, war die Trauer um Ludwig. Ihre Leben hatten sich weit voneinander entfernt, sie hatten sich nicht viel zu erzählen. Nachts kam dann die Nachricht von Ludwigs Tod, und sie gingen noch einmal zu ihm. Man hatte ihm einen großen Strauß mit roten Rosen auf die Brust gelegt, sein mageres gelbes Gesicht verschwand fast dahinter, die Hände waren gefaltet und umschlossen die dornigen Stiele. Franziska sah, daß das rechte Auge nicht ganz geschlossen war, sie versuchte, sich mit ihrem Blick in den kleinen Spalt hineinzudrängen, um vielleicht einen Zipfel von jener anderen Welt zu erspähen, aber es gelang nicht. Ludwig lächelte weise: »Nicht traurig sein, Fanny.«

Franziska nahm sich Ludwigs Rat zu Herzen. Sie gab ihrem Fernweh nach und reiste mit dem Bubi nach Griechenland, wo sie einige Monate blieb, danach hielten sie sich ein paar Monate in Rom auf. Die Lebensgemeinschaft im »Eckhaus« in der Kaulbachstraße hatte sich aufgelöst. Eigentlich hatten alle, auch Franziska, die Auflösung betrieben, obwohl alle auch sehr darunter litten. Franziska sah keine Vorteile mehr im Zusammenleben mit dem Hesselfranz, auf den sie fast nur noch ungerecht und allergisch reagierte und sich immer irgendwie schuldig fühlte. Auch mit Suchocki, den sie zwar sporadisch immer noch als den einzigen Mann für eine Liebe auf Dauer ansah, der ihr aber mit seinen Ausbrüchen und unberechenbaren Anfällen von Eifersucht oder anderen übertriebenen Gemützuständen angst machte, wollte sie nicht mehr leben. Als ihre alte Freundin Baschl, Helene von Basch, ledig schwanger wurde und nach einem möglichst adeligen Mann suchte, der ihr aus der Bredouille helfen könnte, fädelte Franziska es ein, daß Suchocki, der Fürst, das Baschl heiratete – allerdings gegen eine gewisse Summe, an der auch Franziska beteiligt wurde. Die Eltern vom Baschl waren zufrieden, der Fürst schien ihnen ein gesellschaftlich tauglicher Ehemann für ihre Tochter zu sein, ein standesgemäßer Retter aus einer höchst peinlichen Lage.

Was für Franziska und Such zuerst wie ein Spiel aussah, wie ein spaßiger Coup aus einer Faschingslaune heraus, sollte aber bald bitterer Ernst werden. Juristisch zog die Eheschließung auch die Adoption des Kindes nach sich, und das Baschl war nicht bereit, darauf zu verzichten. Jetzt war der arme Such selbst arg in die Bredouille geraten, denn seine finanzielle Lage vertrug keine weitere Belastung. Als er nicht mehr weiter wußte, wanderte er im Herbst 1907 nach Amerika aus, lebte einige Zeit in New York und Chicago, um dann schließlich nach Mexiko aufzubrechen, wo Albrecht Hentschel, Franziskas alter Adam, sein Glück in den Silberminen zu machen versuchte. Suchocki und Hentschel träumten, wie viele andere in jenen Tagen, in den Silberminen Mexikos von Reichtum und Abenteuer, ein Traum, der schon bald an der unromantischen Wirklichkeit zerbrach.

Franziska hielt sich immer noch, mit wachsendem Mißmut, mit Übersetzungen für den Verlag Albert Langen über Wasser. Aber je älter sie wurde, desto unwürdiger fand sie es, immer gerade am Existenzminimum entlangzubalancieren. Was sie früher als notwendige Begleiterscheinung des Bohème-Lebens hingenommen, sogar als schick empfunden hatte, war jetzt, da der 40. Geburtstag immer näher rückte, nur noch zermürbend und verletzte ihren Stolz.

Alle ihre Versuche, an Geld heranzukommen, waren fehlgeschlagen, auch der letzte, das »Glasprojekt«. Vor seiner Abreise nach Amerika hatte ihr Suchocki sein Geschäft mit den Gläsern vermacht. Er hatte Franziska die verschiedenen Techniken des Glasmalens beigebracht und ihr außerdem sein gesamtes Material und den Kundenstamm – Antiquitätengeschäfte und Lokale – vererbt. Zu Beginn ließ sich die Sache noch ganz gut an. Kathi Kobus, die Wirtin des »Simpl« in der Türkenstraße, bestellte 30 Gläser mit dem Mopsmotiv der Zeitschrift »Simplicissimus«; wohlhabende Freunde ließen sich dann und wann zum Kauf eines Bierseidls oder eines Humpens mit einer kleinen oberbayerischen Landschaftsvignette überreden. Aber auf die Dauer war das keine ausreichende Geschäftsbasis. Franziska merkte immer deutlicher, daß sie für diese Art des Handelns kein Talent hatte. Wie schon ihre früheren Versuche, ein Milchgeschäft zu eröffnen oder mit einer Versicherungsagentur zu reüssieren, schlug auch dieses Projekt ganz und gar fehl.

Eines Tages hatte sie genug. In einem Anfall von Wut und Verzweiflung packte sie alles – die unbemalten und die bemalten Gläser, Pinsel, Farbtöpfchen, Lösemittel, Lackgläschen – in die zwei großen, ebenfalls von Suchocki zurückgelassenen Koffer, warf mit lautem Getöse die Haustür hinter sich zu und ging schwer bepackt hinunter in den Hof, lud alles auf den kleinen Leiterwagen und zog die beiden Koffer durch den Englischen Garten bis zum Bootsverleih am Kleinhesseloher See. Es war ein sonniger Frühsommertag, und die Spaziergänger, die ihr entgegenkamen, schüttelten den Kopf über die zarte, energische Frau mit dem entschlossen nach vorn geschobenen Kinn, die zwei riesige Koffer hinter sich herzog.

»Geben Sie mir für zwei Stunden ein Ruderboot!« sagte Franziska dem Bootsverleiher und wies ihn an, ihr die Koffer hineinzuheben.

»Wenns nach Amerika auswandern wolln, dann müssens immer weiter nach Westen rudern!« rief der Mann ihr hinterher und spürte gleich, daß seine Bemerkung bei der Dame nicht so gut angekommen war. Noch lange sah er ihr nach, wie sie sich in die Ruder legte, sich mit dem Oberkörper weit nach vorn und zurück beugte und in rascher Fahrt entfernte. Noch lange rätselte er, was sich wohl in den schweren Koffern befunden haben mochte.

Als Franziska weit genug hinausgerudert war, versenkte sie die feinen ledernen Koffer aus polnisch-fürstlichen Beständen, in denen sich ihr gesamtes mißlungenes Geschäft befand, in dem schwarzgrünen Wasser des Kleinhesseloher Sees.

»Ruhet in Frieden, und lasset euch bei mir nicht mehr blicken!« rief sie ihrer gläsernen Erbschaft nach. Ein paar weiße Blasen, ein gluckerndes Geräusch, dann war alles weg. Franziska steckte sich eine Zigarette an, legte sich nach unten auf die Bodenplanken des Kahns und sah in den Himmel, den schnell ziehenden Wolken nach.

»Ja, wo san denn Ihre Koffer?« Der Bootsverleiher reichte Franziska die Hand, half ihr beim Aussteigen und warf das Tau mit einer vorbereiteten Schlinge lässig über den bemoosten Pfahl.

»Die habe ich versenkt.« Franziska lächelte geheimnisvoll.

»Was, de schena Koffer? Und glei alle zwoa?« Der Mann machte ein gequältes Gesicht, seine Augen suchten im Boot nach den Koffern, aber das Boot war leer.

Franziska sprach jetzt ganz leise und zog ihn vertraulich an der Schulter etwas näher zu sich heran: »Ich habe meine Schwiegermutter partout nicht in dem einen Koffer unterbringen können, und da mußte ich – so leid es mir tat – zur Säge greifen.«

Abends im Café Stephanie hatte sie mit ihrer Geschichte großen Erfolg. Alle am Tisch lachten, trotzdem war Franziska traurig. Zusammen mit den Gläsern, den Pinseln und Farbflakons hatte sie einen alten, aufdringlich immer wiederkehrenden Traum versenkt, den Traum vom großen Geld. Auf dem Heimweg war sie so deprimiert, daß ihr die Tränen übers Gesicht liefen, ohne daß sie weinte. Zu Hause saß der Bubi in seinem Bett und wartete auf sie.

»Mamai, wo warst du nur so lange?«

»Ich hab' das ganze Zeug vom Such im See versenkt.«

Franziska setzte sich zu ihm und strich ihm über die Stirn: »Wir müssen uns etwas anderes ausdenken, wie wir zu Geld kommen, das mit den Gläsern war auch wieder nichts«, sagte sie und kämpfte gegen die Tränen. Der Bubi legte seine Arme um ihren Hals.

»Wenn ich groß bin, dann krieg ich so viel Geld, daß du dich drin wälzen kannst.«

Einige Tage später traf Franziska einen Mann wieder, den sie nicht nur schon seit Kindertagen aus Lübeck kannte, sondern mit dem sie sich die ganzen letzten Jahre, wann immer er in München war, getroffen hatte. Es war Erich Mühsam, der Apothekersohn aus Lübeck, der zu Schulzeiten gar nicht zählte, weil er sieben Jahre jünger war und den Älteren selbstverständlich das Wasser nicht reichen konnte. Jetzt war das anders. Erich war ein kluger, witziger Mann, dem immer schneller als anderen eine kleine polemische Bemerkung einfiel; einer, der gern gegen den Strom schwamm und dafür auch schon ein paarmal hatte büßen müssen. Mit seinem bärtigen Gesicht und den wachen Augen hinter der Nickelbrille, der großen Nase und dem strubbeligen, störrischen Haar war er sogar in Schwabing eine auffällige Erscheinung. Er kleidete sich immer korrekt, allerdings war alles, was er trug, verbeult, verknittert und abgeschabt. Allen Kleidungsstücken sah man an, daß sie schon bessere Zeiten gesehen hatten, aber er trug sie mit Grandezza. Was Franziska ganz besonders anzog, waren seine überraschenden Polemiken, seine klugen, stets präzise formulierten Urteile, die er in seiner ganz eigenen Sprache vortrug. Er hatte ein schnelles, freches Mundwerk, hielt sich nie zurück mit kessen, manchmal unverschämten, aber immer geistreichen Witzeleien und war in der Münchner Bohème ein begehrter Gesprächspartner.

Mühsam war schon viel herumgekommen, bevor er vor kurzer Zeit in München seßhaft geworden war, hatte in Paris gelebt und in Italien, auch in der Schweiz, in Ascona am schönen Lago Maggiore, wo sich auf dem Monte Verità eine Kolonie von Anarchisten aus ganz Europa angesiedelt hatte. Vom Tessin hatte er schon immer geschwärmt, hatte schon früher immer behauptet, es sei der einzige Platz auf der Welt, wo es sich leben ließe, und zwar in jeder Beziehung!

Franziska traf Mühsam im Kabarett zu den »Elf Scharfrichtern«. Sie wollte sich bei dem neuen Programm ein wenig zerstreuen und zumindest an diesem Abend nicht mehr daran denken, daß sich ihr Leben nur noch im Kreis drehte. Nach der Vorstellung saß sie mit ihm, Wedekind und Falckenberg im Café Luitpold. Mühsam erzählte, wie er in Wien Karl Kraus kennengelernt habe und daß er niemals vorher einem so intelligenten Mann begegnet sei. Er versuchte Karl Kraus nachzumachen, scheiterte aber am Wiener Dialekt, der dem Lübecker einfach nicht gelingen wollte. Franziska war auffallend still an jenem Abend, beteiligte sich gegen ihre sonstige Gewohnheit kaum am Gespräch.

»Was ist los mit dir, Fanny, du sagst heute gar nichts?« fragte Mühsam plötzlich und beugte sich quer über den Tisch zu ihr.

»Nichts ist los, das ist es ja!« sagte Franziska mit traurigen Augen.

»Dann müssen wir eben dafür sorgen, daß was los ist! Komm, wir gehen noch in die Jahreszeiten Bar!« Er nahm Franziskas Hand. Die anderen hatten sich schon zum Gehen erhoben, setzten sich aber wieder.

»Nein, nein, nicht so, das ist es nicht«, sagte Franziska in ungewohnt ruhigem Ton. »Ich meine, mit meinem Leben ist nichts los. Ich kann hier nicht mehr leben und woanders auch nicht! Ich weiß nicht, wo ich hin will, und ich weiß auch nicht, was ich anfangen soll. Ich weiß nur, daß mir alles immer unerträglicher wird und daß ich Geld brauche. Ich habe dieses armselige Leben satt!«

Das war also das Problem! Falckenberg und Wedekind machten sich sofort daran, es für sie zu lösen.

»Wir müssen einen Mann für sie finden!«

»Und zwar einen reichen!«

»Wenn ein einziger reicht ...«

»Sonst halt zwei, einen fürs Herz und einen fürs Geld!«

»Und einen fürs Bett.«

»Gut, also drei.«

»Leider will sie sich ihre Männer immer selber aussuchen ...«

»Ja, anstatt uns mal mit der Aufgabe zu betrauen!«

»Fest steht: Es sollte keiner aus deinen Kreisen sein. Die haben kein Geld!«

»Wieso? Meine Kreise sind auch deine Kreise!« Plötzlich rief Mühsam dazwischen: »Schluß jetzt mit dem unernsten Geschwätz! Ich hab' einen!«

Und dann erzählte Mühsam von einem guten Freund, der dringend eine Frau suchte, weil sein Vater ihn zu enterben drohe, falls er nicht standesgemäß heiratete. Wedekind und Falckenberg hakten schon wieder ein. »Ist ja doll, wer ist denn der Herr?«

»Das klingt ja phantastisch, aber wo liegt die Leiche im Keller?«

»Vielleicht riecht er schlecht oder hat einen Buckel!«

»Solange der Buckel vergoldet ist ...«

»Nun quatsch doch nicht immer dazwischen, laß doch den Erich mal erzählen!«

Und Erich erzählte. Er erzählte von seinem Freund, dem Baron von Rechenberg-Linten, und dessen Familie, die aus dem Baltikum stammte und auf einer standesgemäßen Verehelichung des einzigen männlichen Nachfahren bestand. Alexander von Rechenberg sei allerdings das schwarze Schaf der Familie und im ganzen Tessin und darüber hinaus als Trunkenbold verschrien. Sein immerhin beträchtliches Erbe könne er nur antreten, wenn er sich mit einer Frau aus alter adeliger Familie verbinde, und zwar bevor sein Vater – inzwischen achtundsiebzig – das Zeitliche segne. Allerdings, darauf müsse er hinweisen, spiele das Stück in Ascona, was bedeute, daß Franziska sich wohl dazu bequemen müsse, ins Tessin zu ziehen.

Jetzt blickten alle drei Männer Franziska an, wollten an

ihrem Gesichtsausdruck ablesen, wie sie zu alledem stünde, denn sie hüllte sich noch immer in Schweigen.

»Nun«, sagte sie jetzt und lächelte maliziös, »ich werde mich irgendwann zu den Plänen äußern, aber vorerst muß ich mich zur Beratung mit mir selbst zurückziehen, das müssen Sie verstehen, meine Herren.« Dabei versuchte sie, so offiziell wie möglich auszusehen, um einer vorschnellen Einschätzung ihrer Neigung keine Chance zu geben. Nur ihre Augen blitzten.

Zwei Tage später pochte Mühsam an Franziskas Tür. Er wolle noch mal auf seinen Vorschlag zurückkommen.

»Welchen Vorschlag?«

Franziska wußte im ersten Moment gar nicht, was er meinte. Mühsam berichtete, daß er selbst so begeistert von seiner Idee gewesen sei, daß er noch am selben Abend seinem Freund Alexander ein Telegramm geschickt habe. Soeben habe er Antwort erhalten: Alexander fühle sich sehr geschmeichelt und sei im Prinzip mit solch einem Coup einverstanden.

»Rechenberg und Reventlow«, sagte Mühsam begeistert, »du mußt nicht mal deine Initialen ändern, Fanny! Was das allein bei der Tischwäsche einspart ...« Mühsam begann wie ein Hexenmeister zu kichern. Franziska wußte nicht, was sie sagen sollte. Was sie vorgestern abend noch für eine Schnapsidee, für ein Wortgeplänkel von drei Spaßvögeln gehalten hatte, bekam ganz plötzlich einen realistischen Anstrich. Mühsam wurde ernst: »Wirklich, Fanny, du solltest dir die Sache gut überlegen. Vielleicht trinkt er ein bißchen viel, aber er ist ein netter Kerl, dafür leg ich meine Hand ins Feuer!«

Beim Einschlafen stellte sich Franziska vor, wie sie vor dem Altar steht. Neben ihr ein schwankender, leicht verbeulter Baron mit einem dunkelblauen Samtkissen auf der flachen, zittrigen Hand, auf dem zwei goldene Ringe liegen.

»Ich will dich«, sagt er, und seine Schnapsfahne weht ihr um die Nase.

Am Morgen frühstückte sie mit Bubi. »Du schaust so fröhlich, meine Mamai«, sagte er und tunkte seine Semmel in die Milch.

Franziska erzählte ihm, daß sie vielleicht bald umziehen würden, daß sie aber erst allein schauen müßte, wohin. Es könnte auch sein, daß sie bald reich würden und tun und lassen könnten, was sie wollten. Dann würden sie in einem feinen Haus mit Garten wohnen, und sie könnte endlich schreiben, ein Buch nach dem anderen, und der Bubi bekäme ein Huhn, das die Eier fürs Frühstück legt. Vorerst aber müsse sie ihr Bubiherz für eine kurze Zeit bei Freunden in Österreich unterbringen. Wenn alles geregelt wäre, würde sie ihn nachholen.

»Und du läßt mich ganz bestimmt nicht zurück, du holst mich wirklich?« sagte der Bubi plötzlich, und die Tränen quollen aus seinen Augen.

Franziska stand auf, ging um den Tisch herum, kniete vor ihm nieder, legte ihren Kopf in seinen Schoß. Auch sie weinte. Dann umarmte sie ihn, erdrückte ihn fast, schluchzte in sein Ohr: »Du bist doch das Liebste, was ich hab' auf der Welt.«

In der Nacht vom 15. auf den 16. Oktober 1910 saß Franziska im Zug, der aus Berlin kam und nach Paris fuhr. In München war sie immer ruhiger geworden, die Geschichte mit Rechenberg war ihr nicht mehr aus dem Kopf gegangen, aber entschließen mochte sie sich nicht. Sie war nach Berlin gereist, hatte ihren Bruder Ernst und das Schloß Sanssouci besucht, und saß jetzt im Nachtzug nach Paris. Sie hoffte, eine Anstellung als Kassiererin bei der großen Münchner Kunstgewerbeausstellung im Grand Palais zu bekommen, und sie hoffte, in Paris den richtigen Entschluß für ihr Leben zu treffen. Sogar auf den Hesselfranz, der von ihr viel geschmäht und doch irgendwie geliebt wurde, freute sie sich. Er hatte sich inzwischen in Paris niedergelassen und ihr angeboten, bei ihm zu wohnen. Franziska blickte durch die schwarzen Scheiben des Zuges, sie sah nur sich selbst in der Spiegelung des Fensterglases. Sie dachte an die letzten Stunden mit Bubi, wie er stumm seine Sachen in einen Rucksack gepackt und ihr mit wackeliger Stimme und zitterndem Kinn zum Abschied nachgerufen hatte: »Nicht traurig sein, Mamai! Wir haben uns bald wieder!«

In den ersten Tagen ihres Pariser Aufenthalts war Franziska wie gelähmt. Sie lag den ganzen Tag matt auf der Chaiselongue, eine dünne Wolldecke über sich gebreitet. Sie wollte, sie konnte nicht ausgehen, obwohl sie sich fest vorgenommen hatte, sich zu zerstreuen, um schließlich ganz unbefangen und ohne Druck die richtige Entscheidung zu treffen. Aber was sie sich vorgenommen hatte, funktionierte nicht. Schwermütig lag sie da, trank Pfefferminztee und ließ sich vom Hesselfranz bemitleiden und bewundern. Dann begann ihre Arbeit im Grand Palais. Sie mußte morgens zeitig aus dem Haus und mit dem Fahrrad von Hessels Wohnung im Montparnasse-Viertel zum Grand Palais auf der anderen Seite der Seine fahren. Die Tage waren so anstrengend, daß sie nicht eine Sekunde Zeit hatte, über ihr Schicksal nachzudenken.

Wenn sie abends bei einbrechender Dunkelheit wieder nach Montparnasse zurückfuhr, machte sie an einer ganz bestimmten Stelle am Seine-Ufer halt, um ganz für sich zu sein. Sie setzte sich auf das steinerne Gemäuer und blickte auf den schwarzen Fluß, auf dem sich tanzend die Lichter der Stadt spiegelten. Manchmal traf sie dieser Anblick so sehr ins Herz, daß sie sich nicht mehr vorstellen konnte, von hier wegzugehen, und sie dachte darüber nach, wie sie es anstellen könnte, hier, in der schönsten Stadt der Welt, zu bleiben und mit dem Bücherschreiben so viel Geld zu verdienen, daß sie den Bubi nachholen könnte. Aber wenn dann der kalte Novemberwind durch die Nähte ihres Mantels blies oder der Nieselregen sie bis auf die Haut durchnäßt hatte, wuchs in ihr die Sehnsucht nach dem warmen Süden und den Palmen am Lago Maggiore.

Als sie Mühsams Absender auf dem Telegramm las, das der atemlose Postbote ihr bis in den sechsten Stock hinaufgebracht hatte, wußte sie sofort, daß die Würfel nun gefallen waren und sie nicht mehr selbst entscheiden mußte. Sie öffnete den Umschlag und war vor Aufregung selbst ganz außer Atem:

»Die Sache eilt! Nimm in zwei Tagen Zug nach Locarno. A. holt dich ab. E. M.«

Die ganze Nacht saß Hessel an Franziskas Bett. Sie hatten einen roten Seidenschal über die Lampe gelegt, damit das Licht nicht blendete, sie sprachen über das Leben und daß sicher alles gut würde.

Am nächsten Morgen saß Franziska im Zug nach Locarno.

10. Kapitel

Es war Abend, als der Zug ächzend im Bahnhof von Locarno einfuhr. Franziska war hellwach. »Immer ist keiner da«, dachte sie und sah sich auf dem Perron um, »immer, wenn ich irgendwo ankomme, ist keiner da.«

Aber schon hörte sie hinter sich Schritte. Ein großer, eleganter Herr mit breiter Brust und aufrechter Haltung, die helle Leinenjacke lässig über die Schulter geworfen, trat auf sie zu und hielt ihr einen Oleanderzweig mit großen, dunkelrosa Blüten entgegen. »Gräfin Reventlow?« fragte er mit einer geschmeidigen, melodischen Stimme.

Franziska antwortete nicht, nahm den Zweig, dachte für den Bruchteil einer Sekunde, daß er doch recht passabel aussah, ihr neuer Ehemann, gar nicht das versoffene Genie, das sie erwartet hatte.

»Verzeihen Sie, ich bin nicht der Baron, ich bin Ernst Frick. Der Baron läßt sich entschuldigen, er ist unpäßlich.« Er nahm Franziska den Koffer ab und schob sie an der Schulter dem Ausgang zu. Franziska hatte noch immer kein Wort gesagt. Draußen wartete der Wagen.

Frick schien über alles Bescheid zu wissen, denn während sie im Wagen die Straße entlangfuhren, machte er kleine Andeutungen über die bevorstehende Verehelichung, die alle Seiten zufriedenstellen könnte und die er für das Ei des Kolumbus hielt. Er lud Franziska ein, die erste Zeit, bis sie selbst eine Wohnung gefunden habe, bei ihm und seiner Freundin zu wohnen, sie könne dann ganz in Ruhe Ausschau halten nach einer Bleibe, vielleicht sogar einer mit Blick auf den See.

»Wenn man schon morgens beim Aufstehen den Blick auf den Lago Maggiore hat, kann eigentlich nicht mehr viel schiefgehen im Leben«, sagte er und deutete auf die Silhouette der Berge am anderen Ufer, die in der einbrechenden Dunkelheit vom graphitgrauen Himmel kaum mehr zu unterscheiden war.

»Meine Güte, mir ist im Leben schon so viel danebengegangen, daß es auf einmal mehr oder weniger auch nicht mehr ankommt. Wenn sich allerdings durch die schöne Aussicht auf den See mein Leben doch noch zum Guten wenden läßt – um so besser!«

Franziska hatte die Hand auf sein Knie gelegt, als seien sie alte Kumpanen, und Frick schien sich darüber gar nicht zu wundern. Sie war erleichtert, daß es nicht Rechenberg selbst war, der sie abholte, daß ihr durch die sogenannte Unpäßlichkeit des anderen Protagonisten in diesem Stück noch ein wenig Aufschub gewährt wurde, bevor sie sich zum zweiten Mal in ihrem Leben auf ein Spiel einließ, dessen Ziel der Traualtar war: Damals, beim Pferderennen in Langenhorn, als Walter die Wette gewonnen hatte, und jetzt, da es zwar nichts zu wetten, aber einiges zu gewinnen gab. Franziska war mit einem Mal bester Laune und voller Zuversicht.

»Man soll die Dinge nicht schwerer nehmen, als sie sind, wir sind doch allesamt Figuren in einem Spiel, dessen Regeln wir nicht verstehen, nicht wahr? Ich jedenfalls bin froh, im gelobten Land zu sein und Sie um mich zu haben, lieber Frick! Mit oder ohne Aussicht, ich habe bereits jetzt das Gefühl, daß nichts mehr schiefgehen kann!« Sie lehnte sich zurück, ließ ihren schweren Kopf nach hinten in den Nacken fallen und blies wohlig den Rauch ihrer Zigarette durch die Nasenlöcher.

Bevor Franziska ihren späteren Ehemann zum ersten Mal zu Gesicht bekam, vergingen noch zwei Wochen. Sie wohnte bei Frick und seiner Freundin Frieda Groß, die sie aus München kannte. Frieda Groß war die Ehefrau des bekannten Psychologen und Freudschülers Otto Groß, von dem sie allerdings schon seit längerer Zeit getrennt lebte. Franziska kannte die Geschichte, die in der Schwabinger Bohème über Groß erzählt worden war: Er hatte nämlich eine junge, zarte, unschuldige Malschülerin namens Sofie Benz in seinen Bann gezogen und sie in die Kokainsucht getrieben, damit er, Groß, seine eigene Sucht besser ertrüge und nicht einsam und allein vor die Hunde ginge. Franziska mochte Frieda Groß gern, fand, daß sie etwas Sonnendurchflutetes hatte; blond, freundlich, mit weißen Zähnen, blauen Augen und Sommersprossen auf der Nase und einer ungekünstelten Direktheit, die das Leben leicht und mühelos erscheinen ließ. Frieda und Ernst waren angenehme, reizende Gastgeber, die sich mehrfach darum bemühten, ein Treffen zwischen Rechenberg und Franziska zu vereinbaren, was aber immer wieder verschoben werden mußte. Man merkte den beiden an, daß sie häufig Logierbesuch hatten, denn die Art und Weise, wie sie ihre Gäste empfingen, war angenehm unkompliziert.

»Hier im Tessin kommen eigentlich alle irgendwann mal vorbei, allein schon aus Neugierde, um zu schauen, wie die Nackerten da oben auf dem Monte Verità herumgraben. Viele bleiben dann sogar länger als geplant, manche für immer«, sagte Frieda, während sie mit großzügigen, routinierten Handgriffen ein Zimmer für Franziska aufräumte und eine Matratze auf dem Boden ausrollte.

Franziska kannte die berühmt-berüchtigte Kolonie der Vegetarier und Anarchisten nur aus Erich Mühsams einerseits schwärmerischen, andererseits mokant ironischen Schilderungen. Was sie gehört hatte, war für sie jedenfalls nicht so verführerisch, daß sie allein deswegen an diesen Ort gekommen wäre. »Da sind doch meine Interessen sehr viel schlichter«, sagte Franziska. »Mich lockten der blaue Himmel und die Palmen, die laue Luft und das lukrative Eheversprechen eines baltischen Barons, den ich allerdings noch nicht zu Gesicht bekommen habe!«

Nach mehreren Anläufen klappte es dann endlich: Franziska und Rechenberg waren in einer Gastwirtschaft im nahen Ronco verabredet. Sie wollten dort zu Mittag speisen, sich dabei ein wenig kennenlernen und das weitere Vorgehen für den bevorstehenden Ehe- und Erbschaftscoup besprechen. Die Mittagszeit, so hatte man ihr gesagt, eigne sich besser für solch ein Treffen als der Abend, denn da wisse man nie, in welchem Zustand und in welchem Grad der Alkoholisierung sich der Baron befände. Franziska ging zu Fuß nach Ronco, denn es war, obwohl schon Ende November, noch ziemlich warm. Immer wieder blieb sie stehen, sah sich um, horchte, wie still es war, roch die warme Seidenluft, riß der Eiche, der Birke und dem Olivenbaum ein Blatt ab, freute sich über die schönen Farben. Der See glitzerte durch die Bäume, an manchen Sträuchern waren noch kleine rote Blüten oder Beeren, obwohl die Blätter schon gelb und braun gefärbt waren.

Rechenberg wartete draußen vor der Wirtschaft. Er stand an die kornblumenblau gestrichene Holztür gelehnt, eine kalte Zigarettenkippe im Mundwinkel, die karierte Schirmmütze nach hinten geschoben, so daß die Stirn und die zusammengekniffenen Augen gut zu sehen waren. Als er Franziska kommen sah, nahm er sofort die Hände aus den Hosentaschen, zog seinen derben dunkelblauen Pullover mit einer Geste, die man eigentlich von kleinen Kindern kennt, unten am Bund noch ein wenig in die Länge und ging ihr ein paar Schritte entgegen.

»Sie sind die Gräfin aus München? Willkommen!« Er nahm ihre Hand und deutete mit einer galanten, ganz selbstverständlich wirkenden kleinen Verbeugung einen Handkuß an.

»… und schon seit zwei Wochen in Ascona!« Franziska spürte, wie ihre Hand in seiner riesigen, harten, klobigen Hand verschwand. Rechenberg sagte nichts darauf, hatte vielleicht die kleine ironische Anspielung auf die immer wieder verschobenen Treffen nicht verstanden. Er formte seine linke Hand zu einer Art Muschel und legte sie an sein Ohr, als fordere er Franziska auf, noch etwas zu sagen.

»Ja, aus München!« sagte Franziska jetzt lauter und etwas hilflos. Sie konnte nicht abschätzen, ob er sie akustisch nicht verstanden hatte oder ob er nicht folgen konnte. »Wir waren ja schon ein paarmal verabredet, aber Sie waren nicht disponiert …«, sagte sie jetzt etwas lauter.

»Ja, Sie haben sich gut installiert …«, wiederholte Rechenberg ihren Satz und blickte scheu zu Boden. Franziska war verwirrt. Sie wußte nicht, wie sie mit ihm reden sollte, konnte noch immer nicht einschätzen, woran es lag, daß sie aneinander vorbeiredeten.

In der Wirtsstube war er der König. Sofort wurde ein Tisch aufgedeckt, mit frisch gestärkter, weißer Tischdecke und großen Servietten, Weingläsern für weiß und rot, Oliven, aufgeschnittener Wurst und frischem Brot. Der Wirt kam herbei, begrüßte Rechenberg mit Umarmung und Schulterklopfen, zog ihm freundschaftlich die Schirmmütze ins Gesicht, nahm ihm die Kippe aus dem Mundwinkel und steckte eine frische Zigarette hinein. Er machte der Wirtin, die hinter dem Tresen stand, ein Zeichen, daß es losgehen könne, und die Wirtin rief etwas in die Küche, wovon Franziska nur »presto, presto« verstand. In kürzester Zeit wurden Platten mit gebratenem Hühnchen, Fisch, Rinderbraten, Nudeln, Risotto, Paprikaschoten, Tomaten und Steinpilzen herbeigetragen. Rotwein, Weißwein, Grappa, Orangenlikör, alles, was das kleine Gasthaus zu bieten hatte, wurde aufgefahren.

Franziska hatte jetzt, da um sie herum so viel passierte, genügend Zeit, ihren späteren Ehemann zu beobachten. Er saß da, sagte fast nichts, bewegte sich etwas unbeholfen, fast plump, aber doch auf eine rührende Weise graziös und vorsichtig. Immer wieder hielt er sich die zur Muschel geformte Hand an sein Ohr. Natürlich! Wegen seiner Schwerhörigkeit hatten sie bei der Begrüßung aneinander vorbeigeredet. Franziska wußte nun Bescheid, nahm entsprechend Rücksicht, brüllte auch in sein linkes, handmuschelverstärktes Ohr. Eine Unterhaltung, womöglich noch über Angelegenheiten, die nicht unbedingt publik werden sollten, war nicht möglich. Sie aßen und tranken, die Wirtsleute setzten sich dazu, der Kellner und der Koch schließlich auch. Die Grappaflasche war schnell leer und die nächste nur zur Hälfte gefüllt. Rechenberg war jetzt nicht mehr so still; in fließendem Italienisch gab er Anekdoten zum besten, über die die anderen berstend lachten, obwohl die Geschichten allen bekannt zu sein schienen. Franziska spürte, wie hier alle mitzuhelfen versuchten, daß der Baron gegenüber der Dame aus München eine gute Figur machte.

Als sie aufbrachen, wurde es schon dunkel. Rechenberg, der ein wenig schwankte, hakte Franziska unter, und sie gingen einen schmalen, steinigen Weg bis hinunter zur Hauptstraße, wo eine bestellte Droschke wartete.

»Jetzt haben wir gar nicht über unsere Angelegenheit geredet ...«, sagte Franziska nun nicht ganz so laut in sein Ohr hinein.

»Da gibt's nicht viel zu reden. Wir heiraten, und dann machen wir halbe-halbe!«

Rechenberg blieb stehen und sah sie an. Seine Augen waren glasig, der Blick freundlich und ein wenig schüchtern. Plötzlich kniete er ächzend vor ihr nieder, rutschte ein wenig, fiel fast um, mußte sich auf dem steinigen Boden abstützen, ergriff ihre Hand und küßte sie. »Darf ich um Ihre Hand anhalten, du schöne adelige Dame?« sagte er und lachte, als hätte er eine Zote erzählt.

Franziska ging auch in die Knie, war jetzt auf seiner Höhe, gab ihm einen Kuß auf beide Wangen und half ihm wieder auf. »Ja, Baron, ich werde einwilligen. Außerdem schlage ich den Bankdirektor für die Predigt in der Kirche vor, und den Finanzberater Ihres Vaters als Trauzeugen!«

Rechenberg begleitete Franziska noch bis zur Droschke, wies den Kutscher an, sie zurück nach Ascona zu bringen, und verschwand schwankend in der Dunkelheit.

Die beiden waren sich einig. Bald nach dem ersten Rendezvous wurde beim Notar ein Ehevertrag aufgesetzt, in italienisch und deutsch, demzufolge Franziska nach der Eheschließung die Hälfte des zu erwartenden Erbes ihres Mannes zugesprochen wurde, über welches sie ohne jegliche Gegenleistung oder Verpflichtung frei verfügen können würde.

Franziska fand, daß sich alles recht gut anließ. Auch ihrem Schwiegervater, so sagte ihr das Gefühl, hatte sie beim Antrittsbesuch gut gefallen. Der alte Baron, der früher einmal russischer Gesandter in Madrid gewesen war und jetzt wieder im Baltikum lebte, war von der bevorstehenden Heirat seines Sohnes völlig überrascht gewesen. Jahrelang hatte er ihn bekniet, sich eine ebenbürtige Frau aus dem Hochadel zu suchen, doch selbst die Drohungen, ihn zu enterben, wenn ihm das nicht gelänge, hatten bislang nichts genutzt. Und plötzlich dann das Telegramm: »Möchte Ihnen meine Braut vorstellen. Alexander.« Der alte Baron reiste umgehend nach Locarno, wo er Franziska in seinem Hotel zum Tee empfing. Es bereitete ihm offensichtlich größtes Vergnügen, sich mit seiner zukünftigen Schwiegertochter auf französisch zu unterhalten.

»Je parle français avec une comtesse allemande dans une ville suisse, prenant le thé dans un hotel italien – cela me plaît beaucoup. Je suis enchanté, Madame.«

»Je suis heureuse d'avoir eu le bonheur de faire votre connaissance, Monsieur«, antwortete Franziska gewandt und deutete einen kleinen Knicks an, wie sie es damals im Mädchenpensionat gelernt hatte. Sie machte an jenem Nachmittag keinen Fehler, im Gegenteil, sie beherrschte die Etikette einer solchen Teestunde perfekt bis ins Detail. Allerdings hatte sie nicht bedacht, daß der alte Baron sich von Stund an Gedanken darüber machte, was wohl eine so wohlerzogene, weitläufige, gebildete deutsche Gräfin aus bestem alten Adel mit seinem verbeulten, versoffenen, tauben Sohn anfangen wollte. Mißtrauen setzte sich in ihm fest und begann zu wachsen.

Inzwischen war auch der Bubi aus Österreich nachgekommen. Franziska hatte für sich und ihren Sohn ein billiges möbliertes Zimmer gemietet und mußte sich rasch wieder an die Übersetzungen für den Langen-Verlag machen, denn das war, zumindest im Moment noch, die sicherste und zuverlässigste Einnahmequelle. Bald fanden sie einen kleinen alten Vogelstellerturm aus grauem Granit, mit drei winzigen Räumen übereinander, die über Luken und Leitern miteinander verbunden waren. Hier, im »Roccolo«, verbrachten sie ihre Tage, arbeiteten, spielten, lasen und aßen, so daß sie nur nachts zum Schlafen in das dunkle, schäbige Zimmer mußten. Die Tage waren wie Seide, sie hörten nur das Summen der Insekten und die Vögel mit ihrem lauten Gezänk. In völliger Abgeschiedenheit lebten sie zwischen Lorbeerbüschen und Mimosenbäumen nahe den sanften Weinbergen, die sich den Hang hinauf ausbreiteten.

Franziska genoß die Ruhe, den würzigen Duft der Erde, den blauen Himmel. Manchmal wußte sie nicht, ob sie alles nur träumte, ob sie in ein paar Sekunden erwachen würde, an einem regnerischen, dunklen Novembermorgen in München. Wenn sie auf dem kleinen Vorplatz ihres »Roccolo«

unter der großen Kastanie lag und hinaufsah in den hohen Himmel, dachte sie an ihre Zeit in München, ans Eckhaus in der Kaulbachstraße, an Suchocki, den Hesselfranz oder an Klages und Schuler. Manchmal schob sich alles zu einer zähen, dunklen Masse zusammen, das Schöne war nicht mehr vom Häßlichen, das Traurige nicht mehr vom Frohen zu unterscheiden. Franziska befürchtete, alles könne für immer absacken, aus ihrem Herzen, ihrer Seele verschwinden. Sie faßte den Entschluß, alles aufzuschreiben, damit ihr die Dinge nicht entglitten. Hier, aus der Distanz, da sie mit allem nichts mehr zu tun hatte, wollte sie ihr Leben, alles, was ihr in München widerfahren war, neu ordnen. Sie bekam ganz plötzlich große Lust zu schreiben, machte sich Aufzeichnungen für einen Roman.

Der Roccolo war nicht weit entfernt von dem Areal auf dem Monte Verità, wo sich die Vegetarier und Anarchisten mit langen wallenden Haaren und Tolstoi-Bärten in primitiven Hütten angesiedelt hatten, um von Kräutlein und Früchten, die sie dem kargen Felsboden abrangen, und von den weitaus üppiger gedeihenden Visionen von Gleichheit und Brüderlichkeit zu leben. Sogar bis nach München waren die Geschichten von den Naturaposteln und Weltverbesserern gedrungen, die auf dem Hügel oberhalb Asconas eine Naturheilanstalt betrieben, die so prominente Kurgäste wie Hermann Hesse, August Bebel, Lenin, Trotzki oder Bakunin vorweisen konnte. Irgend etwas hatte Franziska bisher davon abgehalten, dem sogenannten Sanatorium, oder, wie Mühsam zu sagen pflegte »Salatorium«, einen Besuch abzustatten. Natürlich war auch sie neugierig, was es mit dem Monte wirklich auf sich hatte, wollte mit eigenen Augen sehen, was an all den widersprüchlichen Gerüchten, die ihr zu Ohren gekommen waren, dran war. Rechenberg hatte sie gleich bei ihrem ersten Zusammentreffen vor den »Grasfressern« und ihren krausen Ideen gewarnt. Seinem

Bruder, einem herzensguten, aber etwas naiven Menschen, hätten die da oben so gründlich den Kopf vernebelt, daß mit ihm gar nichts mehr anzufangen sei. Andererseits konnte die kleine Gesellschaft der »vegetariani« ganz so, wie Rechenberg sie darstellte, wohl doch nicht sein, denn immerhin lebten dort oben auch anerkannte Künstler und Wissenschaftler, und viele ernstzunehmende Persönlichkeiten aus ganz Europa hielten sich zu mehrwöchigen Kuren im Sanatorium auf. Was die Anarchisten auf dem Berg von denen unten im Dorf und in Locarno trennte, das begriff Franziska bald, waren weniger theoretische Differenzen als die schlichte Tatsache, daß die einen streng vegetarisch lebten und die anderen gerne gut aßen und tranken. Aus diesem Grunde hatten auch Mühsam und Nohl während ihrer Jahre in Ascona nie oben auf dem Monte Verità gelebt, sondern unten im Dorf, wo man sich in den Trattorien und Grotti alle Genüsse der südlichen Tafel einverleiben konnte.

Der Weg hinauf zum Monte Verità war steil und steinig. Es war Mittag, und die Sonne brannte Franziska auf den Rücken. Immer wieder mußte sie sich unter eine Kastanie in den Schatten stellen, um sich ein wenig auszuruhen, dann erst konnte sie weitergehen, vorbei an den roten Rosenbüschen und dem hellgrünen Wacholder durch ein Kastanienwäldchen, hinter dem sich der Luftpark und die Gemüsegärtchen befanden. Danach kam ein breites Stück Heideland, von wo man bereits das große Sanatoriumsgebäude sehen konnte. Der kleine Rosenstrauß, den sie für Tatjana dabei hatte, war schon ganz verwelkt.

Franziska hatte die etwa gleichaltrige Tatjana vor ein paar Tagen unten im Dorf bei einer Ausdruckstanz-Vorführung im Hotel Quattrini kennengelernt. Sie war die Tochter eines russischen Großfürsten. Weil sie zuviel Wodka trank, war sie auf den fürsorglichen Befehl ihres Vaters hin zu einer Entschlackungskur ins Naturheil-Sanatorium auf dem

Monte Verità geschickt worden. Die beiden Frauen hatten lange miteinander geredet und sich auf Anhieb gut verstanden. Tatjana hatte ein wenig über die strengen Regeln und die freudlosen Eßgewohnheiten im Sanatorium geklagt.

»Ich bitte Sie, einmal zum Mittagessen mein Gast zu sein«, hatte sie Franziska vorgeschlagen, »dann sehen Sie selbst, wie wahnsinnig gesund wir dort oben ernährt werden!«

Franziska war pünktlich. Tatjana stand schon oben an der großen Freitreppe und wartete auf die neue Freundin. Um punkt zwölf Uhr war Essensausgabe. Man ging ganz nach hinten in den großen Saal des Zentralgebäudes. An der Stirnwand, die den Saal von der Küche trennte, befanden sich viele kleine Fächer, von denen je eines für einen Sanatoriumsgast bestimmt war. Die Fächer wurden von der Küchenseite aus mit kleinen Tütchen bestückt, in denen sich allerlei Beeren, Nüsse, Äpfel, dazu etwas Gemüse, mal eine Karotte, ein Kohlrabi oder ein Stück Gurke, befanden. Dazu gab es eine Scheibe des berühmten Brotes, das im sogenannten Reformkocher hergestellt wurde, ohne Salz und Hefe. Auch die anderen Kurgäste entnahmen den Kästchen ihre Ration und setzten sich an die grob gezimmerten Holztische in der Halle, auf deren Flächen – eine ganz neue, moderne Hygienemaßnahme – dicke Glasplatten lagen.

»Das Brot schmeckt besonders trostlos«, sagte Tatjana, nahm das Tütchen aus ihrem Fach und reichte es Franziska. »Eine abgeleckte Fensterscheibe ist dagegen herzhaft und würzig!« Dabei rollte sie ihre Kulleraugen und bohrte sich mit ihrem ausgestreckten Zeigefinger in das Grübchen in ihrer rechten Wange. Da Franziska morgens mit dem Bubi gut gefrühstückt hatte, mit italienischer Salami und Spiegelei, heißer Schokolade und frischem Weißbrotfladen, fand sie diese kleine mittägliche Rohkosteinlage gar nicht so schlimm, konnte sich aber vorstellen, wie einem wohl nach mehreren Tagen hiesiger Verpflegung zumute sein mochte.

Den Nachmittag verbrachten die beiden Frauen mit den anderen weiblichen Kurgästen nackt beim Luftbad. Dort gesellte sich auch Ida Hofmann, die Leiterin des Sanatoriums, zu ihnen und wollte gar nicht wieder aufhören mit ihrer Schwärmerei über die Kolonie. Ida war eine Frau mit stämmigem Untergestell, deren Körper nach oben hin immer zierlicher wurde, bis hinauf zu der kleinen, spitzen Nase und der engen Stirn. Sie lächelte ein erwecktes, geblümtes Lächeln, bei dem sich die Augen zu Sternchen formten. Sie hatte ein gemustertes Seidentuch geschickt in ihr dunkles, lockiges Haar hineingeschlungen, was ihr bei aller Nacktheit eine dezente Eleganz verlieh.

»Na, wie gefällt es Ihnen hier oben bei uns?« Ida hatte für alle drei ein großes weißes Leinentuch auf der Wiese ausgebreitet und zeigte den beiden, welche Position die effektivste für das Luftbaden sei, so daß möglichst viel Luft und Sonne an den Körper gelangen konnte.

»Ich kann mit der Askese leider nicht viel anfangen, brauche hin und wieder ein ordentliches Kotelett und ein Glas Tiroler!« sagte Franziska und legte sich neben sie aufs weiße Linnen.

»Wieso Askese!« Ida richtete sich entrüstet auf. Die Sternchen blickten zum Himmel hinauf, ihre Stimme klang so melodisch, als stimme sie ein Lied an. »Hier erweitern wir unser Bewußtsein und schärfen unsere Sinne für die wirklichen Genüsse des Lebens!« Dann legte sie sich erschöpft aufs weiße Tuch zurück.

Auch Tatjana hatte versucht, es sich bequem zu machen. Offenbar war sie die paradiesische Nacktheit nicht gewohnt, denn sie versuchte, mit dem rechten Unterarm und der linken Handfläche Brüste und Schoß möglichst unauffällig und wie zufällig zu bedecken.

»Doch, doch, da hat Ida schon recht, man hat hier auch noch andere Möglichkeiten. Die schönen Klavierabende,

264

die Vorträge über Pantheismus und Anthroposophie, die Dichterlesungen ...« Ohne Kleider wirkte Tatjana plötzlich hilflos und brav. Alles Kesse, Freche, was Franziska an ihr gereizt hatte, schien sie zusammen mit ihren Kleidern abgelegt zu haben.

»Vielleicht«, sagte Franziska und räkelte sich wohlig in der Sonne, »springt ja von hier mal ein Fünkchen über auf die Spießerwelt. Allerdings sollte man es, wenn man die Leute gewinnen will, mit der Abstinenz nicht zu weit treiben!«

Um vier Uhr gab es Tee auf der Terrasse des Gesellschaftshauses. Pfefferminztee, Verbenentee, Kamillentee, Salbeitee. Franziska wurde vom Bubi abgeholt. Die Teegäste, besonders die Damen, machten Franziska blumige Komplimente wegen des schönen Sohnes. Groß sei er und stark, das sähe man sofort, dabei so freundlich und sanft. Der Bubi stand dabei, mit zu langen Armen, zu langen Beinen, und wußte gar nicht, wohin er gucken sollte, wählte die Fußspitzen. Franziska sah seine Ohren rot werden vor lauter Peinlichkeit. Sie hatten alle recht mit ihren Elogen, der Bubi war ein Prachtkerl, und Franziska blickte sehr stolz in die Runde. Mit seinen dreizehn Jahren war er kurz davor, ein Mann zu werden, und in seinen Gesichtszügen wechselten kindlich weiche Pausbäckigkeit und der jugendlich männliche Schmelz einander ab. Als die beiden durch das Kastanienwäldchen wieder zu ihrem Roccolo hinabstiegen, schwieg der Bubi lange. Plötzlich sagte er: »Irgend etwas stört mich an denen da oben.«

»Mich auch«, sagte Franziska, »mich auch. Dabei weiß ich noch nicht genau, was es ist!«

Bald darauf, am 22. Mai 1911, feierte man Hochzeit. Für den Bubi wurde noch ein Matrosenanzug in Locarno gekauft, Franziska ging im hellen Strandkleid zur Trauung. Tatjana, im goldenen, tief dekolletierten Brokatkleid – wohl noch aus alten russischen Beständen und etwas übertrieben –, hatte einen Blumenkranz für Franziskas Haar vom Berg mit heruntergebracht. Der alte Baron, am Vorabend aus dem Baltikum angereist, trug einen schwarzen Bratenrock und war der einzige der ganzen Hochzeitsgesellschaft, der dem Anlaß entsprechend gekleidet war. Der Bräutigam kam in verbeulten, wenn auch saubereren dunkelblauen Baumwollhosen und einem offensichtlich neuen weißen Hemd mit steif gestärkter Brust. Darüber trug er eine ärmellose schwarze Weste, die zwar zur Hose überhaupt nicht paßte, ihm aber eine gewisse Tanzstundeneleganz verlieh. Sein Gesicht wirkte wie poliert, die Haut rosig, weil er schon am frühen Morgen beim Barbier gewesen war, der auch die struppigen Haare mit Hilfe von Gelee und Wasser in eine Richtung, nämlich nach hinten, zu dirigieren vermocht hatte. Sogar seine Nase glänzte und war an jenem Morgen nicht so rot wie sonst, denn er hatte, außer einem kleinen Cognac zur Stütze am frühen Morgen, noch nichts getrunken. Auch die Geschwister des Bräutigams waren mit von der Partie: der Bruder, ein mißtrauischer, mürrischer Mann, dessen Haar ihm bis auf die Schulter fiel und dessen Stirn immer umwölkt schien, kam aus seiner steinernen Hütte vom Monte Verità. Er hatte sich ebenfalls fein gemacht und Lavendelzweige in Rock- und Hosentaschen gesteckt, damit der modrige Geruch aus seinen Kleidern verschwand. Die Schwester in hochgeknöpfter, weißer Spitzenbluse mit durchgefädeltem Samtbändchen, das unter dem spitzen Kinn zu einer akkuraten Schleife gebunden war, machte ein pikiertes Gesicht und wechselte mit Franziska nicht ein einziges Wort. Frieda Groß und Ernst Frick hatten sich in helles, frisch gebügeltes Leinen gekleidet, vielleicht etwas zu salopp und zu sandfarben, um als seriöse Trauzeugen durchzugehen.

Vormittags um elf fand die zivile Trauung in Ronco statt. Der Bürgermeister war entweder nicht unterrichtet oder hatte den Termin vergessen, jedenfalls mußte er erst aus seinem Weinberg geholt werden. Er machte ein bestürztes Gesicht, als er, von ein paar aufgeregten Dorfkindern informiert, den Berg herunterkam und die Hochzeitsgesellschaft schon versammelt sah.

»Arrivo subito! Sono quasi pronto!« rief er, nahm Schaufel und Hacke von der Schulter, setzte die Umhängetasche mit dem kleinen Werkzeug ab und ging in sein Haus. Schon nach zwanzig Minuten war er wieder da, im dunklen Anzug, der für Hochzeiten, Beerdigungen und sonstige berufliche Verpflichtungen eines Bürgermeisters in seinem Schrank hing, mit weiß gestärktem Kragen, blank polierten Schuhen und nach Kernseife duftend. Mit seinen großen, klobigen Händen, die vom heftigen Bürsten unter kaltem Wasser noch ganz rot waren, mußte er noch den obersten Hemdenknopf zumachen, was ihm sichtlich Schwierigkeiten bereitete. Dann führte er, den rechten Arm senkrecht in die Luft gestreckt, die Gesellschaft durch die enge Gasse hinüber zum Rathaus.

Die Trauung war schnell absolviert, die Eheformeln und Ja-Worte wurden ohne Erröten gesprochen, sogar an dem obligatorischen Kuß des Brautpaares nach dem »si« war nichts zu beanstanden. Nur mit den deutschen Namen und Adelstiteln hatte der Bürgermeister seine liebe Not, sonst verlief alles ohne Zwischenfälle. Danach lud der alte Baron die ganze Gesellschaft zum Mittagessen ins Wirtshaus ein. Franziska saß zwischen ihrem Mann und ihrem Schwiegervater an der langen Tafel, die Gedecke des Hochzeitspaares waren mit einem Herz aus roten Rosenblüten umkränzt. Sie mußten sich noch einmal küssen: »Salute!«, »Prost!«, »Tanti auguri e figli maschi!«

Auch die »Teufelskerle«, einfache italienische Bauarbeiter und alte Freunde aus der Zeit, in der sich der Bräutigam als Straßenarbeiter verdungen hatte, wurden zum Hochzeitsmahl eingeladen. Alle aßen, tranken und waren fröhlich. Hin und wieder legte der Bräutigam seinen Arm um die Braut, als müsse er auch nach außen unter Beweis stellen, was sie sich soeben im Rathaus versprochen hatten: daß sie – zumindest irgendwie – zusammengehörten. Jedenfalls hatten sie ein gemeinsames Interesse und ein gemeinsames Ziel.

Am späten Nachmittag fuhren sie in Pferdedroschken, die von den Frauen in Ronco mit weißen Jasminblüten besteckt worden waren, zur kirchlichen Trauung. Da Alexanders Freunde aus Ronco alle katholisch waren, fuhren sie nicht mit, denn es wurde nach protestantischem Ritus geheiratet. In Locarno gab es eine einzige protestantische Kirche, und keiner wußte so genau, wo sie sich befand. Immer wieder mußte angehalten werden, immer wieder berieten sich die Droschkenkutscher mit einigen Gästen, die vorgaben, ortskundig zu sein: Großes Palaver, rechts, nein links, hier muß es gleich sein! Endlich, mit eineinhalbstündiger Verspätung, konnte der Pfarrer mit dem Gottesdienst beginnen. Die Hochzeitsgemeinde war allerdings nicht mehr sehr konzentriert; Wein, Wodka und Champagner hatten bei den meisten ihre Spuren hinterlassen. Nur die Baronesse von Rechenberg, Franziskas abweisende Schwägerin, und deren mißgelaunter Bruder, der als überzeugter Monte Veritàianer keinen Tropfen Alkohol zu sich nahm, hörten mit penetrant zur Schau gestellter Konzentration die Predigt an. Manche vergnügten sich auf ihre Weise, machten sich kleine Zeichen, wisperten, kniepten mit den Augen, schnitten Grimassen, kicherten, schnauften oder taten so, als schnarchten sie leise. Alle, besonders der alte Baron und der Pfarrer, waren erleichtert, als das Jawort gesprochen, der Schlußchoral gesungen, die Zeremonie beendet war.

Das Brautpaar hatte die kirchlichen Feierlichkeiten artig

absolviert. Beide wußten, was auf dem Spiel stand, wenn sie sich danebenbenahmen. Franziska verkniff sich alle spöttischen und abfälligen Bemerkungen, zu denen das steife kirchliche Ritual sie sonst unweigerlich herausgefordert hätte. Alexander gab sich Mühe, feierlich dreinzuschauen und nur ja nicht zu stolpern, als sie unter den Orgelklängen wieder ins Freie schritten. Es war ganz offensichtlich, daß die Familie Rechenberg-Linten Franziska nicht gerade ins Herz geschlossen hatte. Franziska spürte das Mißtrauen des Bruders, der Schwester, des Schwiegervaters, die ihren Argwohn gegen sie nur Alexanders wegen zu zügeln versuchten. Schwager und Schwägerin sprachen kein Wort mit ihr, übergingen sie einfach. Dem Schwiegervater merkte Franziska an, daß er unsicher war, wie er sich ihr gegenüber verhalten sollte: Ihre Schönheit und ihre Ausstrahlung reizten ihn, einen charmanten Ton mit ihr anzuschlagen, andererseits konnte er den Verdacht nicht loswerden, daß an der Verbindung mit seinem Sohn etwas faul war.

Außer der Tatsache, daß sie einen neuen Namen trug, hatte für Franziska die Ehe zunächst keinerlei Konsequenzen. Sie wohnte weiter mit ihrem Bubi, der jetzt, zumindest in Gegenwart von anderen, Rolf genannt werden wollte und mit seinen vierzehn Jahren die Mutter um einige Zentimeter überragte, auf dem Roccolo. Das Geld zu ihrem wenig verschwenderischen Leben mußte sie sich immer noch durch zermürbendes Bücherübersetzen verdienen. Andere Gelder flossen nicht, der Erbfall war noch nicht eingetreten. Aber unzufrieden war sie nicht. Sie hatte jetzt mehr Muße und Ruhe zum Schreiben. Wenn sie nicht übersetzte oder ihren Rolf in Rechtschreiben, Mathematik und Geschichte unterrichtete, dann schrieb sie, schrieb all das auf, woran sie sich erinnerte und was ihr wichtig schien, fing Gedanken und Überlegungen in kleinen Texten ein, entdeckte die Freude, die es machte, wenn eine Satzkonstruktion beim zweiten oder dritten Verbesserungsversuch perfekt wurde. Ein gelungener Satz konnte sie den ganzen Tag lang in gute Laune versetzen. Die Lust am Schreiben wuchs. Franziska hatte noch viele Ideen für Erzählungen, Aufsätze, Artikel. Sie lebte und arbeitete friedlich auf ihrer kleinen Terrasse unter dem Kastanienbaum und begann einen Roman über ihre Zeit in Schwabing und die alten Freunde.

Schon vor einiger Zeit hatte Franziska den Rechtsanwalt Mario Respini-Orelli aus Locarno kennengelernt. Mario war ein großer Charmeur, dunkelblond, schlank, gepflegt; ein Mann, der den Erfolg, den er bei den Frauen hatte, ausschöpfte und genoß. Obwohl er schon weit über die Vierzig war, wohnte er mit seiner Mutter und seiner Schwester zusammen. Die beiden Damen kümmerten sich um den Haushalt, bügelten seine Hemden, kochten gut und reichlich, pflegten ihn, wenn er krank war, und ehrten und achteten ihn als Familienoberhaupt. Als engagierter Rechtsanwalt war er viel unterwegs – ein Mann, der mitten im Leben stand. Ein Bohemien war er nicht. Respini-Orelli wurde Franziskas Geliebter, aber sie war sich sofort darüber im klaren, daß er nicht die große, leidenschaftliche Liebe war. Doch seine Anwesenheit war ihr angenehm, sie schätzte seine Zuverlässigkeit, seine Großzügigkeit und seinen Humor.

»Eine seriöse Dauersache, mit einem Stich ins Ewige«, so beschrieb sie ihn einmal den Freunden in München.

Ihren Ehemann sah Franziska selten, aber regelmäßig. Pünktlich an jedem Ersten des Monats erschien er mit einem Blumenstrauß und diversen kleinen Geschenken: Zigaretten, hauchdünnen, zartbitteren Schokoladetäfelchen, Ingwer aus China oder russischem Tee. Bei diesen Besuchen war er niemals betrunken und manchmal ausgesprochen unterhaltsam. Franziska entdeckte allmählich, was sich unter seiner rauhen Oberfläche verbarg: etwas sehr Schüchternes,

Zartes, Fragiles. Nur ganz langsam wurde er ein wenig zutraulich, hörte auf zu stottern, wurde umgänglicher. Vor allem die Anwesenheit des Bubi beruhigte ihn. Er brachte seinem Stiefsohn immer ein kleines Extrageschenk mit und machte ihm Komplimente, daß er klug und stark sei und einmal ein prächtiger Kerl würde. Rechenberg wollte immer, daß er auf seinen Knien saß, obwohl das dem Bubi sichtlich unangenehm war, weil er dafür eigentlich längst zu alt war. Rechenberg hatte dann seine Arme um den Jungen geschlungen, als suche er Schutz hinter ihm, hielt ihn wie einen Schild vor sich, damit er keine Verletzungen davontrage.

Bei einem dieser Teebesuche hatte Franziskas Ehemann und Miterbe eine kleine Beichte abzulegen: Er habe da etwas verschusselt, eine Rechnung vom Notar verschlampt, nichts Schlimmes im Grunde, aber der Vater, dieser Kleinkrämer, habe sich darüber fürchterlich aufgeregt und fast einen Herzanfall erlitten. Wahrscheinlich habe er sowieso schon Lunte gerochen, jedenfalls habe er sie jetzt auf das Pflichtteil gesetzt.

»Ja ... und was heißt das jetzt, in Zahlen ausgedrückt ... ›Pflichtteil‹?« fragte Franziska nach einer kleinen Schrecksekunde und zündete sich nervös eine Zigarette an.

»Zwanzigtausend ... immerhin ... für jeden von uns«, antwortete Rechenberg mit gespielter Heiterkeit. »Ist doch besser als nichts, oder?« Sein schlechtes Gewissen konnte er trotzdem nicht verbergen. Seine Wangen waren jetzt leicht gerötet, der Blick schuldbewußt. Er verlangte nach einem Glas Cognac, trank es in einem Zug aus, rief nach seinen Hunden und machte sich wieder auf den Weg hinunter ins Dorf. Franziska blickte ihm nach, wie er leicht gebeugt mit schweren Schritten davonging. Welch ein merkwürdiger Mensch, dieser baltische Unglücksrabe! Und ausgerechnet mit dem hatte sie sich verbunden, um den Coup ihres Lebens zu landen!

271

»Wie gewonnen, so zerronnen ...«, seufzte sie. »Mit dem Geld ist's schon eine komische Sache!«

Von Oktober 1912 bis zum Frühsommer 1913 lebten Franziska und ihr Sohn auf Mallorca, im Haus ihres Vetters Viktor von Levetzow. Der Bubi reiste schon früher nach Ascona zurück, um eine Lehre beim Photographen Samuele Pisoni zu beginnen. Franziska hatte auch von Mallorca aus regelmäßig ihre Übersetzungen an den Langen-Verlag geschickt. Mit zunehmender Routine war ihr die Arbeit immer schneller von der Hand gegangen. Jetzt gönnte sie sich eine Pause, um ihren Schwabing-Roman, »Herrn Dames Aufzeichnungen oder Begebenheiten aus einem merkwürdigen Stadtteil«, fertigzuschreiben. Hier, am herrlichen Strand von Palma, blickte sie zurück auf Wahnmoching, wie sie das Schwabing ihrer Bohèmejahre nannte, auf das Gemisch aus Künstlern, Schauspielern, Schriftstellern, Scharlatanen und Dandys, auf Maskenfeste, Teenachmittage und endlose Kaffeehausdebatten. Mit besonderem Spott beschrieb sie die Selbststilisierungen der Kosmiker und die lächerlichen Gesten selbsternannter Genies und Propheten. Auch das Haus in der Kaulbachstraße mit seinen Bewohnern beschrieb sie. Zwar veränderte sie die Namen, aber die Charakterisierung der Personen war so gnadenlos eindeutig, daß es für Kenner ein leichtes sein würde, sie zu identifizieren. Unter einem Sonnenschirm sitzend, den Blick aufs Meer gerichtet, ließ sie die Münchner Szenerie Revue passieren, schilderte das Leben der Bohème detailgenau, mit ironischer Distanz und Sympathie, urteilte mal sanft und verständnisvoll, mal bissig und unbarmherzig. Wenn sie an die Jahre in München zurückdachte, fühlte sie sich manchmal alt wie Methusalem. Dabei lag das alles noch gar nicht so lange zurück. Und dennoch kam es ihr vor, als wären seitdem Jahrzehnte vergangen.

Es war auf Mallorca, wo sie das Telegramm aus Ascona erreichte: »Vater tot. Testamentseröffnung in Bälde. Alexander.« Franziska nahm die Nachricht vom Tod des Schwiegervaters gelassen auf. »Das Geld macht wieder einen kleinen Schritt auf uns zu!« schrieb sie in ihr Notizbuch. Als sie ein paar Wochen später nach Ascona zurückkehrte, erfuhr sie von ihrem Miterben, daß die Erbschaft bereits durch die Bank Credito Ticino avisiert worden sei, nun müsse man nur hingehen und das Geld abholen. Sie zog ihr rotes Kleid an, das sie sich zur Feier des eingetretenen Erbfalls in Mailand gekauft hatte, und ging mit Mann und Kind zur Bank. Zu dritt mußten sie sich gegen das schwere schmiedeeiserne Portal stemmen, um es zumindest so weit zu öffnen, daß einer nach dem anderen hindurchschlüpfen konnte.

»Sie machen es einem wirklich nicht leicht, an sein schwerverdientes Geld heranzukommen«, stöhnte Franziska und schob den Bubi durch den Spalt.

Der Bankdirektor kam ihnen schon entgegengeeilt. »Kommen Sie, kommen Sie, wir gehen in mein Büro!« sagte er mit verschwörerischer Flüsterstimme und ging voran.

Im Büro erfuhr die kleine Familie, daß das ererbte Geld nicht in bar, sondern in Aktien der Eisenbahngesellschaft Moskau–Kiew–Woronesch bereitgestellt sei. Rechenberg fing an zu fluchen. Was, um alles in der Welt, sollten sie mit diesen obskuren Aktien anfangen? Auch Franziska war erschrocken, aber sie faßte sich schnell.

»Verkaufen!« sagte sie. »Sie müssen die Aktien verkaufen!«

Der Bankdirektor stand hinter seinem Schreibtisch und trat nervös, als drücke ihn die Blase, von einem Bein aufs andere. »So schnell geht das nicht. Das dauert mindestens eine Woche, eher zehn Tage.«

Zehn Tage! Immer wenn Franziska glaubte, es zu packen, entzog sich das verflixte Geld ihrem Zugriff.

»Geht es wirklich nicht schneller?« fragte sie heiser.

»Ich kann versuchen, die Verkaufsanweisung telegraphisch durchzugeben. Dann gewinnen wir vielleicht zwei Tage.«

»Und in der Zwischenzeit?« Rechenberg, der seinen Gläubigern voreilig angekündigt hatte, daß er noch heute seine Schulden begleichen werde, machte ein verzweifeltes Gesicht. Der Bankdirektor drehte und wand sich fürchterlich, als Rechenberg ihm klarmachte, daß er ohne einen Vorschuß das Büro nicht verlassen werde: »Und wenn es nur fünfhundert Franken sind ...«

Sie bekamen den Vorschuß, es war nicht viel, aber immerhin so viel, daß es für ein paar Einkäufe und einen ausgelassenen Abend reichte. Als erstes ging Franziska mit Bubi zum Schneider und ließ ihm einen Überzieher anmessen. Für sich selbst kaufte sie ein paar neue Schuhe und ägyptische Zigaretten. Abends saßen sie alle im Hotel Quattrini zusammen und feierten. Der Miterbe Rechenberg hatte sich für seinen Anteil zwei Gewehre und eine Pistole gekauft. Nach dem achten Glas Rotwein schoß er vor lauter Freude in die Luft, daß der Putz von der Zimmerdecke rieselte, woraufhin seine drei Hunde sich wie wild gebärdeten, Möbel umstießen und eine wertvolle Vase von einer Konsole rissen. Rechenbergs Freunde und Saufkumpane johlten und hatten ihren Spaß, heute war ihnen alles egal, denn einer der Ihren hatte eine Erbschaft fast in der Tasche.

»Geben Sie mir die Rechnung, ich zahle alles, ich zahle bar!« lallte Rechenberg und wies den Kellner an, die Scherben aufzusammeln, damit sich die Hunde nicht verletzten. Aber als es ans Zahlen ging, stellte sich heraus, daß von Rechenbergs Anteil am Vorschuß bereits jetzt nichts mehr übrig war.

Als Franziska und Rechenberg nach einer Woche wieder vor dem großen schmiedeeisernen Tor des Credito Ticino standen, fanden sie dieses verschlossen. Auch auf langes, heftiges Klingeln erschien niemand. Aus dem Café gegenüber trat der Besitzer, sah die beiden ratlos vor dem Tor stehen und rief: »Da gibt's nichts mehr zu holen! Questa banca e rovinata!«

Rechenberg und Franziska begriffen immer noch nicht. Der Cafébesitzer verschwand in seinem Lokal, kam gleich darauf mit der Zeitung zurück und hielt sie ihnen unter die Nase. Da stand es schwarz auf weiß: »Credito Ticino banca rotta.«

In den Monaten danach reiste Franziska mehrmals nach München, in Verlagsangelegenheiten und um sich einer Nachoperation zu unterziehen. Jedesmal kam sie ein wenig alarmierter zurück. Selbst enge Freunde, die mit ihr immer eins gewesen waren, redeten plötzlich in einem Ton, der ihr gar nicht gefiel. Die wachsende Fremdenfeindlichkeit, die Haßtiraden gegen Frankreich und England, das alles beunruhigte sie zusehends. Am meisten aber traf sie, daß auch viele ihrer alten Freunde sich von der chauvinistischen Stimmung hatten anstecken lassen.

»Es gibt Krieg«, sagte sie, als sie mit Frick und Frieda Groß im Quattrini zusammensaß. »Ich fühle, daß es Krieg geben wird!«

Frick und Frieda widersprachen. »glaubst du, daß die deutschen, englischen und französischen Arbeiter aufeinander schießen? Das ist doch absurd!«

Als aber dann wenige Wochen später der Krieg tatsächlich ausbrach und in allen Zeitungen stand, mit welcher Begeisterung die jungen Menschen in den Krieg zogen, war das Undenkbare wahr geworden. Nirgendwo war es zum Streik gegen den Krieg gekommen; nirgendwo hatten die Arbeiter sich der Einberufung widersetzt, nicht einmal in Frankreich, wo der Pazifist Jean Jaurès doch großen Einfluß hatte, bevor er wenige Tage vor Ausbruch des Krieges ermordet wurde.

Die kleine anarchistische Gemeinde in Ascona und Locarno war tief erschrocken und ratlos. Hier, in der neutralen Schweiz, waren sie sicher, sofern sie die neu eingeführte Sondersteuer für Ausländer aufbringen konnten. Besonders die jungen Männer lebten ständig in der Gefahr, ausgewiesen und in ihren Heimatländern eingezogen zu werden. Dies war der Grund, warum Franziska alle Hebel in Bewegung setzte, um für ihren gerade siebzehn Jahre alten Sohn die Entlassung aus der deutschen Staatsangehörigkeit zu erreichen. Es gelang ihr nicht, und der Bubi schien darüber nicht einmal traurig zu sein. Rolf zu Reventlow war dabei, sich von seiner Mutter zu emanzipieren. Er teilte ihre pazifistisch-kosmopolitischen Überzeugungen nicht, sah den Krieg eher als ein aufregendes Abenteuer und wäre wohl lieber heute als morgen dabeigewesen. Im Jahre 1915 ging er nach einem Streit mit der Mutter nach Deutschland, verdingte sich eine Zeitlang als Filmvorführer in München, wurde schließlich eingezogen und kam an die Westfront. Erst das unmittelbare Kriegserlebnis brachte ihn zur Vernunft und machte ihn zum überzeugten Pazifisten. Er faßte den Plan zu desertieren.

Im Sommer 1917 nutzte Rolf einen Fronturlaub, um nach Konstanz am Bodensee zu fahren. Von dort benachrichtigte er seine Mutter und informierte sie über seinen Plan, mit dem Ruderboot vom deutschen Konstanz nach dem benachbarten Kreuzlingen, das schon auf der Schweizer Seite lag, zu fliehen. Franziska nahm sofort den nächsten Zug, um ihn in Empfang zu nehmen. Sie hatten ausgemacht, daß es für Rolf am leichtesten wäre, mit seinem Boot die Badeanstalt anzupeilen, die könne man schon von weitem erkennen. Zuvor hatte Rolf täglich Kraftübungen für Brust und Arme gemacht, um nicht vor Erreichen seines Ziels zu ermüden.

Franziska steht lange am Wasser, Schuhe und Strümpfe hat sie ausgezogen, sie genießt es, die Füße im warmen, weichen Wasser zu bewegen. Es ist ein heißer Tag, am Strand, am Steg im Wasser toben die Kinder. Sie blickt über den See, die Sonne blendet. Sie legt die rechte Hand über die Augenbrauen und läßt den Punkt, an dem die Spitze der schmalen Landzunge auf das Wasser trifft, nicht aus den Augen. Es flimmert und zittert, das Wasser schaukelt unruhig, glitzert silbern, der Horizont verfärbt sich lila. Ab und zu dreht sie sich um und beruhigt die brennenden Augen in der sattgrünen Krone der großen Kastanie hinter ihr. Da, plötzlich, ein winziger Punkt, er wird größer, ja, sie hat sich nicht getäuscht, er kommt näher! Franziskas Herz schlägt bis zum Hals. Jetzt ist sie ganz sicher, sieht es genau: Es ist ein Mann in einem Ruderboot. Dann plötzlich Schüsse, Gewehrsalven. Franziska zuckt zusammen, der ganze Körper knickt ein, als sei sie selbst getroffen. Die Gestalt im Ruderboot bückt sich, taucht wieder auf, rudert hastig, schnurgerade. Franziska ringt nach Luft: Nein, nein, nicht schießen! Es ist mein Kind! Endlich hört die Schießerei auf, das Boot kommt schnell näher, jetzt muß er schon auf der Schweizer Seite sein.

»Hier! Hier! Hier!« Franziska winkt mit beiden Armen, merkt gar nicht, daß sie bis zu den Schenkeln im Wasser steht. Aber noch ist das Boot zu weit entfernt, noch kann er sie nicht hören.

»Rolf! Hörst du mich?« ruft sie wieder. »Hier bin ich. Siehst du mich? Hier!« Da läßt er für einen Moment die Ruder sinken, sieht sie, winkt zurück. Er ergreift wieder die Ruder, korrigiert seinen Kurs und kommt mit kraftvollen Schlägen näher. Franziska geht rückwärts aus dem Wasser, läßt das Boot nicht aus den Augen, der Rock klebt ihr an den Beinen. Drei Männer in Badehosen stehen im Wasser, ziehen das Boot mit Rolf an Land.

Gerettet! Franziska und Rolf halten sich ganz fest, lassen

nicht los, stehen lange ohne ein Wort, die Wangen aneinandergepreßt. Die Badegäste um sie herum klatschen. Rolf der Deserteur, Rolf der Held. Franziska ist stolz.

Nun, da Rolf wieder bei ihr war, hätte Franziska eigentlich glücklich sein können. Einerseits war sie auch wirklich glücklich, zog mit ihm in eine größere Wohnung nach Muralto, einem kleinen Ort ganz nahe bei Locarno, wo sie sich ihren Arbeitstisch vors Fenster stellte und beim Schreiben auf den Lago Maggiore blickte. Ihr Leben war sehr ruhig geworden. Gelegenheiten für Abenteuer suchte sie nicht mehr. Manchmal war sie zufrieden, aber richtig froh war sie nie. Abends kam Mario, der um die Ecke wohnte, und erzählte ihr vom Gericht und vom Leben draußen, oder er hörte geduldig zu, wenn sie von der Quälerei am Schreibtisch erzählte, wie ihr manchmal die faszinierendsten Bilder zu Staub zerfielen, sobald sie sie in Worte zu fassen suchte, lauter Dinge, von denen er wenig verstand. Franziska schrieb jeden Tag, das Schreiben war Mittelpunkt ihres Lebens geworden, schreibend versuchte sie festzuhalten, was in ihrer Erinnerung fortlebte. Sie war oft bedrückt, die Nachrichten von den grauenvollen Kämpfen an der Front verstörten sie, die Vorstellung, daß Mütter ihre Söhne im Krieg verloren, machte sie stumm. Natürlich war sie froh, daß ihr Sohn Rolf, ihr Liebstes, ihr Bubi und Göttertier, dem Gemetzel an der Front heil entronnen war, und trotzdem lag oft ein düsterer Schatten auf ihren Augen. Vielleicht waren es die Geldsorgen, die kein Ende nahmen, oder die Schmerzen im Unterleib, unter denen sie seit einiger Zeit wieder litt und die nichts Gutes verhießen. Vielleicht war es aber auch das Älterwerden. Mit ihren sechsundvierzig Jahren war sie zwar immer noch eine schöne und begehrenswerte Frau, aber die Leichtigkeit, die egoistische Fröhlichkeit, die naive Verantwortungslosigkeit von früher waren dahin. Manchmal ertappte sie sich jetzt dabei, daß sie sich selbst bemitleidete. In solchen Momenten fand sie sich selbst unausstehlich und verbot sich alle trüben Gedanken. Dann wieder glaubte sie, daß sie in ihrem Leben nie wirklich das bekommen hatte, was sie wollte, und fand das gemein und ungerecht. Wäre da nicht Rolf gewesen, den sie mit Liebe umhegte und der sie mit seiner heiteren Zärtlichkeit immer wieder aufrichtete, wer weiß, wie weit sie sich in ihren düsteren Gedanken verirrt hätte.

Franziska kränkelte wieder. Sie war einige Male in München gewesen, hatte sich mehreren weiteren Operationen unterzogen, von denen sie sich oft nur sehr langsam erholte. Sie war noch dünner und zarter geworden, saß manchmal lange schweigend da, lachte nur noch selten so wie früher. Mario und der Bubi machten sich Sorgen. Ihren Ehemann Rechenberg sah sie jetzt so gut wie gar nicht mehr. In Ascona erzählte man sich, daß er nach der Pleite mit der Erbschaft noch verzweifelter zu trinken angefangen habe. Seine Schwester hatte ihn zu sich genommen, kümmerte sich um ihn, so gut es ging.

Im Frühjahr 1918 kam ein langer Brief von Mühsam aus Traunstein, wohin er verbannt worden war, nachdem er sich geweigert hatte, der Einberufung zum »Vaterländischen Hilfsdienst« Folge zu leisten. Franziska war erstaunt, wie hoffnungsvoll der Ton in diesem Brief war. Fast schämte sie sich, daß ihr alter Freund Mühsam, der seiner politischen Überzeugung wegen immer wieder ins Gefängnis gesperrt wurde oder sonst in unangenehme Berührung mit der Staatsmacht geriet, so voller Optimismus war. Mühsams Hoffnung auf die Revolution war ungebrochen. Er habe Nachrichten von der Front, schrieb er, die ihn sehr zuversichtlich stimmten. Immer mehr Soldaten hätten genug vom Krieg und von den Herren in Berlin, die ihn angezettelt hatten. In all dem Grauen und dem Leid, das dieser entsetzliche Krieg über die Menschen bringe, wachse eine neue Kraft

– die Revolution sei nicht mehr aufzuhalten. Franziska las den Brief immer wieder. Wie gern hätte sie zugestimmt, sich beteiligt an diesen hoffnungsvollen, zukunftsfrohen Voraussagen, aber sie konnte nicht. Auch Frick und Frieda Groß und die anderen anarchistischen Freunde redeten emphatisch über revolutionäre Gruppen, die sich überall bildeten und bald so stark sein würden, daß sie, wenn auch nicht die ganze Welt, so doch Europa verändern würden. Bei solchen Gesprächen saß Franziska immer schweigend dabei und zuckte mit den Schultern, wenn die Freunde versuchten sie aufzumuntern.

Am 25. Juli 1918 war es bereits am frühen Morgen sehr heiß. Franziska konnte nicht mehr schlafen. Wie häufig in letzter Zeit war sie schon um halb sechs Uhr aufgewacht; wegen der Hitze, wegen der lästigen Leibschmerzen oder weil sie Mario in der Küche hörte. Sie öffnete das Fenster und saß lange an ihrem Tisch und blickte hinunter auf den Lago Maggiore, der schwer und glatt in seinem Bett lag. Sie genoß die leichte, frische Morgenbrise und beschloß, ihre Schwermut, ihre Lethargie abzuschütteln und an diesem Tag das Leben zu genießen. Franziska wollte wieder sein wie früher, sich an dem schönen Tag freuen und etwas unternehmen, das ihr guttat. Nach dem Frühstück packte sie ihren Rucksack – ein Apfel, ein Stück Weißbrot, Notizbüchlein, das neue Buch von Thomas Mann, ein Tuch – und stieg auf ihr Fahrrad. Sie wollte hinunter zum See, den ganzen Tag unter dem Baum in der kleinen Bucht liegen, die sie so liebte, und an nichts denken. Lesen, dösen, baden.

Die Via Ticino geht steil bergab. Sie sitzt aufrecht im Sattel, der Rucksack ist schwer, trotzdem streckt sie den Rücken ganz gerade, will sich ganz der frischen Morgenluft aussetzen, Gesicht, Hals, Brust, Arme. Die Straße hat sie ganz für sich allein, kein Mensch ist zu sehen um diese frühe Stunde. Sie läßt das Rad rollen, die Beine baumeln neben den Pedalen. Kornblumenblau, denkt sie plötzlich, die Farbe Kornblumenblau ist so schön und so selten! Sie denkt an den Teppich im Salon der Madame X, der war kornblumenblau. Die Luft, der Wind, sie ist frei. Der kühle Duft glättet ihre Wangen, die Falten auf der Stirn, kurz schließt sie die Augen und lächelt. Die sanfte Biegung der Straße gibt jetzt den Blick auf den See frei. Am Ufer gegenüber ist es beinah noch Nacht. Die Sonne hängt noch hinter den Bergen auf der anderen Seite. Franziska rollt. Sie zieht die Knie ein wenig an. Nichts hält sie zurück. Schnell, immer schneller, der Fahrtwind streicht ihr durchs Haar, pfeift in den Ohren. Nein, nicht bremsen, schneller, noch schneller, die Windsbraut lacht. Plötzlich ein faustgroßer Stein. Sie kann nicht mehr ausweichen, der See, die Büsche, der Wald, der Graben, alles flitzt vorbei, bedrohlich schnell. Schon reißt es an der Lenkstange, ihre Hände umklammern die Griffe, die Füße suchen die Pedale, das Rad schlingert, rutscht, kippt. Ein dumpfer Schlag. Der Himmel ist schwarz.

Einen Moment bleibt sie liegen, Sand auf der Zunge, zwischen den Zähnen, es knirscht. Sie steht langsam auf, stützt die Hände auf die zitternden Knie, es kostet all ihre Kraft. Den Rucksack streift sie ab, läßt ihn liegen, geht gebückt, gekrümmt, bergauf. »Wo ist das Blut?« denkt sie. »Wieso kein Blut?« Aber Stiche im Bauch, im Rücken. Im Unterleib drehen sich tausend Messer. Einen Moment lang lehnt sie sich gegen eine Wand: »Warum ist hier keiner, der mir hilft?« Sie schleppt sich die Via Ticino hinauf bis zur Nummer 6, schließt die Haustür auf, taumelt, dreht sich, fällt zu Boden.

In der Clinica Balli wurde Franziska sofort operiert. Mario fand sie erst mittags, als er unangemeldet bei ihr vorbeischauen wollte. Sie lag auf dem Parkett im Flur hinter der Haustür. Er schloß auf, konnte aber die Tür nicht aufbekommen, mußte schieben, drücken, sich durch den Spalt zwängen. Er rannte hinaus auf die Straße, rief nach Hilfe. Im Café an der Ecke bestellte man ein Taxi. Mario blieb den ganzen Tag in der Klinik. Er wartete auf einer Bank auf dem Flur. Abends sagte ihm der Arzt, er solle nach Hause gehen, die Baronin brauche jetzt Ruhe. Franziska starb in dieser Nacht. Ihr Sohn Rolf und ihr Geliebter Mario wurden erst am Morgen benachrichtigt. Sie war ganz allein, als sie starb.

Leena Lander

Leena Lander ist eine der bedeutendsten Schrift-
stellerinnen der finnischen Gegenwartsliteratur.
Die mehrfach preisgekrönte Autorin schreibt auch
für Hörfunk, Fernsehen und Theater.

Roman
280 Seiten
btb 72216

Die Åland-Inseln am Ende des 17. Jahrhunderts:
Mehrere der Hexerei angeklagte Frauen warten im
Kerker auf ihren Prozeß. Richten soll sie Nils
Psilander, dem schon nach kurzer Zeit Zweifel an
den Vorwürfen kommen. In seiner Verunsicherung
bittet er den Priester Bryniel Kjellinus um Hilfe...

Aus Freude am Lesen

James Hamilton-Paterson
Seestücke
380 Seiten
btb 72157

James Hamilton-Paterson

Ein Meeresmosaik zum Staunen: Historie, Mythologie, Literatur, Zoologie und Exkurse über die Absurditäten internationaler Fischfangabkommen vereinen sich mit ganz persönlichen Erlebnissen des Autors zu einem Netz lebensspraller Geschichten. »Unbedingt lesens- und verschenkenswert. Kaum ein Buch hat uns das unergründliche Meer so nahegebracht.«
Rheinischer Merkur

Dava Sobel
Längengrad
240 Seiten
btb 72318

Aus Freude am Lesen

Dava Sobel

Dem unbekannten schottischen Uhrmacher John Harrison gelang im 18. Jahrhundert die Lösung des Längengrad-Problems. Trotz aller Intrigen - große Astronome wie Galileo, Newton und Halley suchten den Schlüssel zu dieser damals schwierigsten nautischen Frage in den Gestirnen - setzte sich seine geniale Erfindung durch. »Ein großer Wurf, den man in einem Rutsch verschlingt.« *Die Welt*